DEUTSCH TRAINING

Dieter Gall

Interpretationshilfen 1

für die Oberstufe

STARK

Bildnachweis:
Seite 13, 67, 121, 157: © Archiv für Kunst und Geschichte, Berlin; Seite 17, 47: Stiftung Weimarer Klassik; Seite 33: Bildarchiv Preußischer Kulturbesitz; Seite 64: © Schiller-Nationalmuseum Marbach a. N.; Seite 85: Hostoria Photo, Bad Sachsa; Seite 149: © Stiftung Deutsche Kinematik, Berlin; Seite 153: © Archiv Gerstenberg Frankfurt a. M.

Dieser Band wurde nach der neuen Rechtschreibung abgefasst.

ISBN: 3-89449-307-0

1. Auflage 1997

Inhalt

Fortsetzung nächste Seite

Realismus (1840–1900)

Naturalismus (1880–1900)

Vorwort

Liebe Schülerin, lieber Schüler,

jedes bedeutende Kunstwerk ist ein Kind seiner Zeit, weist aber auch neue Wege der geistigen Entwicklung der Menschheit auf. Woran kann man die charakteristischen Epochenmerkmale eines Gedichts, eines Schauspiels, einer Erzählung oder eines Romans erkennen? Wodurch kommt die spezifische Wirkung solcher literarischer Beispiele auch heute noch zustande?

Der vorliegende Band versucht, an exemplarischen Texten aus verschiedenen Epochen von der Klassik bis zum Naturalismus typische Stilmittel und inhaltliche Besonderheiten aufzuzeigen. Dabei werden repräsentative Werke aus den Bereichen der Lyrik, der Epik und der Dramatik vorgestellt. Die Einführungen in die einzelnen Epochen enthalten sowohl einen **literaturgeschichtlichen Abriss** als auch **Hinweise auf inhaltliche und formale Neuerungen.** Neben den **Inhaltswiedergaben** und **Interpretationsansätzen** zu den ausgewählten Werken werden auch **Informationen über die Entstehungsgeschichte** und die **epochenspezifischen Kennzeichen** geliefert.

Somit eignet sich das Buch ebenso zur Vorbereitung auf die eigene Lektüre wie zur Wiederholung vor Klassenarbeiten, Tests und Prüfungen. Vor allem die **Personenkonstellationen** und **Zusammenfassungen** ermöglichen eine schnelle Orientierung. Bilder und Zeichnungen veranschaulichen den zeitlichen Hintergrund der einzelnen literarischen Werke, sodass die Eigenheiten einer Epoche auch visuell zum Ausdruck kommen.

Informationen und Analysen zu unterrichts- und lehrplanrelevanten Werken aus dem Mittelalter, der Barockzeit, der Aufklärung, des Sturm und Drang sowie aus dem 20. Jahrhundert liegen bereits in dem Band *Deutsch 11. Klasse. Grundlagen und Aufgaben mit Lösungen* (aus der Reihe: Deutsch Training), Titel-Nr. 90405, vor.

Dieter Gall

Dieter Gall

Schiller, Wilhelm und Alexander von Humboldt und Goethe in Jena (Stich von Adolph Müller)

Klassik (1786–1832)

Die deutsche Klassik ist untrennbar mit den Namen GOETHE und SCHILLER sowie dem Thüringer Städtchen **Weimar** verbunden, wo beide Dichter ihre Meisterwerke schufen. In der Residenz des Herzogs KARL AUGUST überwand Goethe nach und nach das ungestüme Wesen seiner Sturm-und-Drang-Zeit und entwickelte unter dem Einfluss **antiker Kunst** ein neues, von Humanität und Harmonie geprägtes Menschenbild. Mit Friedrich Schiller pflegte Goethe eine zehnjährige Freundschaft, die auch den jüngeren Dichterkollegen prägte. Während Goethe aber von dem Pantheismus (Gott = Natur) des niederländischen Philosophen BARUCH DE SPINOZA beeinflusst war, der ihn die Achtung von Gesetz und Weltordnung aus Liebe zum Göttlichen lehrte, beschäftigte sich Schiller intensiv mit der Philosophie von IMMANUEL KANT, dessen kategorischer Imperativ das Handeln des Menschen aus seinem Pflichtgefühl heraus forderte und damit das Individuum zu seinem eigenen Gesetzgeber erhöhte.

Ideen der Aufklärung sowie die Ästhetik des Archäologen JOHANN JOACHIM WINCKELMANN, der in seinem Buch „Die Kunst des Altertums" seinen Zeitgenossen die Nachahmung der griechischen Antike empfahl, verschmolzen zu einem neuen Bildungsbegriff, der in der Klassik dominierte. Was die Literatur der Klassiker Goethe und Schiller von den Jugendwerken aus ihrer Sturm-und-Drang-Zeit unterschied, waren ein strengerer, symmetrischer Aufbau, eine maßvolle, ausgewogene Anordnung von Szenen und Kapiteln sowie eine poetisch ausgefeilte, rhythmische Sprache, die sich ganz an den Vorbildern der griechischen und römischen Antike ausrichtete. Teilweise wurden auch die Stoffe der antiken Geschichte oder Mythologie entnommen, wofür etwa Goethes „Iphigenie" oder sein zweiter Teil des „Faust" sowie einige Balladen und Gedichte Schillers („Die Kraniche des Ibykus", „Die Bürgschaft", „Die Teilung der Erde", „Die Götter Griechenlands" usw.) als markante Beispiele stehen.
Der sehr belesene Schriftsteller CHRISTOPH MARTIN WIELAND, der bereits vor Goethes Ankunft in Weimar als Erzieher des jungen Fürsten KARL AUGUST in Thüringen weilte und Goethes Lehrmeister aus seiner Studentenzeit, JOHANN GOTTFRIED HERDER, der bald darauf nach Weimar zog, übten einen großen Einfluss auf die deutsche Literatur der damaligen Zeit aus. Entscheidend für die rasche Entfaltung der nur 6000 Einwohner zählenden Residenzstadt Weimar zur kulturellen Hochburg der deutschen Klassik war aber auch die kunstinteressierte Herzoginmutter ANNA AMALIA, die zu Dichterlesungen einlud und die Gründung eines Theaters mitveranlasste.
Im November 1775 traf der junge Jurist JOHANN WOLFGANG GOETHE (1749–1832) auf Einladung des Herzogs KARL AUGUST in Weimar ein. Aus einem kurzen Besuch wurde schließlich ein jahrzehntelanger Aufenthalt, bei dem der Bürgersohn zahlreiche Ämter am Hof übernahm, wofür er mit Auszeichnungen und sogar mit dem Adelsprädikat belohnt wurde. In seinen ersten zehn Weimarer Jahren entstanden trotz vieler gesellschaftlicher Verpflichtungen mehrere Gedichte (z. B. die Ballade „Erlkönig") und Dramen. Die Schauspiele „Egmont", „Torquato Tasso" sowie „Iphigenie auf Tauris", die den Konflikt zwischen politischem und privatem Leben darstellen, wurden in ersten Fassungen (in Prosa) entworfen, und auch die Arbeit an dem Roman „Wilhelm Meister" wurde aufgenommen. Dabei fand der Dichter in der Frau des Oberstallmeisters, CHARLOTTE VON STEIN, mit der er eine innige Seelenfreundschaft einging, eine kritische Begleiterin und Bewunderin seiner Werke.
Unter seinen ihm immer lästiger werdenden Amtspflichten leidend, brach Goethe im September 1786 zu einer fast zweijährigen **Italienreise** auf, die ihn als Mensch und Künstler wesentlich veränderte. In Verona, Florenz, Rom, Neapel und auf Sizilien konnte er antike Bauwerke bewundern, Kunstschätze in Museen

betrachten und mit deutschen Malern Beziehungen aufnehmen. Seine mitgebrachten Schauspiele arbeitete er unter diesen Eindrücken zu Dramen mit strengeren Formen um. So wurde die handlungsarme „Iphigenie auf Tauris“, ein literarisches Beispiel für praktizierte Menschlichkeit, in fünfhebigen Jamben, dem in der Klassik vorherrschenden **Blankvers,** umgestaltet. Auch das Künstlerdrama „Torquato Tasso“, das von einem sensiblen Dichter der Renaissance handelt, der in Verkennung seiner Grenzen am Fürstenhof in Ferrara scheitert, wurde nun in einer anspruchsvollen, harmonischen Sprache abgefasst. Am spürbarsten atmet noch die Tragödie „Egmont“ den Geist der Sturm-und-Drang-Epoche, denn der niederländische Freiheitskämpfer lebt in diesem Werk seinen Freiheitsdrang und seinen grenzenlosen Optimismus aus, was schließlich zu seinem Untergang führt.
Nach seiner Rückkehr aus Italien im Juni 1788 fand sich Goethe in der Weimarer Gesellschaft isoliert. Seine Verbindung mit der einfachen, naiven Bürgerstochter CHRISTIANE VULPIUS, die er in sein Haus aufnahm und die ihm den unehelichen Sohn August gebar, vertiefte noch diese Entfremdung. Erschüttert erlebte Goethe auf einem Feldzug mit seinem Herzog in Frankreich die Auswirkungen der Französischen Revolution, die er zutiefst ablehnte.
Lange noch hielten die Eindrücke aus Italien vor, die er literarisch in seinen „Römischen Elegien“ und in seinem umfangreichen tagebuchartigen Bericht „Italienische Reise“ verarbeitete. Auf seine Ämter in Weimar hatte Goethe verzichtet, lediglich die Leitung des neuen Hoftheaters übernahm er noch bereitwillig. Als er 1794 Friedrich Schiller begegnete, entstand eine Freundschaft, die beide Dichter zu neuer Schaffenskraft ermunterte. Zusammen verfassten sie die „Xenien“, sarkastische Zweizeiler, mit denen sie das literarische Leben in Deutschland beurteilten. Noch wichtiger wurden die **Balladen,** die von beiden in diesen fruchtbaren Jahren geschaffen wurden. So verfasste Goethe den „Schatzgräber“ oder den „Zauberlehrling“, während Schiller „Die Bürgschaft“, „Der Taucher“, „Der Handschuh“ und „Die Kraniche des Ibykus“ schrieb.
Von Schiller kritisch begleitet, vollendete Goethe den Bildungsroman „Wilhelm Meisters Lehrjahre“, der die Entwicklung eines jungen Mannes zu einem vielseitigen Künstler darstellt und der wegen seines Reichtums im inhaltlichen und formalen Bereich zum Musterbeispiel dieser poetischen Gattung wurde. Nach Schillers frühem Tod (1805) war Goethe zunächst wie gelähmt. Doch bereits ein Jahr nach diesem niederdrückenden Ereignis konnte er den ersten Teil seines Dramas „Faust“ abschließen. Es folgten bald darauf der Roman „Die Wahlverwandtschaften“, ein Werk, das zwei Paare in wechselseitiger Liebe zeigt, sowie die Autobiographie „Dichtung und Wahrheit“, die Goethes Kindheit und Jugend bis zu seiner Abreise nach Weimar nachzeichnet.

Angeregt durch persische Lyrik, schrieb der Weimarer Dichterfürst Gedichte in orientalischer Form, die zu der großen Sammlung „Westöstlicher Divan" anwuchsen. Sein letztes Lebensjahrzehnt, das von dem Tod vieler Freunde, seiner Gefährtin Christiane, die er später noch geheiratet hatte, sowie seines einzigen Sohnes überschattet war, verbrachte Goethe mit der Niederschrift des zweiten Teils seines „Faust". Mit der Unterstützung seines treuen Sekretärs Johann Peter Eckermann, der in seinen „Gesprächen mit Goethe" die letzten Jahre des Dichters genauestens dokumentierte, konnte dieses Werk, von Goethe als Vermächtnis an die Deutschen gedacht, noch vor dem Tod des wohl größten deutschen Schriftstellers (22. 3. 1832) fertiggestellt werden.
Der Sturm-und-Drang-Dichter FRIEDRICH SCHILLER (1759–1805), der seine ersten Schauspiele („Die Räuber", „Kabale und Liebe") für das Mannheimer Theater verfasst hatte, wurde 1785 von dem sächsischen Konsistorialrat GOTTFRIED KÖRNER nach Leipzig und Dresden eingeladen, wo er in aller Ruhe sein historisches Schauspiel „Don Carlos" beenden konnte. Für dieses Theaterstück, in dem der Dramatiker zum ersten Mal den klassischen Blankvers anwandte, hatte Schiller gründliche Geschichtsstudien betrieben. Das Interesse an historischen Themen ließ den Autor nicht mehr los, sodass er bald eine „Geschichte des Abfalls der vereinigten Niederlande" verfasste, was ihm auf Fürsprache Goethes eine Geschichtsprofessur in Jena eintrug.
Mit der Herausgabe verschiedener Zeitschriften, in denen seine Erzählungen (u. a. „Der Verbrecher aus verlorener Ehre") erschienen, versuchte er sein bescheidenes Professorengehalt aufzubessern. 1790 konnte er nach der Heirat mit der Thüringerin CHARLOTTE VON LENGEFELD einen eigenen Hausstand gründen. Doch eine bald einsetzende lebensbedrohende Krankheit brachte den Dichter in finanzielle Not, aus der ihm ein holsteinischer Herzog und ein dänischer Graf mit einem drei Jahre lang gewährten Ehrengehalt heraushalfen. So konnte Schiller schließlich seine Arbeit fortsetzen. Sein historisches Werk „Geschichte des Dreißigjährigen Krieges" machte ihn auf den Feldherrn Albrecht von Wallenstein aufmerksam, was ihn veranlasste, das Drama „Wallenstein" zu schreiben. Drei Jahre arbeitete Schiller an diesem Schauspiel, bis es 1799 als Trilogie fertig vorlag.
Die Begegnung mit Goethe im Sommer 1804 und die sich daraus ergebende innige Freundschaft hatten den Dichter in seinem Schaffensprozess vorangetrieben. 1799 zog Schiller mit seiner Familie nach Weimar, wo er ein Haus mit Garten erwarb. Die intensiven Kontakte zu Goethe animierten Schiller zur Produktion zahlreicher Balladen und Gedichte. Dabei beschreibt das populär gewordene „Lied von der Glocke" die einzelnen Etappen eines Menschenlebens von der Wiege bis zur Bahre, jeweils begleitet von dem Läuten der Glocke.

Noch in seiner Jenaer Zeit hatte Schiller begonnen, sich mit der Philosophie IMMANUEL KANTS auseinanderzusetzen. In dem von Kant dargestellten Konflikt zwischen Neigung und Pflicht des Menschen wollte der Dichter aber keinen unauflöslichen Widerspruch sehen. Vielmehr sollte eine Vereinigung von Natur und Vernunft erst das innerlich freie Individuum hervorbringen. Mit zahlreichen philosophischen und ästhetischen Abhandlungen versuchte Schiller seine von Kant abweichende Meinung zu begründen.
Zu einem sittlich geläuterten Menschen entwickelt sich die schottische Königin Maria Stuart in Schillers gleichnamiger Tragödie, die 1800 abgeschlossen wurde. Mit der „Jungfrau von Orleans“ ließ der Autor schon ein Jahr später ein weiteres Drama folgen, das eine legendäre Frauengestalt aus der französischen Geschichte in den Vordergrund stellte. Die 1803 geschriebene „Braut von Messina“ versucht dagegen die Form der antiken Tragödie wiederzubeleben. Ein Jahr vor seinem Tod vollendete Schiller das Freiheitsdrama „Wilhelm Tell“, das bereits bei seiner Uraufführung am Weimarer Hoftheater unter Goethes Regie einen Sturm der Begeisterung auslöste. Mit verschiedenen Übersetzungen und Bearbeitungen französischer und italienischer Dramen trug auch Schiller immer wieder zur Bereicherung des Weimarer Theaterlebens bei.
Sein letztes Geschichtsdrama „Demetrius“, das wie auch die vorangegangenen historischen Theaterstücke die Frage nach der Legalität der Macht stellt, konnte Schiller nicht mehr zu Ende bringen. Erst 45-jährig, starb der Dichter am 9. Mai 1805 in Weimar, wo er neben Goethe in der Fürstengruft bestattet liegt.

Faust (1808)
von Johann Wolfgang von Goethe

Unbestritten gehört Goethes „Faust" zu den großen exemplarischen Werken der Weltliteratur. Deshalb ist er auch in alle wichtigen Kultursprachen übersetzt worden. Das umfangreiche zweiteilige Drama Goethes zeigt nicht nur den komplexen **Werdegang eines nach absoluter Erkenntnis strebenden Menschen,** sondern bezieht darüber hinaus auch kosmische Vorgänge, dämonische Bereiche und die Menschheitsgeschichte mehrerer Jahrhunderte mit ein. Zu allen Zeiten rief der faszinierende Faust-Stoff immer wieder neue Bearbeitungen in Form von Gedichten, Schauspielen oder Romanen hervor, die ebenso in der Aufklärung wie in der Sturm-und-Drang-Zeit, der Romantik oder in der Moderne entstanden.
Schon als Kind lernte Goethe die interessante Faust-Sage durch ein **Puppenspiel** kennen, das hauptsächlich auf ein Drama des Engländers CHRISTOPHER MARLOWE aus dem Jahr 1593 zurückging. Der Brite wiederum hatte das 1587 in Frankfurt am Main erschienene **Volksbuch** „Historia von D. Johann Fausten" dramatisiert, das auf moralisierende Weise das gottlose Leben des mit dem Teufel im Bunde stehenden Magiers Faust beschrieb. Die historisch nachweisbare Gestalt des Doktor JOHANN FAUST (ca. 1480–1540), von der nur wenige Zeugnisse vorhanden sind, dürfte wohl zu Lebzeiten ein bekannter Alchimist und Astrologe gewesen sein, der im Volksglauben bald mit seinem Zeitgenossen, dem berühmten Arzt und Gelehrten Paracelsus, zu einer Figur verschmolzen wurde. Aus christlich-protestantischer Sicht verurteilte das Volksbuch vor allem den unbedingten Erkenntnisdrang des Forschers, der zur Erweiterung seines Wissens seine Seele dem Teufel verschreibt.
Goethe griff für sein Werk dieses Motiv des strebsamen Gelehrten auf, wobei er seine Hauptfigur, ähnlich wie sein Dichterkollege G. E. LESSING in seinem 1759 entstandenen Faust-Fragment, überwiegend positiv sah. Die ermahnenden Hinweise aus dem Volksbuch, das Goethe in der Fassung des Nürnberger Arztes NIKOLAUS PFITZER (1674) kennen lernte, hatten für den jungen Dichter keine Bedeutung. Eine zweite wichtige Anregung für sein Drama erhielt Goethe aus eigener Anschauung, als er in seiner Heimatstadt Frankfurt den **Prozess der Kindsmörderin** SUSANNA MARGARETHE BRANDT verfolgte, die wegen ihrer Tat 1772 enthauptet wurde. Aus der literarischen Tradition sowie aus der juristischen Praxis gingen also die **Gelehrtentragödie** und die **Gretchentragödie** hervor, die Goethe zu einer eigenständigen Geschichte in seinem Schauspiel verband.

Ein Leben lang beschäftigte sich Goethe mit dem Faust-Stoff, wie der lange **Entstehungsprozess** des Schauspiels bezeugt. Die ersten Kindheitserinnerungen an das Puppenspiel und das Volksbuch verarbeitete der Stürmer und Dränger zu ersten Szenen, die von 1773 an entstanden. Als Goethe 1775 in Weimar eintraf, las er bei Hof Auszüge aus dieser frühen Fassung vor, die das Hoffräulein Luise von Göchhausen so begeisterten, dass sie das Manuskript auslieh und eigenhändig abschrieb. Diese erst hundert Jahre später wiederentdeckte Kopie wird als **„Urfaust“** bezeichnet, der zwar schon Fausts Verzweiflung und die Gretchentragödie enthält, aber noch nicht den Teufelspakt erwähnt und insgesamt eine konsequente Dramenhandlung vermissen lässt.
Während und nach seiner Italienreise arbeitete Goethe wieder an seinem Drama, das bis zu der Dom-Szene fortgeführt und 1790 als „Faust, ein Fragment“ veröffentlicht wurde. Die Freundschaft mit Schiller beflügelte den Dichter zur Fortsetzung, sodass auch die Kerkerszene, der Teufelspakt, der Prolog im Himmel und sogar einzelne Szenen des späteren zweiten Teils verfasst wurden. 1808 publizierte Goethe dann seinen **„Faust. Der Tragödie erster Teil“,** der durch die zwei Wetten (Gott – Mephisto, Faust – Mephisto) das kosmische Geschehen mit dem irdischen Dasein des Menschen in Zusammenhang brachte und dadurch einen allumfassenden Rahmen für die Faust-Handlung schuf.
Die letzte Arbeitsphase umfasste die Jahre von 1825 bis 1831, in denen der Dramatiker viel planmäßiger und zielstrebiger vorging als bei seiner Arbeit am ersten Teil. Die bereits vorhandenen Helena-Episoden sowie die Szenen am Kaiserhof, die Goethe noch einzeln der Öffentlichkeit vorgestellt hatte, wurden nun durch vielfältige Handlungen ergänzt, die Faust als Heerführer, aber auch als Kolonisator und Berater des Kaisers darstellten. An seinem letzten Geburtstag versiegelte Goethe den **zweiten Teil seines „Faust“,** der erst nach seinem Tod (1832) als Vermächtnis an das deutsche Volk herausgegeben werden sollte.
Der Faust-Stoff hatte Goethe also in seinen verschiedensten Lebensabschnitten angezogen, wobei immer wieder andere Bereiche sein Interesse fanden. Während der junge Stürmer und Dränger von dem wissensdurstigen, liebenden, aber auch alle Konventionen sprengenden genialen Forscher angetan war, faszinierte den Klassiker Goethe mehr der in der Sagengestalt Helena verkörperte Geist der Antike und das (z. B. im Prolog gestaltete) allgemeine Menschenbild. Die Existenzbedingungen des Menschen, der durch seine Taten schuldig wird, aber doch nicht unbedingt dem Dämonischen verfallen muss, stellen in beiden Teilen des „Faust“ das übergreifende Thema dar. In Form und Sprache sind Merkmale des Sturm und Drang ebenso vorzufinden wie Gestaltungsmittel der deutschen Klassik. Einige Zeitgenossen Goethes feierten das vielfältige Schauspiel sogar als ein romantisches Meisterwerk.

1. Inhalt des Dramas

Zueignung

Der Dichter fühlt, wie ihn die Gestalten der Faust-Sage zur Wiederaufnahme der Arbeit an seinem Drama drängen. Erinnerungen an frühere Zeiten kommen auf. Doch inzwischen sind einige Freunde gestorben, sodass der Dramatiker hauptsächlich für ein unbekanntes Publikum schreibt.

Vorspiel auf dem Theater

Von dem neuen Schauspiel erwartet der **Direktor** einen Erfolg bei den Zuschauern. Er empfiehlt dem Dichter, mit seinem Werk die vielen Interessen der Besucher durch eine vielseitige Darstellung zu befriedigen. Doch der **Theaterdichter** denkt auch an die Nachwelt. Deshalb will er nicht nur die Erwartungen des Publikums erfüllen, sondern seine eigenen Ansprüche im Einklang mit der Welt umsetzen. Dagegen betont die **lustige Person,** dass sie erst mit einer abwechslungsreichen Gestaltung den Erfolg des Dramas sichert.

Prolog im Himmel

Während die Erzengel Gottes Schöpfung preisen, kritisiert der Teufel Mephistopheles den erbärmlichen Zustand der Welt. Seiner Meinung nach ist der Mensch ein völlig unzulängliches Wesen. Aber Gott ist sich sicher, dass seine Kreaturen letztendlich den richtigen Weg finden. In einer **Wette** bietet er daher Mephisto an, dass er den geistig regen Faust an sich reißen darf, wenn er ihn verführen könne.

Der Tragödie erster Teil

In seinem **Studierzimmer** schildert Faust seine Existenzkrise. Weil er nach dem Studium aller Wissenschaften an die Grenzen seiner Erkenntnisfähigkeit gestoßen ist, beschäftigt er sich nun mit der Magie. Eine erste Beschwörung des Erdgeists misslingt ihm aber völlig. Darüber kann ihn auch sein Famulus Wagner nicht hinwegtrösten, der das umfangreiche Wissen des Gelehrten bewundert. Verzweifelt unternimmt Faust einen Selbstmordversuch mit einem Gifttrunk. Doch in diesem Moment ertönen ein Chor der Engel und Glocken, die das Osterfest einläuten. Von Erinnerungen an seine Kindheit überwältigt, lässt Faust von seinem Vorhaben ab.

Vor dem Tor der Stadt geht Faust mit Wagner spazieren und genießt den Frühling. Die Bürger, die aus ihren engen Behausungen gekommen sind, verehren den Doktor, dessen Vater ihnen schon bei Krankheiten geholfen hat. Voller Verwunderung sieht Faust, wie sich ihm ein schwarzer Pudel nähert, der sich in seinem **Studierzimmer** in Mephistopheles verwandelt, als der Gelehrte gerade das Neue Testament übersetzt. Faust kann aber auch diesmal die Erscheinung nicht lange festhalten. Erst bei seinem zweiten Auftreten bietet Mephisto dem lebensüberdrüssigen Faust seine Dienste an. In einer Wette (Teufelspakt) liefert sich der Doktor dem Teufel völlig aus, wenn es diesem gelingt, ihm einen einzigen Glücksmoment zu verschaffen. Während sich Faust auf die gemeinsame Reise vorbereitet, fertigt Mephisto einen naiven Schüler mit einer ironischen Studienberatung ab.

Zunächst machen Mephisto und Faust in **Auerbachs Keller in Leipzig** Station. Die maßlose Zecherei, zu der der Teufel die lustigen Gesellen mit eigenem Wein verführt, gefällt dem Doktor aber überhaupt nicht. Deshalb bringt Mephisto seinen Reisegefährten in eine **Hexenküche,** wo Faust wie gebannt in einem Spiegel eine schöne Frau betrachtet.

Der durch einen Zaubertrank verjüngte Gelehrte spricht auf der **Straße** ein hübsches Mädchen an, das sich bald für den vornehmen Mann interessiert. Faust lässt sich von Mephisto ein Schmuckkästchen besorgen, das er seiner neuen Liebe Gretchen schenken kann. Der Teufel ärgert sich jedoch, als er erfährt, dass Gretchens Mutter den verdächtigen Schmuck ihrem Pfarrer gebracht hat. Ein zweites Kästchen soll Gretchen deshalb bei Marthe, in **der Nachbarin Haus,** aufbewahren, wo sich auch leichter ein Rendezvous der Geliebten durchführen lässt. Mit der erfundenen Nachricht vom Tod ihres Mannes findet Mephisto schnell Zugang zu Marthe, die aber vergebens auf eine Liebeserklärung des Teufels wartet.

Unterdessen hat sich das tugendhafte Gretchen völlig in ihren gebildeten Verehrer verliebt. Doch in **Marthens Garten** bringt sie ihren Geliebten durch ihre naive Frage nach seiner Religion (Gretchenfrage) in große Verlegenheit. Sie lässt sich aber auf Fausts Wunsch ein, die folgende Nacht gemeinsam zu verbringen. Um Gretchens misstrauische Mutter auszuschalten, gibt Faust seiner Freundin ein Schlafmittel mit.

Als Lieschen **am Brunnen** über ein schwangeres Mädchen lästert, erkennt Gretchen schuldbewusst, dass auch sie in ihrer Liebesnacht eine Sünde begangen hat. Fürbittend wendet sie sich deshalb im **Zwinger** an die Muttergottes.

Faust will wiederum eine Nacht mit Margarete verbringen, wird aber auf der **Straße** von deren Bruder Valentin aufgehalten. In einem Duell, das von Mephisto unterstützt wird, sticht Faust seinen Gegner nieder. Der sterbende Valentin beleidigt vor den vielen herbeigelaufenen Menschen seine Schwester als Hure.

Während das verzweifelte Gretchen im **Dom** von einem bösen Geist gequält wird und schließlich in Ohnmacht fällt, beteiligen sich Mephisto und Faust voller Begeisterung an dem ausgelassenen Treiben auf dem Brocken im Harz. Aber

kaum ist die **Walpurgisnacht** mit ihrem ganzen Hexenspuk vorbei, da erinnert sich Faust auf einem **Feld** an seine unglückliche Geliebte, die inzwischen im Kerker sitzt, weil sie ihr neugeborenes Kind ertränkt hat. Nach gegenseitigen heftigen Beschuldigungen erklärt sich schließlich Mephisto bereit, Gretchen zu befreien.
Doch als Faust in den **Kerker** eindringt, erkennt die verwirrte Margarete ihren Liebhaber zuerst nicht. Sie vermutet, dass nun das gegen sie ausgesprochene Todesurteil vollzogen werden soll. Ständig fantasiert sie von dem Tod ihrer Mutter und ihres eigenen Kindes. Als Mephisto erscheint und zum Aufbruch drängt, will Gretchen gar nichts mehr von einer Flucht wissen. Sie bekennt sich zu ihrer Schuld und vertraut sich Gott an. Deshalb ertönt eine Stimme von oben, die bekannt gibt, dass die Verurteilte gerettet sei. Umso heftiger zieht Mephisto Faust an sich.

Der Tragödie zweiter Teil

Nachdem Faust während eines Heilschlafs wieder zu Kräften gekommen ist, führt ihn Mephisto an den **Hof des Kaisers,** wo die beiden dem Herrscher mit der Erfindung von Papiergeld aus seiner finanziellen Verlegenheit helfen. Auf Wunsch des Kaisers tritt Faust sogar eine Zeitreise an und holt die antiken Sagengestalten Helena und Paris herbei, die jedoch nach einer Explosion sofort wieder verschwinden.
Mephisto bringt Faust wieder in sein **Studierzimmer** zurück, wo er die Entstehung des künstlichen Menschen Homunculus, den der inzwischen zum Doktor avancierte Wagner aus Hunderten von Stoffen in der Retorte erzeugt, miterleben kann. Bald darauf nimmt Faust, den Mephisto auf einem Zaubermantel in das antike Griechenland entführt, an der **klassischen Walpurgisnacht** teil. Die Seherin Manto geleitet ihn dann in die **Unterwelt,** wo sich der Gelehrte in Helena, die schönste Frau der Welt, verliebt. Er vermählt sich mit ihr, und das glückliche Paar bekommt den Knaben Euphorion, der aber in jungen Jahren wie Ikarus bei einem Flugversuch zu Tode kommt. Mit ihrem Sohn geht auch Helena ins Totenreich ein. Für das vorübergehende Familienglück Fausts ist Mephistopheles verantwortlich, der sich in die uralte, hexenhafte Phorkyas verwandelt und die antike Welt heraufbeschworen hatte, die er nun wieder untergehen lässt.
Im **Hochgebirge** schmiedet Faust neue Pläne. Er will dem Meer Land abgewinnen, auf dem er bald einen Palast errichtet. Auch dem Kaiser steht der Gelehrte erneut tatkräftig bei. Als Faust jedoch noch mehr Grund in Besitz nehmen will, zerstört Mephisto die im Weg stehende Hütte von Philemon und Baucis. Die Bewohner, die mustergültigen Eheleute aus der Antike, verlieren dabei ihr Leben.

Selbst als der hochbetagte Faust erblindet, lässt sein Tatendrang nicht nach. Durch neue Unternehmungen hofft er, sich unvergänglichen Ruhm zu erwerben. Mit diesen Gedanken erfährt er den erfülltesten Augenblick seines Daseins und stirbt. Er scheint nun rettungslos dem Teufel ausgeliefert zu sein. Doch herabschwebende Engel entreißen Mephisto und seinen Helfern das Unsterbliche Fausts. Büßerinnen, darunter auch Gretchen, bitten für Faust. Ein Chorus mysticus weist abschließend auf die Vergänglichkeit hin, zeigt aber auch das Geheimnis der Errettung auf: *„Das Ewig-Weibliche zieht uns hinan."*

2. Personenkonstellation

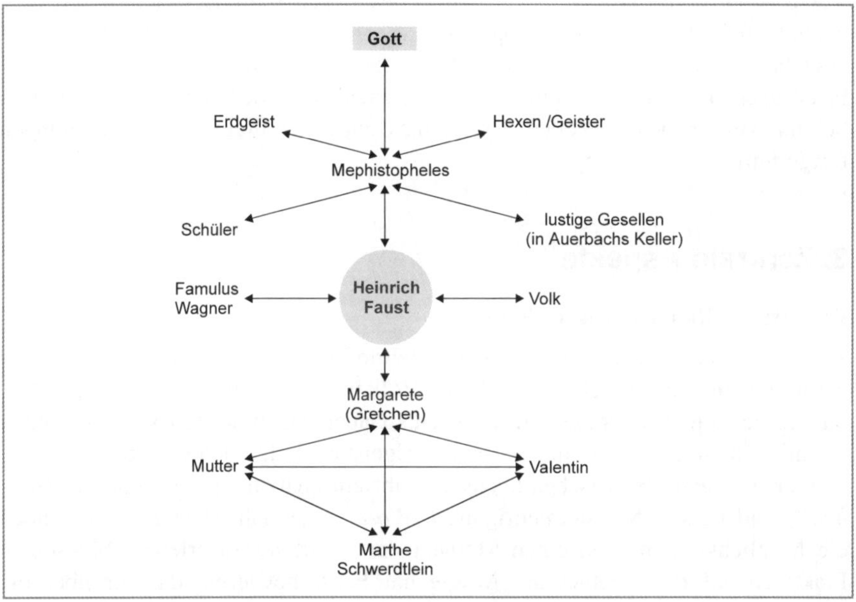

Durch den „Prolog im Himmel" wird deutlich, dass die Dramenhandlung im Faust in einen größeren, kosmischen Zusammenhang eingebunden wird. Gott und Mephisto bemühen sich in einem Wettbewerb um Faust, bis am Ende (in „Faust II") dem Teufel die sicher geglaubte Beute doch noch entrissen wird. In der Walpurgisnacht offenbart sich Mephistos Herrschaft über Geister und Hexen, die ihm bereitwillig dienen. Dagegen werden der Schüler und die lustigen Gesellen in Auerbachs Keller zu Opfern des Teufels, weil sie seine Verführungskünste nicht durchschauen.

Die **ambivalente Figur Faust** lässt sich zwar gern von seinem Famulus Wagner und von Vertretern des Volks schmeicheln, aber im Grunde hält er weder etwas von dem trockenen Stubengelehrten noch von den lebensfrohen, oberflächlichen Bürgern. Während der Doktor bei seiner Beschwörung den Erdgeist nicht bannen kann, gelingt es ihm, die naive Margarete für sich zu gewinnen. Dabei kommt ihm die Unterstützung von Gretchens Nachbarin Marthe Schwerdtlein sehr zugute, wogegen Gretchens Mutter und ihr Bruder Valentin als seine Widersacher diese Liebesbeziehung nicht akzeptieren.
Wegen ihres starken Glaubens erweist sich Gretchen im Drama als die wahre Gegenspielerin Mephistos. Über sie hat der Teufel keine Gewalt, wie er selbst zugibt. Faust dagegen ist zwischen Mephisto und Gretchen hin- und hergerissen, wobei er einsieht, dass er nur der Hilfe des Bösen sein Lebensglück mit dem tugendhaften Mädchen zu verdanken hat. Durch eine **Parallelführung** wird Gretchens Rolle in „Faust II" von der schönen Helena übernommen, mit der Faust ebenso ein Kind zeugt, das jedoch auch zu Tode kommt. Selbst Fausts Schuld wird in beiden Teilen des Dramas durch parallele Tötungshandlungen fortgeführt.

3. Zentrale Aspekte

Der zwiespältige Charakter Fausts

Zu Beginn des Dramas durchlebt der Gelehrte Faust eine tiefe Existenzkrise. Er hat im Leben alles erreicht, er wird vom Volk und von seinen Studenten geachtet und er hat alle Wissensgebiete erforscht. Dabei hat er jedoch seine **Grenzen** erfahren, die ihm der von ihm gerufene Erdgeist noch deutlicher aufzeigt.
Von dem Gegensatz zwischen höchster Selbsteinschätzung *(„Ebenbild der Gottheit")* und tiefster Selbsterniedrigung *(„Wurm")* gequält, sieht Faust nur noch die Möglichkeit, im Tod einen Moment der Erfüllung zu erleben. Mit seinen Praktiken auf dem Gebiet der **Magie** hat Faust bewiesen, dass er über die Normen der Gesellschaft hinweggeht und sich seine persönliche **Freiheit** durch keine Traditionen einengen lässt. Deshalb schreckt er auch vor einem **Bündnis mit dem Teufel** nicht zurück, sofern dieser ihm das so sehnlich erwünschte Glücksgefühl verschaffen kann. Nur unter der Bedingung, dass Mephisto ihn einen Augenblick größter Befriedigung erleben lässt, vergibt er seine Seele.

Faust in der Studierstube: Die Lithographie gehört zu den Illustrationen, die Eugène Delacroix (1799–1863) zu Goethes Faust anfertigte.

Während des Osterspaziergangs bekundet Faust, dass ihn nicht nur seine Studien erfreuen, sondern dass er auch die Natur genießen kann. Dieser **Dualismus zwischen Geist und Körper** *(„Zwei Seelen wohnen, ach! in meiner Brust")* macht Fausts innere Zerrissenheit aus, zeigt ihm jedoch auch einen Weg aus seiner Bewusstseinskrise auf. Weil er bisher zu einseitig auf Genüsse des Verstandes gesetzt hat, erhofft er sich nun eine Befreiung durch Sinnenlust. Doch die Weinseligkeit in Auerbachs Keller und das Hexenwesen schrecken Faust eher ab, nur die Liebe zu Gretchen gibt ihm neue Lebenskraft.

Fausts Tragik ist es aber, dass mit seiner lebensbejahenden Einstellung immer auch eine zerstörerische Veranlagung einhergeht.

Mit Gretchen erfährt der Gelehrte vorher nie gekannte Schäferstündchen, aber er zerstört diese Beziehung auch durch seine Untaten. So tötet er Gretchens Bruder Valentin im Duell, leistet Beihilfe zum Mord an ihrer Mutter durch sein Schlafmittel und stürzt schließlich Gretchen durch ihre Schwangerschaft ins Unglück. Der Pakt mit dem Teufel verdeutlicht darüber hinaus Fausts Bereitschaft zur Selbstzerstörung. Im zweiten Teil des Dramas kompensiert Faust seine **Schuld** durch kreative Aktionen, die jeweils einer ganzen Gesellschaft nützlich sind.

Auch auf dem Gebiet der Religion kommt Fausts **ambivalente Persönlichkeit** zur Geltung. Im Gespräch mit Gretchen vertritt er einen pantheistisch gefärbten Gottesbegriff, während er sich bei seinem Selbstmordversuch eher als Agnostiker *(„Und wär es mit Gefahr, ins Nichts dahinzufließen.")* gibt. Vom Teufel erwartet Faust körperliche Freuden, ohne ihm dafür aber dankbar zu sein. Vielmehr verschmäht er immer wieder seinen Bündnispartner und beleidigt ihn mit derben Schimpfwörtern *(„Hund! Abscheuliches Untier!", „Ungeheuer")*. Von Gott wird der Gelehrte als ein sehr interessanter Mensch eingeschätzt, der ungewöhnliche Wege geht und dennoch die richtige Orientierung nicht verliert.

Mephistopheles und das Böse

In der kosmischen Ordnung kommt dem Teufel nach Gottes Vorstellungen eine bedeutende Funktion zu. Um die Menschen aus ihrer Trägheit zu reißen, soll Mephisto auf der Erde wirken. Infolgedessen hassen sich die beiden Rivalen nicht, sondern pflegen ein freundlich-konkurrierendes Verhältnis. Dennoch gehen ihre Ansichten über das Wesen der Menschen und über den Zustand in der Welt weit auseinander.

Im Gegensatz zu Gott ist der **Machtbereich** des Teufels erheblich eingeschränkt. Schon bei der ersten Begegnung mit Faust ist er in einem Pentagramm gefangen, aus dem er sich nur mühsam befreien kann. Auch über gottesfürchtige Kreaturen, wie z. B. Gretchen, hat der Teufel keine Gewalt. Trotz Gretchens schuldhaftem Verhalten kann Mephisto diese Sünderin nicht an sich reißen, weil sie sich rechtzeitig Gottes Schutz anvertraut. Letzten Endes verliert der Böse auch die schon sicher geglaubte Beute Faust, obwohl er dem Wortlaut nach die Wette mit dem Gelehrten gewonnen hat.

Alles in allem erweist sich Mephisto in Goethes Drama als **tragische Figur mit zwiespältigem Charakter,** wie es bereits in seiner Selbstbeschreibung zum Ausdruck kommt: *„Ein Teil von jener Kraft, die stets das Böse will und stets das Gute schafft."* Seine zerstörerischen Absichten muss der Teufel immer wieder mit kreativen Taten kombinieren, um an sein Ziel zu gelangen. So ist er durch die Wette mit Faust gezwungen, Reiseabenteuer zu vermitteln und eine innige Liebesbeziehung zu arrangieren. Verzweifelt räumt Mephisto denn auch ein, dass seine bösen Handlungen *(„Ich bin der Geist, der stets verneint!")* nur kleine Erfolge zeitigen, aber Gottes Ordnung in Wirklichkeit nicht gefährden können. *„Das Etwas, diese plumpe Welt, so viel als ich schon unternommen, ich wusste nicht ihr beizukommen."*

Manchmal werden schon geringe Aktionen zu einem mühseligen Unterfangen. Der Teufel stöhnt, als er ein zweites Schmuckkästchen für Faust besorgen soll. Uneingeschränkt wohl fühlt sich Mephisto aber unter seinesgleichen, weil er sich von seinen Hexen und Geistern verwöhnen lassen kann, wie es ihm gefällt. Voller Stolz weist er deshalb Faust auf viele prächtige Erscheinungen in der Walpurgisnacht hin. Auch in Auerbachs Keller, wo er die Menschen verführen kann, und in der Hexenküche, wo er Faust mit einem Frauenbild im Spiegel betört, fühlt sich der Böse in seinem Element. Aber seine Grenzen liegen in der frommen oder aufrichtigen Grundeinstellung der Menschen. Während Gretchen den Teufel gefühlsmäßig erahnt, durchschaut Faust die Kraft des Bösen mit seinem kritischen Verstand.

Der Teufelspakt

Parallel zu der Wette zwischen Gott und Teufel im Himmel wird auf der Erde ein Pakt zwischen Mephisto und Faust abgeschlossen, den der Teufel, wie es die Volkstradition überliefert, sogleich mit dem Blut des Vertragspartners unterzeichnen lässt. In dem Rahmen, den Gott gesetzt hat, darf der Böse sein Opfer verführen, das ihm dann verfällt, wenn es von dem richtigen (gottgefälligen) Weg vollständig abgekommen ist.

Sowohl Mephisto als auch Faust lassen sich bei ihrer Wette von **egoistischen Motiven** leiten. Während der Gelehrte, der im Grunde mit seinem Leben abgeschlossen hat, nur noch von außergewöhnlichen Maßnahmen wie Magie und Teufelsbeschwörungen eine Erweiterung seiner Erkenntnisse erwartet, geht es dem Bösen um einen Sieg über Gott und dessen von ihm zutiefst verachtete Schöpfung.

Abweichend von der Überlieferung des Volksbuches verändert Goethe den **Inhalt der Wette.** Dadurch dass sich Faust nicht erst an seinem Lebensende, sondern bereits mit dem ersten **Erlebnis eines vollkommenen Glücksmoments** dem Bösen ausliefern will, erhöht er die Dynamik des Vertrags. Um möglichst schnell Erfolg zu haben, muss der Teufel seine höchsten Fähigkeiten aufbieten. Er merkt auch bald, dass er Faust nicht mit plumpen, oberflächlichen Genüssen auf seine Seite ziehen kann. Nur die Liebe zu einer schönen Frau kann den Gelehrten so beeindrucken, dass er dafür seine wissenschaftlichen Studien hingeben würde. So bekennt er Gretchen: *„Ein Blick von dir, ein Wort mehr unterhält als alle Weisheit dieser Welt."* In diesem Gespräch ist Faust auch nahe daran, seine Wette zu verlieren, weil er sich selbst vergisst.

Doch erst am Ende des zweiten Teils spricht Faust genau diese Worte bezüglich eines erfüllten Augenblicks aus, die ihn zum Verlierer des Pakts stempeln: *„Verweile doch, du bist so schön."* Allerdings kleidet Faust diesen Satz in einen Konjunktiv *(„dürft' ich sagen")* und geht durch eine weitere Einschränkung *(„im Vorgefühl von solchem hohen Glück")* auf Distanz. Kurz nach seinem Tod wird Faust von den Engeln entführt und so dem gierigen Teufel entrissen, der nur noch resignierend sein Missgeschick beklagen kann. Aber er muss auch zugeben, dass ihm die Verführung Fausts nicht völlig gelungen ist: *„Ihn sättigt keine Lust, ihm gnügt kein Glück ... Der Arme ..., der mir so kräftig widerstand."*

Die Gretchentragödie

Mit seiner Liebe zu Gretchen kann sich Faust von seinen Selbstzweifeln und seinem Lebensüberdruss befreien, aber er lädt damit auch schwere Schuld auf sich, die bis zum Mord führt. Faust fühlt sich vor allem durch den enormen Gegensatz zu seiner Persönlichkeit angezogen. Diese **Polarität** drückt sich sowohl in dem großen Altersunterschied als auch in dem Bildungsgefälle und dem Wesenskontrast aus. Das naive Bürgermädchen kann deshalb auch sein neues Glück nicht begreifen: *„Bin doch ein arm unwissend Kind, begreife nicht, was er an mir findt.“*

Trotz ihrer intellektuellen Mängel profitiert Gretchen von diesem Liebesverhältnis. Sie wird vor allem toleranter, wie die Szene „Am Brunnen“ belegt, und löst sich somit von der engstirnigen Denkweise ihrer Umgebung. Gleichzeitig fällt sie auch den strengen Normen der kleinstädtischen Gesellschaft zum Opfer, denn sie tötet ihr neugeborenes Kind, um sich vor Schande und übler Nachrede zu schützen. Ihr Bruder Valentin spricht kurz vor seinem Tod aus, was Gretchen bald erwartet. Als *„Hure“* gebrandmarkt, hätte sie in diesem Milieu kein leichtes Leben mehr.

Dabei zeigt Gretchen in ihrem **Sozialverhalten** eine größere Reife als ihr Liebhaber. Aufgewachsen als Halbwaise, hat sie früh gelernt, im Haushalt hart mitzuarbeiten und Verantwortung zu übernehmen. Sie stammt allerdings nicht aus armen Verhältnissen: *„Mein Vater hinterließ ein hübsch Vermögen, ein Häuschen und ein Gärtchen vor der Stadt.“*

Lediglich die strenge Mutter schränkt ihr Leben ein, weshalb sie sich bald ihrem Einfluss durch Verheimlichungen entzieht. Nur Fausts erstes Schmuckkästchen liefert sie ihrer Mutter aus, das zweite Geschenk bringt sie bei ihrer Nachbarin Marthe in Sicherheit. Als Gretchen ihre Mutter ein zweites Mal hintergeht, indem sie ihr ein Schlafmittel verabreicht, um ungestört eine Liebesnacht mit Faust zu verbringen, macht sie sich der Beihilfe zum Mord schuldig, weil die ihr von Faust gegebene Dosis zu stark war.

Anders als ihr egoistischer Liebhaber bekennt sich Gretchen aber zu ihren Taten und sühnt diese mit ihrem Tod. An ihrer Frömmigkeit lässt sie nie den geringsten Zweifel. Deshalb fällt sie auch nicht dem Teufel anheim.

Die **Parallelführung** der Schicksale Gretchens und Fausts zeigt sich in den Rettungsaktionen am Ende jedes Dramenteils. Genauso wie Gretchen vor ihrer Hinrichtung vom Himmel freigesprochen wird, wird auch Faust an seinem Lebensende von einer Engelschar aus den Händen des Teufels befreit.

Faust bei Gretchen im Kerker – Federzeichnung von Peter Cornelius

4. Aufbau

In beiden Teilen von Goethes Drama dominiert die **Hauptfigur** Heinrich Faust. Die Reisen durch Raum und Zeit verdeutlichen dabei seinen unruhigen, suchenden Charakter. In den meisten Szenen tritt der Gelehrte selbst als handelnde Person auf. Lediglich das „Vorspiel auf dem Theater" stellt in dieser Hinsicht eine Ausnahme dar, weil es allgemeine Fragen zum Verhältnis von Kunst und Wirklichkeit im weiteren und von Schauspiel und Aufführungspraxis im engeren Sinne behandelt. In der „Zueignung" thematisiert Goethe sein eigenes Verhältnis zu seinem Dramenstoff, der ihn jahrzehntelang beschäftigt hat.
Von zentraler Bedeutung für beide Teile der Tragödie erweist sich der **„Prolog im Himmel"**, weil er die zwei Dramen inhaltlich miteinander verknüpft und vor allem die Beweggründe Mephistos für sein Handeln sowie die jeweiligen Schlussteile mit der Errettung Gretchens und Fausts erklärt. Der Satz *„Wer immer strebend sich bemüht, den können wir erlösen."* offenbart sich als Motto, das über dem ganzen Werk steht, in dem der Weltenherrscher Gott die Fäden im Hintergrund zusammenhält.

Aufbauschema

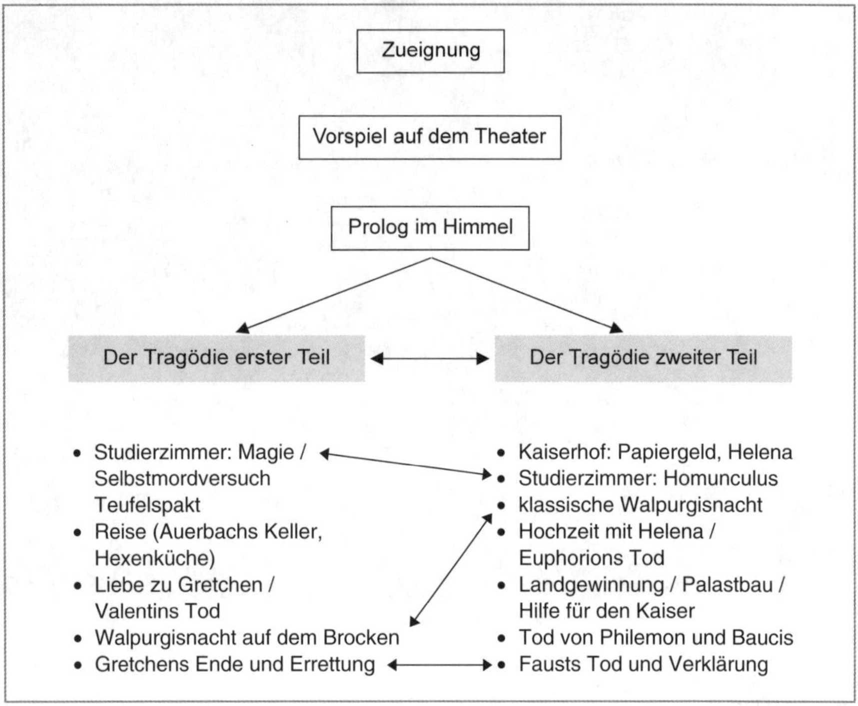

Parallelhandlungen verknüpfen immer wieder einzelne Szenen miteinander, sodass trotz aller Vielfalt im Geschehen und in den Darstellungsformen der inhaltliche Zusammenhang gewährleistet wird. So stellt die Wette zwischen Gott und Teufel eine enge Beziehung zum Pakt zwischen Faust und Mephisto her, während Fausts Liebesverhältnisse (Gretchen/Helena), seine Studien einschließlich seines Umgangs mit Wagner sowie die Walpurgisnacht in ihrer nordischen und hellenisch-antiken Ausführung die zwei Dramen miteinander verbinden.

Allerdings spannen auch **Kontraste** einen weiten Bogen über das gesamte Dramengeschehen. Die feierlichen Sphärenklänge im Himmel stehen dabei ebenso im Gegensatz zu den schwermütigen Gedankengängen Fausts wie das aufrichtige treuherzige Wesen Gretchens zu dem verschlagenen hintersinnigen Verhalten Mephistos. Den größten Gegenpol zu der engen mittelalterlichen Welt des Nordens im ersten Teil bildet aber die weiträumige antike Szenerie des Südens im zweiten Teil des Dramas. Während das zerstörerische Element mit seinen Mordfällen (Valentin, Gretchens Mutter und Gretchens Kind) und Freitodabsichten in

„Faust I“ im Vordergrund steht, enthält die kreative Aktion mit wirtschaftlichen und technischen Maßnahmen (Geldbeschaffung, Mensch aus der Retorte, Landgewinnung, Palastbau) in „Faust II“ ein stärkeres Gewicht. Doch die Vernichtung ist auch im zweiten Teil der Tragödie nicht ausgeschlossen, wie der Tod Helenas und ihres Sohnes sowie des Ehepaares Philemon und Baucis beweist.
Am Ende stehen aber mit Gretchens und Fausts Erlösung zwei göttliche Gnadenakte, die die **Harmonie des Kosmos** sicherstellen.

5. Form und Sprache

Von der Form her zeigt „Faust I“ noch deutliche Spuren der Sturm-und-Drang-Zeit, in der das Werk entstanden ist. Der **häufige Ortswechsel** wird nicht einmal durch eine Akteinteilung in geordnete Bahnen gebracht. Auch in der Sprache erscheinen immer wieder Anklänge an Goethes Geniezeit, indem sich Faust und Mephisto in der Art eines Götz von Berlichingen auf grobe Weise beschimpfen.
Die kunstvolle Sprachgestaltung in beiden Teilen des „Faust“ sowie der inhaltliche Zusammenhang mittels zentraler Motive (Wette, Gretchen/Helena) sind jedoch Kennzeichen eines **klassischen Werks.** „Faust II“ ist überdies in fünf Akte gegliedert, obwohl die Szenenfolge noch üppiger ausfällt als in „Faust I“.
Im Gegensatz zum zweiten Teil, der neben vielen Veränderungen der Schauplätze auch noch gewaltige Zeitsprünge (vom Mittelalter zurück zur Antike) aufweist, verläuft aber die Handlung im ersten Teil des Dramas chronologisch. Mit dem „Walpurgisnachtstraum oder Oberons und Titanias goldne Hochzeit“ erscheint sogar ein Spiel im Schauspiel, das aber ebenso wie die Walpurgisnachtszene insgesamt die eigentliche Handlung lediglich unterbricht und keine neue Zeitebene einführt.
Beide Dramen enthalten **zahlreiche metrische Formen,** die je nach Situation und Umgebung wechseln. Auf die feierliche „Zueignung“ im klassischen Blankvers (fünfhebige Jamben) folgen das „Vorspiel auf dem Theater“ und der „Prolog im Himmel“, die in jeweils regelmäßigen vierhebigen Jamben die ewig gültigen Gesetze sowohl auf der Bühne als auch in der göttlichen Weltordnung veranschaulichen.
Der unzufriedene, rebellische Faust verwendet zunächst den unregelmäßigen **Knittelvers** mit vier Hebungen, wie er in der deutschen Literatur im ausgehenden Mittelalter verwendet wurde, sodass der Zuhörer auch von der Sprachform her in die Zeit des Dramengeschehens versetzt wird. Bald geht der gelassener werdende Faust aber zu einer rhythmischeren Ausdrucksweise über, wobei er sowohl **Kreuzreime** als auch **Paarreime** gebraucht.

Mephistopheles wiederum benutzt den geschmeidigen **Madrigalvers,** der mit seiner unterschiedlichen Länge (vier bis sechs Betonungen je Vers) und variablen Reimform sowohl das gewandte Auftreten als auch den kalten schlagfertigen Zynismus des Teufels gut zum Ausdruck bringt. Kontrastierend zu dem Bösen ergänzt Gretchen, das fromme Mädchen aus dem Volk, ihre sprachlich einfachen Äußerungen durch **Gesänge im schlichten Volksliedton** („König in Thule", „Meine Ruh ist hin") sowie durch andachtsvolle, melancholische **Gebete** („Ach neige, du Schmerzensreiche …"). Ähnlich wie Faust, der nach der Walpurgisnacht seinen Kummer über Gretchens Kerkerhaft in Prosa formuliert, verlässt auch seine Geliebte einmal die Reimform, als sie in der Schlussszene des ersten Teils ihre Verwirrung in Worte fasst.

Iphigenie auf Tauris (1779)
von Johann Wolfgang von Goethe

Die ersten Jahre seines Aufenthalts in Weimar war Goethe mit verschiedenen Amtspflichten so beschäftigt, dass er kaum literarisch tätig sein konnte. Der Geburtstag der Herzogin Luise am 30. Januar und die Geburt ihrer Tochter am 3. Februar 1779 waren jedoch ein doppelter Anlass, am Hof mit einer Dichtung aufzuwarten. Innerhalb weniger Wochen hatte Goethe die erste Fassung des Schauspiels „Iphigenie auf Tauris" in Prosa fertig gestellt. Dabei machte es ihm besondere Mühe, dass er dieses **Opus der reinen Menschlichkeit** verfasste, während die Strumpfwirker in Apolda hungern mussten und auch noch andere soziale Probleme das Fürstentum heimsuchten.
Trotz seiner vielfältigen Aufgaben bei Hof konnte Goethe sein Drama, dessen Stoff er hauptsächlich dem antiken Schauspiel „Iphigenie bei den Taurern" des Griechen Euripides entnahm, am 28. März 1779 abschließen. Schon im April wurde das Werk von einer Liebhabertruppe zweimal in Weimar und einmal in Ettersburg aufgeführt. Goethe selbst übernahm die Rolle des Orest, Corona Schröter spielte die Iphigenie, und auch Herzog Karl August wirkte einmal als Pylades mit.
Obwohl Goethe sein Drama noch zweimal umarbeitete, wobei sich bereits eine rhythmischere Sprache aus der ursprünglichen Prosafassung abzeichnete, war er mit der Form seines Werks nicht zufrieden. Erst während seiner Italienreise nahm das Schauspiel endgültig Gestalt im klassischen **Blankvers,** also in fünfhebigen Jamben an. Am 29. Dezember 1786 beendete Goethe die Arbeit an seinem Manuskript. Aber es dauerte noch einige Jahre, bis das Theaterstück, das von Schiller bearbeitet wurde, am 15. Mai 1802 aufgeführt werden konnte.

1. Inhalt des Dramas

Alle Szenen spielen in einem Hain vor Dianas Tempel.

Erster Aufzug

Voller Wehmut denkt Iphigenie an ihre Familie in Griechenland, von der sie seit Jahren getrennt leben muss. Als Priesterin der Göttin Diana dient sie dem König Thoas, den sie immerhin zum Verzicht auf die früher üblichen blutigen Menschenopfer überreden konnte. Aber nun hält Thoas, der von einem Feldzug zurückkehrt, auf dem er den Tod seines einzigen Sohnes gerächt hat, um Iphigenies

Hand an, um mit der Griechin seine gefährdete Nachfolge zu sichern. Um Thoas von seinem Vorhaben abzuhalten, offenbart Iphigenie das bislang streng gehütete Geheimnis ihrer Herkunft. Sie stammt von dem von den Göttern verfluchten blutrünstigen Tantalidengeschlecht ab und sollte von ihrem Vater Agamemnon geopfert werden, damit die Göttin Diana die Abreise der Griechen zur Eroberung Trojas billigen konnte. Selbst nach der schauderhaften Erzählung seiner Priesterin wiederholt Thoas aber seinen Heiratsantrag. Er will sogar die Menschenopfer, für die er bereits zwei Gefangene ausgesucht hat, wieder aufnehmen, um Iphigenie gefügig zu machen. Verzweifelt wendet sich die Priesterin an Diana.

Zweiter Aufzug

Orest und sein Freund Pylades, die von Dianas Bruder, dem Gott Apoll, beauftragt sind, die *„Schwester"* von den Taurern zu entführen, sind gefangen genommen worden. Orest leidet noch unter der Bluttat, als er seine Mutter Klytämnestra getötet hat, um seinen betrogenen Vater Agamemnon zu rächen. Doch während sich Orest, von den Rachegeistern (Eumeniden) gepeinigt, schwermütig in sein Schicksal fügen will, setzt Pylades ganz auf Apolls Hilfe. Außerdem glaubt er, dass die Priesterin Dianas sie beide vor dem Tod bewahren werde.
Als Iphigenie kommt, schickt Pylades Orest weg und erzählt der Königstochter von dem Sieg der Griechen in Troja. Erschüttert erfährt nun Iphigenie von dem Schicksal ihrer ermordeten Eltern. Pylades vermutet, dass Iphigenie Agamemnon gekannt haben muss.

Dritter Aufzug

Nachdem Iphigenie Pylades von seinen Ketten gelöst hat, befreit sie auch Orest, der ihr dann von dem weiteren Los ihrer Familie berichtet. Orest, der auch seinen Muttermord gesteht, gibt sich schließlich seiner Schwester zu erkennen. Als Iphigenie ihren Namen nennt, sieht der schuldbeladene Orest keine Hoffnung mehr für sich, sondern erwartet den baldigen Tod durch die Hand Iphigenies, die als Priesterin zu dieser Opferung gezwungen werden wird.
Verzweifelt fällt Orest in Ohnmacht. In seiner Vision erkennt er die ganzen blutbefleckten Familienmitglieder seines Stammes, die sich miteinander versöhnt haben. Nach seinem Erwachen verspürt Orest neuen Lebensmut, zumal auch die Eumeniden ihn nicht mehr verfolgen. Der unternehmungsfreudige Pylades drängt zum sofortigen Aufbruch.

Vierter Aufzug

Iphigenie befürchtet, dass ihr gemeinsamer Fluchtplan entdeckt wird. Da kommt Arkas und meldet, dass der König nun das Menschenopfer vollziehen lassen wolle. Aber Iphigenie wendet ein, dass auf einem Gefangenen ein Fluch laste, wodurch die Opferung aufgeschoben werden müsse. Während Arkas diese Nachricht seinem Herrn überbringt, will Pylades diesen Zeitgewinn zum Verlassen des Landes nutzen. Iphigenie zögert jedoch, weil sie Tauris nicht leichten Herzens den Rücken kehren kann. Vor der Entscheidung stehend, Thoas zu hintergehen oder das Leben ihres Bruders zu gefährden und damit in jedem Fall ihre reine Seele zu belasten, erinnert sich Iphigenie an das Parzenlied.

Fünfter Aufzug

Der misstrauisch gewordene König lässt die Gefangenen suchen, denn er vermutet in Iphigenies Zögern eine List. Von Thoas zur Rede gestellt, entschließt sich Iphigenie zur rückhaltlosen Aufrichtigkeit und erzählt ihm von dem Fluchtplan. Der König kann nicht glauben, dass Orest Iphigenies Bruder sein soll. Erst als die Priesterin den zur Flucht wild entschlossenen Orest besänftigt und auch Thoas sowie Pylades und Arkas zur Friedfertigkeit vor Dianas Altar ermahnt, wird die Angelegenheit in Ruhe besprochen. Plötzlich erkennt Orest den Doppelsinn von Apolls Auftrag, die Schwester (Diana/Iphigenie) heimzubringen. Auf Orests und Iphigenies eindringliche Worte hin lässt Thoas schließlich die Geschwister als seine Freunde in ihre Heimat zurückkehren.

2. Personenkonstellation

Goethes „Iphigenie“ gilt als Musterbeispiel eines klassischen Bühnenwerkes. Mit sparsamen Mitteln gestaltet das Schauspiel die Thematik der **Humanität** und greift dabei einen bekannten Stoff aus der antiken Mythologie auf. Das wechselvolle Verhältnis zwischen Göttern und Menschen findet ebenso Raum wie innerseelische Konflikte der handelnden Personen.

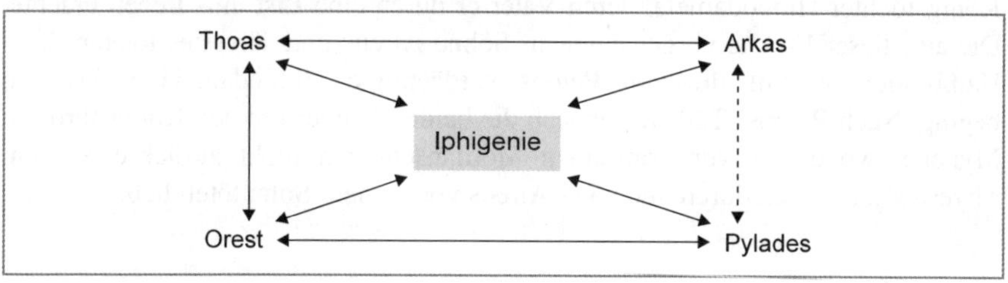

Um die **Mittelpunktsfigur** Iphigenie hat Goethe zwei Männerpaare herumgruppiert, die jeweils eng miteinander verbunden sind und gleichzeitig zwei verschiedene Welten verkörpern. Orest und sein Freund Pylades repräsentieren die griechische Heimat Iphigenies, zu der sich diese seit Jahren zurücksehnt. Dagegen stehen König Thoas und sein Vertrauter Arkas für die barbarische Fremde, die auf Fürsprache ihrer griechischen Priesterin für einige Zeit ihre rauhen Opferbräuche aufgegeben hat, aber nun in die einstige Barbarei zurückzufallen droht.
Es vollzieht sich jedoch ein doppelter Wandel. Der erzürnte König Thoas erweist sich als menschlicher Herrscher, der durch Verzicht human handelt. Der edle Grieche Orest ist dagegen ein Muttermörder, der erst fern von seiner Heimat von dem Fluch seiner Tat und der schweren Schuld seiner Vorfahren erlöst wird. Ohne das ehrliche Wirken der *„reinen Seele"* Iphigenie wäre jedoch diese Umkehr nicht möglich.

3. Mythischer Hintergrund

Die antike Sage

In seinem Drama hielt sich Goethe an die Überlieferung durch die Werke „Iphigenie in Aulis" und „Iphigenie bei den Taurern" des griechischen Tragikers Euripides (485–407 v. Chr.). Allerdings war die Iphigenien-Sage bis zum 18. Jahrhundert auch von zahlreichen späteren Dramatikern bearbeitet worden.
Entscheidend für Iphigenies Entwicklung ist die lange Vorgeschichte ihres Stammes, der über Generationen hinweg von schwerer Schuld beladen ist.

Die Tantalidensage

Tantalos, der vermutlich ein Sohn des Gottes Zeus war, wurde an die Tafel der Götter gerufen. Um seine Gastgeber auf die Probe zu stellen, setzte er ihnen seinen von ihm zerstückelten Sohn Pelops als Speise vor. Wegen dieses Hochmuts musste Tantalos in der Unterwelt unsägliche Qualen erleiden
Pelops, der von den Göttern wieder zum Leben erweckt wurde, heiratete die Königstochter Hippodameia, deren Vater er durch eine List ums Leben brachte. Die aus dieser Ehe hervorgegangenen Söhne Atreus und Thyestes töteten ihren Halbbruder, worauf die von Pelops verdächtigte Hippodameia Selbstmord beging. Nach Pelops' Tod stritten sich die beiden Brüder um den Königsthron in Mykene, wobei sie vor grausamen Mordanschlägen nicht zurückschreckten. Thyestes setzte sich durch, indem er Atreus von seinem Sohn töten ließ.

Agamemnon und seine Familie

Agamemnon, der Sohn des Atreus, rächte seinen ermordeten Vater und vertrieb Thyestes aus Mykene. Mit seiner Frau Klytämnestra hatte er drei Kinder, Orest und die zwei Töchter Iphigenie und Elektra.
Um seinem Bruder Menelaos zu helfen, dessen Frau Helena von dem trojanischen Königssohn Paris entführt worden war, rüstete Agamemnon zu einem Kriegszug gegen Troja. Durch einen ungünstigen Wind verzögerte sich aber die Abreise von Aulis. Die Jagdgöttin Artemis (römisch: Diana) verlangte von Agamemnon, der sie zuvor beleidigt hatte, die Opferung seiner schönsten Tochter. Bevor Iphigenie geopfert wurde, ließ sie Artemis auf die taurische Insel bringen, wo sie ihr als Priesterin dienen sollte. Nur widerwillig nahm Iphigenie an den Menschenopfern des barbarischen Volkes teil.
Während Agamemnons Abwesenheit in Troja hatte sich Klytämnestra den Liebhaber Ägisth genommen. Um die Opferung ihrer Tochter zu rächen, tötete sie mit ihrem Liebhaber den aus Troja siegreich heimgekehrten Agamemnon.
Jahre später wurde Orest, der zusammen mit seinem Freund Pylades von dessen Vater Strophios erzogen wurde, von dem Gott Apollo beauftragt, wegen dieser Bluttat seine eigene Mutter und Ägisth zu ermorden. In Begleitung von Pylades führte Orest diese schaurige Angelegenheit aus, worauf er von den Rachegeistern, den Erinnyen (römisch: Eumeniden) verfolgt wurde. Von dem Orakel in Delphi wurde dem Muttermörder Erlösung versprochen, wenn er von der taurischen Halbinsel die Artemis-Statue nach Griechenland bringen würde.
Bei der Durchführung dieses Vorhabens wurden aber Orest und Pylades gefangen genommen. Nachdem sich Orest und Iphigenie wiedererkannt hatten, täuschte die Priesterin den Taurerkönig Thoas, sodass die Geschwister mit dem geraubten Standbild in die Heimat zurückkehren konnten. Ohne das Eingreifen der Götter wäre aber diese Flucht verhindert worden.
Orest bestieg nun den Königsthron von Mykene, sein Freund Pylades heiratete Orests Schwester Elektra, und Iphigenie diente als Priesterin unter der zurückgeholten Artemis-Statue.

Goethe und die Antike

Mit seinen Abweichungen von der Euripides-Vorlage modernisierte Goethe die Geschichte Iphigenies. Der Dichter verzichtete auf den in der Antike üblichen Chor, der das Geschehen kommentierte und verlegte die Handlung ganz in die Monologe und Dialoge seiner Dramenfiguren.

Goethes eigene Erfindung war, dem Auftrag Apollos an Orest einen Doppelsinn beizulegen: So kann die Heimholung der „Schwester“ nicht nur als Rückführung der Statue Dianas (Apolls Schwester), sondern auch als Entführung Iphigenies (Orests Schwester) gedeutet werden.
Die bei Euripides noch barbarisch aussehende Welt der Taurer hatte Goethe deutlich gemildert, denn die Menschenopfer waren bei ihm bereits mit dem Beginn von Iphigenies Wirken abgeschafft. Deshalb muss Goethes Iphigenie auch nicht mehr bedingungslos auf die Flucht und die Täuschung des Königs setzen, sondern sie kann ein offenes Bekenntnis zu dem human gewordenen Thoas wagen. Auch auf die unmittelbare Hilfe der Götter, wie sie Euripides dargestellt hatte, kann Iphigenie verzichten. Nur Gebete und Stoßseufzer richtet Iphigenie noch an Diana. Ihre eigene Rettung und die ihres Bruders muss sie selbst in die Hand nehmen.

4. Zentrale Aspekte

Die „reine Seele“ Iphigenie

Goethes Iphigenie denkt sehnsüchtig an eine Heimkehr zu ihrer Familie nach Mykene. Um sich diesen größten Wunsch offen zu halten, lehnt sie auch eine Heirat mit Thoas ab.
Trotz ihres Rückkehrdranges lebt Iphigenie vor Orests Ankunft recht unbeschwert. Erst mit dem Auftreten Orests und seines optimistischen Freundes Pylades entsteht Iphigenies **seelischer Konflikt,** der im Laufe der Handlung immer mächtiger wird. Der Priesterin wird immer deutlicher bewusst, dass sie die Reinheit ihrer Seele nicht bewahren kann, wenn sie in ihrer Zwangslage eine Entscheidung trifft. Sie steht vor den folgenden Möglichkeiten:
- Vorbereitung der Flucht = Lüge und Täuschung des Königs
- Rettung ihres Bruders = Verrat an Thoas
- Wahrheit gegenüber Thoas = Gefährdung (Tod) ihres Bruders
- Heirat mit Thoas = Verzicht auf ihre Heimat
- Verlassen von Tauris = Zurücklassen von Freunden.

Bedrängt wird Iphigenie sowohl von Thoas, der sie vor die Wahl zwischen Heirat oder Wiederaufnahme der Menschenopfer stellt, als auch von Pylades, der seinen Fluchtplan auch mit Waffengewalt verwirklichen will. Erst als sich die Kontrahenten bewaffnet gegenüberstehen, entscheidet sich Iphigenie zum Wagnis der **Humanität.** Dabei kommt ihr jedoch zu Hilfe, dass sie sich auf ein Versprechen Thoas’ (Erlaubnis zur Heimkehr, wenn sie möglich sein sollte) berufen kann und dass auch der Raub des Götterbildes nicht erforderlich ist, weil sich der Orakelspruch als zweideutig erweist.

Iphigenie macht im Laufe des Dramas eine gewaltige **Entwicklung** durch, wobei sie auch immer mehr ihre Weiblichkeit entdeckt. Ihre Rolle als Priesterin benutzt sie, um ihr Ziel der Menschlichkeit durchzusetzen. Aber sie sieht auch die Gefahr des Machtmissbrauchs, der sie selbst ausgesetzt ist, wenn auch nur, um sich gegen die Forderungen des Königs zu wehren. Von ihrer anfänglichen Passivität gelangt Iphigenie zu einer immer aktiveren Handlungsweise. Sie ergreift selbst die Initiative, anstatt sich nur auf die Hilfe der Götter zu verlassen. Durch ihre Aufrichtigkeit, ihre Geduld und ihre Zielstrebigkeit kann sie Thoas zum Verzicht bewegen, ihre Seelenreinheit bewahren und damit auch ihren Bruder Orest von seiner Schuld erlösen.

Orest und das Schicksal

Im Gegensatz zu seiner reinen, schuldlosen Schwester trägt Orest schwer an seiner Schuld, die im Zusammenhang mit der langen Blutspur seiner Familie steht. Iphigenie und Orest sind **Komplementärfiguren,** denn sie sind aufeinander angewiesen und retten sich gegenseitig. Beide empfinden eine starke Sehnsucht: Iphigenie nach ihrer Heimat, Orest nach dem Tod. Doch ohne Orests Hilfe würde sich Iphigenies Traum, nach Griechenland zurückzukehren, nicht erfüllen, und ohne Iphigenies Beistand würde Orests Fluch nicht gelöst.

Weil das Schicksal der Geschwister unmittelbar zusammenhängt, nimmt die **Wiedererkennungsszene** (III,1) die zentrale Stelle in Goethes Drama ein. Einerseits verschärft sich dadurch Iphigenies Konflikt, weil sie nun die von Thoas wiedereingeführten Menschenopfer zuerst an ihrem eigenen Bruder vollziehen muss, aber andererseits konkretisiert sich ihre Hoffnung auf die lange erwünschte Heimkehr. Der kraftlose, todessüchtige Orest ist von der neuen Situation völlig überfordert, sodass er in Ohnmacht fällt. Doch sein anschließender **Heilschlaf** mit dem visionären Traum von einer Versöhnung seiner schuldbeladenen Verwandten verschafft ihm neuen Lebensmut. Nun will er sich nicht mehr seinem Schicksal ergeben, sondern er ist sogar bereit, für seine eigene Befreiung und die seiner Schwester mit der Waffe zu kämpfen.

Neben Iphigenie mit ihrem starken Glauben an die Humanität sorgt Orest ganz entscheidend für eine friedliche Verabschiedung von Thoas, indem er den Orakelspruch als doppeldeutig erkennt. Damit wird der geplante Raub des Götterstandbildes hinfällig. Auch in ihrer Beziehung zu den **Göttern** erweisen sich Orest und Iphigenie als komplementäre Personen. Beide dienen den Göttern Apollo und Diana, die ihrerseits wiederum Geschwister sind. Sowohl Iphigenie als auch Orest zweifeln an den Göttern und der von ihnen geschaffenen Weltordnung. Der deutlichste Beleg dafür ist das von Iphigenie vorgetragene Parzenlied (IV,5), das die Götter der Willkür und Unberechenbarkeit anklagt.

Agamemnons Kinder vertrauen nach wie vor den Göttern, aber sie treten aus ihrer bisherigen Passivität heraus und gestalten ihr Schicksal frei, aus eigenem Bedürfnis und ohne Auftrag der Götter. Humanität ist also nicht nur ein erstrebenswerter Zustand, sondern ein ständiger Kampf um die Verwirklichung eines menschenwürdigen Daseins.

Der humane Barbar Thoas

Wenn sich auch Iphigenie nur schweren Herzens von den Taurern trennt, erbringt doch Thoas das wesentlich größere Opfer. Der König, der seinen einzigen Sohn verloren hat, bleibt ohne gesicherte Nachfolge zurück. Darüber hinaus verliert er seine fähige Priesterin Iphigenie, die den Götterkult neu gestaltet hat. Zwar gewinnt er neue Freunde, aber diese wird er wegen der großen geographischen Entfernung nicht mehr zu Gesicht bekommen.
In der Stunde der Entscheidung zeigt Thoas, dass das jahrelange humane Wirken der Priesterin Iphigenie nicht vergebens war. Nachdem der von Iphigenie zurückgewiesene Thoas aus Wut und Enttäuschung den barbarischen Opferbrauch wiedereingeführt hat, ist er doch bereit, die ersten dafür vorgesehenen Kandidaten Orest und Pylades freizugeben. Auch Iphigenie kann er verzeihen, die eigenmächtig die beiden Gefangenen von ihren Ketten gelöst hat. Nach dieser doppelten **Entsagung** bedarf es jedoch der Beharrlichkeit Iphigenies, damit Thoas die Griechen mit einem freundschaftlichen „Lebt wohl!“ ziehen lässt. Zu mehr Worten ist der edelmütig handelnde Barbar in dieser Situation nicht fähig. Gemessen an seiner rohen Herkunft hat Thoas jedoch von allen Dramenfiguren Goethes die größte Entwicklung in punkto Menschlichkeit durchlaufen.

5. Aufbau des Dramas

Die Tradition der griechischen Antike, der sich die deutsche Klassik verpflichtet fühlte, wird am deutlichsten in Goethes „Iphigenie auf Tauris“ sichtbar. Nicht nur vom Inhalt, sondern auch von der Form her greift der Weimarer Dichter auf die Überlieferung der griechischen Tragödie zurück, wobei er sich jedoch nicht streng an die damaligen Regeln hält, sondern aus einem alten Sagenstoff ein modernes Schauspiel schafft.
Das Drama, das mit nur fünf Personen auskommt, spielt an einem Tag in einem Hain vor Dianas Tempel. Die **Einheit des Ortes und der Zeit** ist also gewahrt. Die **Handlung** teilt sich dagegen in zwei Stränge auf: in Iphigenies seelische Entwicklung und in Orests Heilungsprozess. Diese beiden Bereiche werden im

dritten Aufzug, also in der Mitte des Dramas, einander angenähert und von da an parallel bis zur endgültigen Lösung weitergeführt. Dadurch erweist sich die Wiedererkennung der beiden Geschwister Iphigenie und Orest als der Mittelpunkt des Schauspiels, dessen Dramatik aus dem seelischen Konflikt der handelnden Personen erwächst. Alle Dramenfiguren durchlaufen eine entscheidende Wandlung, ohne die ein versöhnliches Ende nicht denkbar wäre. Während in Euripides' Schauspiel noch die Götter helfend eingreifen müssen, können in Goethes Werk die Menschen ihre Probleme aufgrund ihrer Einsicht und ihrer **Humanität** selbst lösen.

Der **Handlungsverlauf** in Goethes „Iphigenie" hält sich an das traditionelle Schema:

1. Aufzug (Exposition):	Iphigenies Heimweh – Thoas' Erpressung: Heirat oder Opferung der zwei Gefangenen
2. Aufzug (Steigerung):	Orests Leiden, Pylades' Informationen über Iphigenies Heimat
3. Aufzug (Höhepunkt/Peripetie):	Wiedererkennung Iphigenie – Orest; Orests Heilschlaf, Iphigenies Gebet
4. Aufzug (Retardierung):	Verzögerung des Opfers, Aufschiebung der Flucht, Parzenlied
5. Aufzug (Lösung des Konflikts):	Iphigenies Geständnis, Versöhnung mit Thoas, Abreise der Griechen.

Während sich Iphigenies Lage zu Beginn des Dramas mit Thoas' Erpressungsversuch verschärft, naht gleichzeitig ihre Rettung, ohne dass sie sich dessen bewusst ist. Damit löst sich im weiteren Verlauf der scheinbar aussichtslose Zwiespalt zwischen Iphigenies Heimweh und ihrer endgültigen Bindung an Tauris. Am Ende kann sie sich frei entscheiden. Allerdings muss sie genauso wie Thoas **Verzicht** üben, denn während der König der Taurer seine Priesterin und damit seine Hoffnung auf einen Fortbestand seiner Dynastie aufgibt, lässt Iphigenie ihr religiöses Werk und treue Freunde ohne Aussicht auf ein Wiedersehen zurück. Zu Goethes Humanitätsideal gehört die **Entsagung** als eine stetige Aufgabe des Menschen unbedingt hinzu.

6. Sprache

Den seit Lessings „Nathan der Weise“ (1779) als Regel für klassische deutsche Dramen geltenden **Blankvers** hat Goethe in der Endfassung seines Schauspiels konsequent umgesetzt. Nur an wenigen Stellen (I,4; Wiedererkennungsszene III,1 und Anfang IV,1) wird ein drei- oder vierhebiger Daktylus bzw. Trochäus verwendet. Diese emotionalen Szenen wechseln also den Rhythmus wie auch das Parzenlied (IV,5), das die Unbeständigkeit der Götter kritisiert.

Goethe übernimmt zwar die griechischen Namen der Tantalidensage, aber bei den Götternamen verwendet er auch Bezeichnungen der römischen Überlieferung (z. B. Diana). Neben seinen inhaltlichen Veränderungen des bekannten Mythos bewirkt er mit dieser Vermischung von griechischer und römischer Tradition eine eigenständige Modernisierung der antiken Welt.

Der Schatzgräber (1797)
von Johann Wolfgang von Goethe

Arm am Beutel, krank am Herzen,
Schleppt' ich meine langen Tage,
Armut ist die größte Plage,
Reichtum ist das höchste Gut!
Und zu enden meine Schmerzen,
Ging ich, einen Schatz zu graben.
„Meine Seele sollst du haben!"
Schrieb ich hin mit eignem Blut.

Und so zog ich Kreis' um Kreise,
Stellte wunderbare Flammen,
Kraut und Knochenwerk zusammen:
Die Beschwörung war vollbracht.
Und auf die gelernte Weise
Grub ich nach dem alten Schatze
Auf dem angezeigten Platze.
Schwarz und stürmisch war die Nacht.

Und ich sah ein Licht von weiten,
Und es kam gleich einem Sterne
Hinten aus der fernsten Ferne,
Eben als es zwölfe schlug.
Und da galt kein Vorbereiten.
Heller ward's mit einem Male
Von dem Glanz der vollen Schale,
Die ein schöner Knabe trug.

Holde Augen sah ich blinken
Unter dichtem Blumenkranze;
In des Trankes Himmelsglanze
Trat er in den Kreis herein.
Und er hieß mich freundlich trinken;
Und ich dacht': es kann der Knabe
Mit der schönen lichten Gabe
Wahrlich nicht der Böse sein.

„Trinke Mut des reinen Lebens!
Dann verstehst du die Belehrung,
Kommst mit ängstlicher Beschwörung
Nicht zurück an diesen Ort.
Grabe hier nicht mehr vergebens!
Tages Arbeit, abends Gäste!
Saure Wochen, frohe Feste!
Sei dein künftig Zauberwort."

Goethes Werke: Hamburger Ausgabe in 14 Bänden.
Hrsg. von Erich Trunz. München 1993. Band 1, S. 265 f.

Die Freundschaft zwischen Goethe und Schiller regte beide Dichter zu einer erneuten, äußerst ergiebigen literarischen Produktion an. Im Frühjahr 1797 schufen beide Autoren unabhängig voneinander, aber in gegenseitiger Unterstützung mehrere Balladen, die Schiller in seinem Musenalmanach für 1798 veröffentlichte.

Während Schillers Balladen eher die Tragweite des sittlichen Handelns thematisieren, setzt sich Goethe in seinen Balladen mit dem Verhältnis des Menschen zu dämonischen Mächten auseinander. Auch der „Schatzgräber", der während Goethes Aufenthalt in Jena im Mai 1797 entstanden ist, greift die Problematik der **Geisterbeschwörung** auf und zeigt dadurch seine inhaltliche Nähe zu der einen Monat später geschriebenen Ballade „Der Zauberlehrling". Wie in jenem Werk scheitert auch in diesem Gedicht das Vorhaben des Menschen, weil ihm bei seinem Tun die erforderlichen Voraussetzungen fehlen, sodass das Ergebnis dem ursprünglichen Plan völlig widerspricht.

„Der Schatzgräber" ist eine **lehrhafte Dichtung,** die in der letzten Strophe eine Lebensweisheit des Klassikers Goethe zum Ausdruck bringt. Die verzweifelte Absicht des Schatzsuchers, der für sein Glück alles aufs Spiel setzen will, endet in einem überraschenden, aber dennoch positiven Ausgang voller Harmonie.

1. Inhalt der Ballade

Der Schatzgräber leidet sehr unter seiner Armut. Schließlich bietet er in einem mit eigenem Blut unterschriebenen Vertrag dem Teufel seine Seele an, um mit der Bergung eines Schatzes reich zu werden. Um Mitternacht trifft der Verzweifelte seine Vorbereitungen zur Geisterbeschwörung. Doch er ist sehr erstaunt, als statt des Bösen in der stürmischen dunklen Nacht ein hell erleuchteter Knabe erscheint, der den Schatzgräber wohlwollend auffordert, aus einer vollen Schale zu trinken. Gleichzeitig erklärt der Knabe, dass das Graben an dem betreffenden Ort vergeblich sei, weil nur der Wechsel von harter Arbeit und gelegentlichen Feiern den Menschen glücklich mache.

2. Zentrale Aspekte

Magie: Erwartung und Belohnung

Ähnlich wie Faust in Goethes Drama versucht der Schatzgräber mit dämonischen Mächten in Verbindung zu treten. Doch während Faust aus Neugier und Wissensdurst seine Beschwörung durchführt, handelt der Schatzgräber nur aus Geldgier. Die ständige Armut hat diesem Menschen so zugesetzt, dass er nur noch in Kummer vor sich hin lebt und keine Lebensfreude mehr empfindet. An seiner Wertehierarchie lässt er keinen Zweifel, denn die **materielle Sicherheit** gilt für ihn als oberstes Prinzip: *„Reichtum ist das höchste Gut!"* Für ein Leben in Wohlstand verpfändet er sogar seine Seele, was er mit seiner Unterschrift aus eigenem Blut bezeugt.

Um zu seinem Ziel zu gelangen, hat sich der Schatzgräber mit der Kunst der **Magie** vertraut gemacht.

Kurz vor Mitternacht beginnt er mit den **überlieferten Ritualen:** Er zieht Kreise, macht Feuer und hantiert mit Kräutern und Knochen. Offenbar ist dem Sucher der Ort eines alten Schatzes bekannt. Zunächst scheint der Schatzgräber Erfolg zu haben, denn genau um Mitternacht taucht eine geheimnisvolle Erscheinung auf, die allerdings eine Hilfe anbietet, mit der der Mann nicht gerechnet hat. Statt des erhofften Reichtums erhält er eine Botschaft, die ihm aber sein künftiges Leben erleichtern und ihn von seiner Schwermut erlösen soll.

Die Erscheinung des Erdgeists, Bleistiftzeichnung Goethes, 1810–1812

In den herkömmlichen Vorstellungen (u. a. auch in Goethes „Faust") wird bei einer „vorschriftsmäßig" durchgeführten Geisterbeschwörung das Auftauchen eines Teufels erwartet, der für seine Dienste einen hohen Preis, in der Regel die Überlassung der Seele nach dem Tod, verlangt. Doch Goethe gibt seiner Ballade eine überraschende Wendung. Ein in hellem Glanz getauchter, blumenbekränzter Knabe bietet auf freundliche Weise Hilfe an, ohne dafür eine Gegenleistung zu fordern. Der Schatzgräber wird lediglich ermahnt, seine Hoffnung nicht auf Illusionen zu setzen, sondern sein Leben umzugestalten, um sein persönliches **Glück** zu finden.

Bescheidenheit und Lebensglück

Nach Goethes Meinung hängt die Zufriedenheit des Menschen nicht mit materiellen Werten zusammen. Vielmehr kommt es auf eine richtige Lebenseinstellung an, die sich in **Harmonie zum Weltganzen** befindet. Nur was sich der Mensch selbst erarbeitet hat, schafft die Voraussetzung zu seinem Glück. Sowohl der

Stolz auf das Geleistete als auch das berechtigte Gefühl, dass man nach schwerer Arbeit eine Ruhepause verdient hat, ermöglichen die innere **Ausgeglichenheit** des Menschen. Auf diese Weise lassen sich auch Feste erst richtig genießen, weil sie nicht zur Routine verkommen.
Wichtig ist jedoch auch die Beziehung zu anderen Menschen, zu denen man so viel Vertrauen hat, dass man mit ihnen gemeinsam feiern will. Die Botschaft des Knaben vermittelt dem Schatzgräber eine **Seelentherapie,** die seine Hauptschwächen bekämpft: Arbeitsunlust, Kontaktarmut und Lebensüberdruss. Der Schatzsucher muss erst zu einem innerlich ruhigen Menschen reifen, um sein Leben besser bewältigen zu können. Der endgültige Verzicht auf trügerische Hoffnungen sowie die Hinwendung zu mehr Bescheidenheit bilden dafür einen verheißungsvollen Neubeginn.

3. Aufbau

Das **kontrastive Vorgehen** und die Hervorhebung von **Gegensätzen** sind die auffallendsten Stilmittel in dieser Ballade. Während der Schatzgräber nur in Extremen (arm/krank, Armut/Reichtum) denken kann, macht ihm der Knabe einen Vorschlag, der diese Denkweise in Gegensätzen aufgreift, diese aber durch das Ausleben zu einem empfohlenen Prinzip erhebt: Der Wechsel des Tages- und des Wochenrhythmus (tagsüber – abends, saure Wochen – Feste) gehört dabei ebenso zu den wichtigen Gestaltungsweisen wie die regelmäßige Veränderung der Art der Tätigkeit bzw. der Existenz (arbeiten – feiern, allein – gesellig).
Die Geisterstunde in dunkler, stürmischer Nacht erinnert an das finstere Mittelalter mit seinem Aberglauben, das der Mensch der Aufklärung längst überwunden haben sollte. Deshalb erstrahlt die Botschaft des Knaben in hellem Licht, um damit einen Fortschritt in der Menschheitsentwicklung anzuzeigen. Dieser **hell-dunkel-Kontrast** veranschaulicht die Problematik des Menschen, der noch in alten Denkstrukturen lebt und sich dem Neuen, Vernünftigen noch nicht hinreichend geöffnet hat.
Die fünf Strophen der Ballade sind nach dem **Prinzip der Steigerung** aufgebaut: Der trostlose Ausgangspunkt des Schatzgräbers verwandelt sich in ein hell umstrahltes Hoffnungszeichen, das jedoch völlig anders aussieht, als es sich das lyrische Ich vorgestellt hat.

Inhaltsstruktur:

Strophe 1: depressive Stimmung, Seelenverpfändung
Strophe 2: Teufelsbeschwörung, Suche nach dem Schatz
Strophe 3: Erfolg der Magie (helles Licht, schöner Knabe)
Strophe 4: Verwunderung des Gräbers (ein Knabe statt des Teufels)
Strophe 5: Belehrung durch den Knaben.

Goethes Ballade weist viele Parallelen zu einem fünfaktigen Drama auf: Die Exposition (Strophe 1) schildert den Konflikt der Hauptfigur, die nun eine Lösung ihrer hoffnungslosen Situation auf direktem Wege unbeirrbar anstrebt. Als Höhepunkt (Strophe 3) offenbart sich das Gelingen der Magie, was aber gleichzeitig in eine Überraschung (Peripetie) einmündet. Der auftauchende Knabe verkündet eine Lösung der Probleme des Schatzgräbers, die keinen hohen Preis fordert, sondern vielmehr eine Befreiung von Körper, Geist und Seele ermöglicht.
Mit seiner Belehrung verweist der Knabe den Menschen auf die reinen Existenzbedingungen des irdischen Daseins. Eine Kontaktaufnahme mit der dämonischen Welt ist nicht nötig, um glücklich zu werden. Ein neues *„Zauberwort"* statt der vielen überlieferten magischen Formeln eröffnet dem Menschen ein **harmonisches Leben,** wenn er sich einen vernünftigen, ausgeglichenen Lebensrhythmus aneignet.

4. Form und Sprache

Die fünf Strophen der Ballade sind alle gleichmäßig gestaltet: Jeder der jeweils acht Verse besteht aus einem vierhebigen **Trochäus,** wobei sich jeweils zwei Zeilen jeder Strophe in einem verzahnten Schema (abbcaddc) reimen. Auf diese Weise bleibt der Zusammenhalt jeder Strophe gewahrt.
Der Inhalt des Geschehens wird aus der Sicht des Schatzgräbers in **Ichform** wiedergegeben. Weil es ausschließlich um seine psychische Situation geht, bezieht sich der Titel der Ballade nur auf das lyrische Ich, das aber mit keinem weiteren Namen bezeichnet wird. So sehr hat sich der Schatzgräber auf diese eine Aktivität gestürzt, von der er alles Heil erwartet, dass ihm dieser Funktionsbegriff genügt.
Allerdings verdeutlicht die **Zeitstufe der Vergangenheit** (Präteritum), dass diese negative Phase hinter ihm liegt. Die Schlussstrophe, die im Präsens steht, weist auf eine bessere Zukunft hin.

Das lyrische Ich gibt die Ereignisse im Berichtstil wieder, wobei der häufig verwendete Satzanfang mit der Konjunktion „und" das umgangssprachliche fortschreitende Erzählen ebenso veranschaulicht wie einige verkürzte Wörter (schleppt' ich, Kreis', ward's, ich dacht').
Zwei bedeutsame Stellen sind als genaue **Zitate** mit Anführungszeichen gekennzeichnet, und zwar die Seelenverpfändung des Schatzgräbers sowie die Belehrung durch den Knaben. Dadurch wird die größte Verzweiflung des lyrischen Ichs dem Hilfsangebot des Knaben direkt entgegengesetzt.

Don Carlos (1787)
von Friedrich Schiller

Mit seinem Drama „Don Carlos“ hat Friedrich Schiller ein Übergangswerk geschaffen, das den Autor mit fortschreitender Entwicklung von den Anliegen seiner Sturm-und-Drang-Zeit entfernte und seine Hinwendung zu den Idealen der Klassik einleitete. Fünf Jahre lang arbeitete Schiller an diesem Schauspiel, das zunächst als ein **Familiendrama** gedacht war, aber immer deutlicher den Charakter eines **politischen Bühnenstücks** annahm.
1782 wurde Schiller von dem Intendant des Mannheimer Nationaltheaters, Freiherr von Dalberg, auf den historischen Stoff hingewiesen. Während seines Aufenthalts auf dem Gut der Frau von Wolzogen in dem idyllischen Thüringer Dorf Bauerbach entwarf der Dichter die ersten Szenen seines Dramas, das er dann in Mannheim und später in Dresden fortsetzte, bis er im Mai 1787 seinen „Dom Karlos, Infant von Spanien“ abschloss. Zuerst hatte Schiller eine Prosafassung geschrieben, bevor er sein Werk in metrischer Form fertig stellte. Am 29. August 1787 wurde das Drama mit großem Erfolg in Hamburg uraufgeführt, bald darauf wurde es auch in Mannheim, Weimar und anderen Städten gespielt. Bis kurz vor seinem Tod (1805) nahm Schiller immer wieder Bearbeitungen vor, die vor allem Kürzungen des umfangreichen Schauspiels zum Ziel hatten.
In zwölf „Briefen über Don Carlos“, die 1788 und 1792 erschienen, antwortete Schiller auf die Einwände seiner Kritiker, die insbesondere die idealistische Rolle des historisch weniger bedeutenden Marquis von Posa betrafen. Dieser *„republikanische Erzieher des Menschengeschlechts“,* wie ihn der Dramatiker nannte, war in Schillers Werk der eigentliche Gegenspieler des menschenverachtenden spanischen Königs Philipp II. Dadurch erhielt das Drama, das zunächst die Rivalität zwischen Vater und Sohn um dieselbe Frau darstellte, eine politische und philosophische Dimension.

1. Inhalt des Dramas

Erster Akt: Der königliche Garten in Aranjuez

Domingo, der Beichtvater des Königs, zeigt sich besorgt über das bekümmerte Wesen des Kronprinzen Carlos. Aber erst dem aus Brüssel zurückkehrenden Marquis Posa vertraut sich der verschlossene Carlos an, indem er ihm gesteht, dass er die Königin, die einst seine Braut war, liebe. Posa, der sehr um die Frei-

heit des spanischen Besitzes Flandern besorgt ist, will eine Begegnung zwischen Carlos und seiner Stiefmutter herbeiführen.
Die Königin ist allerdings völlig überrascht, als auf Posas Vermittlung hin plötzlich Carlos vor sie tritt und ihr seine Liebe gesteht. Verängstigt fordert sie den Kronprinz auf, seine Träume aufzugeben. Als der König erscheint, entfernt sich Carlos rasch. Philipp ist erstaunt, dass er seine Gemahlin ohne Begleitung antrifft und verbannt wegen Vernachlässigung ihrer Pflicht die Marquisin von Mondecar. Außerdem missfällt dem König, dass sein Sohn ihn seit langem meidet. Doch dieser will, wie er Marquis Posa eröffnet, mit dem er eine ewige Freundschaft schließt, seinen Vater bald bitten, ihn als Gouverneur in Flandern einzusetzen.

Zweiter Akt: Im königlichen Palast zu Madrid

Den mehrfach wiederholten Wunsch seines Sohnes, in die niederländischen Provinzen zu gehen, lehnt der misstrauische König schroff ab. Carlos' Enttäuschung weicht bald, als ihm ein Page einen Brief überbringt, den er für eine Liebeserklärung der Königin hält. Spöttisch gratuliert der Kronprinz dem Herzog Alba zu seiner Mission nach Flandern, woraufhin es zu einem Duell kommt, das aber durch das Einschreiten der Königin sofort beendet wird.
Carlos bemerkt bald seinen Irrtum, denn in dem von dem Pagen bezeichneten Zimmer befindet sich nicht seine Stiefmutter, sondern die Prinzessin von Eboli, die schnell das Geheimnis des Prinzen errät. Aber auch sie liefert sich Carlos aus, weil sie ihm einen Liebesbrief Philipps zeigt, den dieser als Beweisstück behält. Die gedemütigte Prinzessin erklärt sich gegenüber Domingo und Alba bereit, den König in ihrem Zimmer zu empfangen und auch Liebesbriefe von Carlos und der Königin abzuliefern.
In einem Kloster informiert Carlos seinen Freund Posa über die vergangenen Ereignisse. Posa warnt Carlos vor der eifersüchtigen Prinzessin Eboli, und er zerreißt auch Philipps Liebesbrief, weil er die Rachegefühle seines Freundes missbilligt.

Dritter Akt: Räume des Königs

Der König, der sein Vertrauen in seine Gemahlin verloren hat, zeigt Herzog Alba Briefe von Carlos an die Königin. Daraufhin berichtet der Herzog, dass Carlos die Königin in Aranjuez heimlich getroffen habe. Domingo verstärkt Philipps Misstrauen durch die Vermutung, dass die kleine Infantin vielleicht nicht die Tochter des Königs sei.

Der entsetzte Philipp wünscht sich einen Freund, dem er wirklich vertrauen kann. Bei der Durchsicht einer Schreibtafel stößt er auf den Namen des Marquis Posa, der für seine Verdienste bisher noch nichts gefordert hat. In heiterer Stimmung verleiht der König Alba einen Orden, geht schonend mit Medina Sidonia um, der den Untergang der Armada meldet und empfängt schließlich Posa, der von seiner Reise nach Flandern berichtet. Der Marquis, der auch jetzt jede Entlohnung ablehnt, wirft dem König die Unterdrückung der Menschen in seinem Reich vor. Betroffen erkennt Philipp Posas Kritik an, ohne jedoch daraus Konsequenzen zu ziehen. Als Dank beauftragt er den Marquis, für ihn Carlos und die Königin auszuforschen.

Vierter Akt: Verschiedene Räume im Palast

Marquis Posa empfiehlt, dass Carlos heimlich den Freiheitskampf in Flandern anführe. Er bittet die Königin, bei ihrer nächsten Zusammenkunft Carlos in dieser Aufgabe zu bestärken. Unterdessen hat Graf Lerma den Thronfolger über Posas lange Audienz beim König informiert. Das seltsame Verhalten des Marquis, der Carlos' Brieftasche zu dessen eigenem Schutz verlangt, macht den Königssohn erst recht misstrauisch.
Voller Argwohn betrachtet der König seine Tochter. Als die Königin den Diebstahl von Briefen meldet und kurz danach herausfindet, dass dies im Auftrag Philipps geschehen ist, beleidigt der König seine Gattin als Buhlerin. Benommen stürzt die Angeklagte zu Boden. Der König beschuldigt daraufhin Alba und Domingo. Nachdem Marquis Posa dem König die Brieftasche seines Sohnes gezeigt hat, ist Philipp vollends von der Unschuld seiner Frau überzeugt. Posa lässt sich für alle Fälle einen geheimen Verhaftsbefehl für Carlos ausstellen.
Wiederum erzählt Graf Lerma Carlos von Posas Treffen mit dem König. Aber noch erstaunter ist Carlos, als Posa ihn mitten im Gespräch mit der Prinzessin Eboli verhaften lässt. Erschrocken meldet die Prinzessin alles ihrer Königin, wobei sie auch den Diebstahl der Briefe und ein Rendezvous mit dem König zugibt. Während die Eboli von dem König in ein Kloster verbannt wird, vertraut Marquis Posa der Königin seinen Freund Carlos an. Da er sein Spiel für verloren hält, will er sich für Carlos aufopfern. Ein vom Oberpostmeister abgefangener Brief Posas nach Brüssel lässt bereits Alba triumphieren.

Fünfter Akt: Zimmer im königlichen Palast

Marquis Posa besucht Carlos, um ihm seine Brieftasche zurückzugeben und ihm den Haftgrund zu erläutern. Als Herzog Alba Carlos' Gefangenschaft aufheben will, fordert der Kronprinz das persönliche Erscheinen des Königs. Nachdem der

Marquis seinem Freund erklärt hat, dass er ihm zuliebe den König in die Irre geleitet und ihm absichtlich einen verräterischen Brief in die Hand gespielt habe, wird er durch einen Schuss getötet. Carlos beschuldigt seinen Vater, der ihn im Beisein seines Hofstaates freispricht, des Mordes an seinem besten Freund. Von dieser Anklage betroffen und wegen eines Volksaufruhrs besorgt, fällt der König in Ohnmacht.

Carlos erhält von der Königin den Auftrag, sie um Mitternacht, als Gespenst des toten Kaisers verkleidet, aufzusuchen. Doch inzwischen hat Herzog Alba durch abgefangene Papiere Posas ganzen Befreiungsplan für die Niederlande erfahren. Der König, der lange Zeit Posas Verrat nicht verkraften kann, erlangt einen neuen Lebenswillen und wünscht ein Gespräch mit dem Großinquisitor, der ihn allerdings des Leichtsinns und des mangelnden Vertrauens zur Kirche anklagt. Während sich Carlos von der Königin verabschiedet, erscheint Philipp mit seinen Granden und übergibt seinen Sohn als Opfer der Inquisition.

2. Personenkonstellation

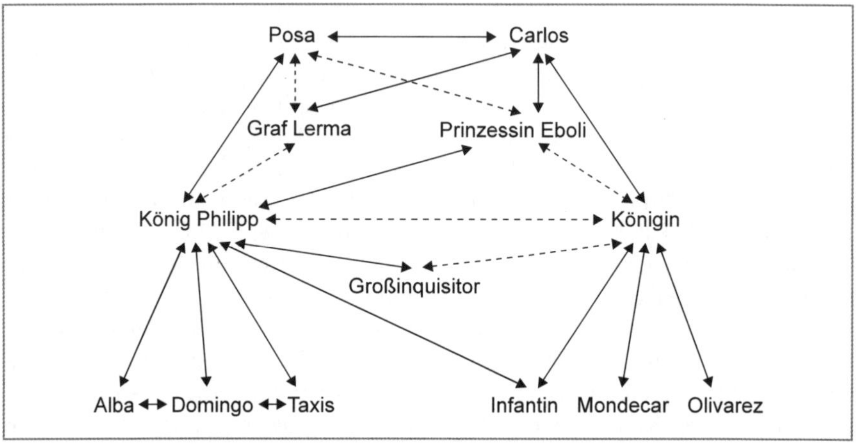

Die Figuren in Schillers Drama lassen sich zum größten Teil den beiden mächtigsten Bereichen im Spanien des ausgehenden 16. Jahrhunderts, dem **Hof** und der **Kirche,** zuordnen.

Genauso wie der König von seinen Beratern und Dienern umgeben ist, schart sich auch um die Königin eine Gruppe ausgewählter adliger Damen. Mit der gemeinsamen Tochter, der dreijährigen Infantin Clara Eugenia, ist die aus Frank-

reich stammende Elisabeth von Valois mit dem spanischen König Philipp II verbunden, während Philipps Sohn aus erster Ehe, Don Carlos, mit seinem Vater um die Gunst der Königin, die ihm einst als Gemahlin zugedacht war, konkurriert.
Die Vertreter der **Kirche,** vor allem der im Hintergrund agierende 90 Jahre alte Großinquisitor und Domingo, der Beichtvater des Königs, versuchen die Politik des Hofes zu ihren Gunsten zu beeinflussen. In dem strengen Herzog von Alba finden sie dabei einen treuen Helfer.
Der **Marquis von Posa** gilt nicht nur deshalb als Hauptfeind der Kirche und der Granden, weil er revolutionäre Ideen vertritt, sondern weil er auch im Freiheitskampf der Niederlande die Partei der Protestanten unterstützt. In der Freundschaft mit dem Kronprinzen Carlos sieht der tolerante Marquis eine Möglichkeit, seine humanitären und politischen Ziele zu verwirklichen.
Allerdings durchkreuzt die intrigante **Prinzessin von Eboli** das riskante Machtspiel Posas, weil sie durch ihre Eifersucht die Liebesbeziehung zwischen Carlos und seiner Stiefmutter aufdeckt. Auch der ehrliche Graf von Lerma bringt durch seine genauen Informationen gegenüber dem Kronprinzen die Pläne von dessen Freund Posa durcheinander.
Erst im fünften Akt stellt sich heraus, dass der **Großinquisitor** die Fäden von Anfang an fest in der Hand hatte, denn er wusste längst über den zwielichtigen Marquis Posa und dessen für die Kirche gefährlichen Machenschaften Bescheid. Der Greis demonstriert noch einmal seine ganze Macht, indem er den von ihm kritisierten **König** veranlasst, ihm seinen in religiösen Fragen unzuverlässigen Sohn Carlos auszuliefern.

3. Zentrale Aspekte

Zerstörte Familie und Freundschaft

Die Stürmer und Dränger stellten der moralisch verdorbenen höfischen Gesellschaft das Ideal der intakten bürgerlichen Familie gegenüber. Deshalb spielten in dieser literarischen Epoche Familiendramen eine wichtige Rolle und auch das von dem Aufklärer Lessing in Deutschland eingeführte Bürgerliche Trauerspiel, das von Schiller mit seinem Drama „Kabale und Liebe“ (1784) fortgeführt wurde, betonte den Standesgegensatz, der tragische Verwicklungen verursachte.
In seinem „Don Carlos“ zeigte Schiller eine königliche Familie, in der die **natürliche Ordnung** völlig zerstört ist. Der despotische Herrscher und Vater Philipp, der keine natürlichen Gefühle gegenüber seinen Angehörigen entwickelt hat, hat seinem Sohn Carlos die Braut Elisabeth weggenommen und diese selbst geheiratet. Seiner Gemahlin begegnet der König mit äußerstem Misstrauen, das von

strenger Aufsicht bis zu schwersten Beleidigungen führt. Selbst die gemeinsame Tochter Clara Eugenia bringt die Eheleute menschlich einander nicht näher, sondern gibt eher Anlass zu weiteren Verdächtigungen.
Aufgrund seines schlechten Gewissens kann Philipp seinem Sohn Carlos nur mit Argwohn begegnen. Er sieht in ihm sowohl den Konkurrenten um seine Frau als auch den Rivalen um die staatliche Macht. Auch in dieser Beziehung erinnert sich der König an eine Untat, als er seinen Vater, Kaiser Karl V., einst von der Macht verdrängt hat. Vergebens appelliert Carlos an das *„Vaterherz"*, in dem er *„die Stimme der Natur"* wachrufen will. Obwohl der hartherzige König seine engsten Familienmitglieder aus Angst vor Machtverlust nicht liebt, so braucht er doch einen *„Menschen"*, dem er rückhaltlos vertrauen kann. Deshalb nimmt er den Marquis von Posa als Sohnesersatz an. Philipps **Tragik** besteht darin, dass er von dem einzigen Menschen, dem er sich ganz öffnet, zur Durchsetzung höherer Pläne missbraucht und letzten Endes verraten wird.
So wie die Familienbeziehungen sind auch die **Freundschaften** gestört. Auch wenn sich Marquis Posa als *„Bruder"* des Kronprinzen bezeichnet, hintergeht er Carlos, weil er seine Freundschaft zu ihm seinen politischen Zielen unterordnet und den Königssohn nicht ausreichend über seine Vorgehensweise informiert. Carlos täuscht sich auch in seinem Verhältnis zu der Prinzessin von Eboli, die seine offenen Worte aus Eifersucht in ihr intrigantes Spiel einbezieht.
Völlig **widernatürlich** ist die Liebesbeziehung des Kronprinzen zu seiner Stiefmutter, die er selbst als *„lasterhaft"* bezeichnet. Immerhin kann Carlos seine Liebe auf Bitten der verwirrten Königin auf eine politische Aufgabe übertragen.
Doch in dem Maße, wie die königliche Familie zerrüttet ist, ist auch die **Staatsordnung** ruiniert. Die intriganten Höflinge Alba und Domingo nutzen die zerstörte Beziehung des Herrscherpaares zu ihren Zwecken aus. Der Herrscher ist nur ein Spielball sowohl der Kirche als auch zeitweilig des Marquis Posa.

Die Intrigen

Als die moralisch am stärksten diskreditierte Macht erweist sich am Ende des Dramas die katholische **Kirche.** Hat sich ihr Repräsentant Domingo, der Beichtvater des Königs, zuvor schon als skrupelloser Intrigant erwiesen, der selbst den Ehebruch des Königs mit der Prinzessin Eboli aus politischen Gründen fördert, so offenbart sich erst recht der Großinquisitor als menschenverachtender Bürokrat, der sogar den despotischen König beherrscht. Dem kirchlichen **Machtapparat** in Form der Inquisition entgeht nicht die kleinste humane Regung der Staatsbürger, die sogleich als gefährliche Staatsaktion sorgsam registriert wird. Auch der liberale Marquis Posa, dem Domingo vorwirft, dass er *„denkt"* und die Menschen liebe, wird seit langem von der Kirche argwöhnisch beobachtet.

In Herzog Alba hat die Kirche einen zuverlässigen Verbündeten, der mit **Terror** die Freiheitsbestrebungen der Niederlande auf politischem und religiösem Gebiet (Loslösung von Spanien/Protestantismus) unterdrücken will. Alba und Domingo machen sich die Prinzessin Eboli dienstbar, als sie bemerken, dass sie mit dem Auftreten des Marquis Posa ihren Einfluss auf den König verloren haben. Obwohl sie die **Tugend** der Königin gegenüber Philipp in Frage stellen und ein Rendezvous der Eboli mit ihrem König vorbereiten, setzen sie sich erst durch, als sich Posa selbst aufgeopfert hat. Aber sie verhindern die Realisierung von Posas politischen Zielen, indem sie das Geheimnis der Beziehung zwischen Carlos und der Königin sowie die Mission des Kronprinzen in Flandern aufdecken.
Der einzige redliche Höfling in diesem **intriganten Machtspiel** ist Graf Lerma, der aber auch nicht uneigennützig handelt, weil er bereits auf die baldige Herrschaft des Thronfolgers Carlos setzt.
Die politischen Ränke und Liebesaffären werden weniger durch Gespräche als vielmehr durch **Briefe** eingeleitet und vertieft. Damit können diese Papiere als wichtige Beweismittel im Kampf mit dem Gegner verwendet werden.
Der neurotische König fordert von seinem „Freund" Posa nichts dringender als die Aushändigung von Briefen seiner Gemahlin und seines Sohnes. Beweise gegen die Königin werden ihm durch den Diebstahl der Prinzessin Eboli zugespielt, während sich Posa von Carlos die Brieftasche geben lässt, wobei er dem König nur eine Auswahl der Papiere vorlegt. Aber diese Aktion bringt Posas Plan ins Wanken, weil Graf Lerma die Brieftasche in der Hand des Königs sieht und seine Beobachtung sofort Carlos mitteilt. Daraufhin eilt Carlos unüberlegt zur Prinzessin, und Posa lässt seinen Freund ebenso panikartig verhaften, um Schlimmeres zu verhindern.
Das Misstrauen seines Freundes hat Posa schon vorher erweckt, als er den Brief des Königs an Prinzessin Eboli, Carlos' Beweismittel für den Ehebruch seines Vaters, zerrissen hat.
Konsequenterweise wird Posas politische Intrige durch einen Brief beendet, mit dem er sich selbst entlarvt und der als Auftakt seiner **Selbstaufopferung** dienen soll. Auch die geheime Beziehung zwischen Carlos und seiner Stiefmutter wird vollends aufgedeckt, als Posas Papiere bei der Verhaftung eines Mönchs sichergestellt werden. Damit ist das politische Vermächtnis des Marquis, die Durchsetzung der Menschenrechte in den befreiten Niederlanden, endgültig vernichtet.

Ideen der Aufklärung

„Ich kann nicht Fürstendiener sein." Mit diesen Worten tritt Marquis Posa dem spanischen König gegenüber (III,10) und drückt damit den Gegensatz zwischen dem **despotischen Staat** mit seinen absolutistischen Ansprüchen und dem nach Freiheit strebenden **Individuum** aus. Der Marquis wirft dem König vor, dass in seinem Machtbereich die Menschen nur erniedrigt und unterdrückt werden, was besonders durch das grausame Vorgehen von Militärs wie Alba und die intolerante menschenfeindliche Inquisition bewirkt wird.
Am Vorabend der Französischen Revolution (1789) vertritt Posa dagegen Werte der Aufklärung wie **Freiheit, Gleichheit** und **Brüderlichkeit,** wodurch dem verstümmelten Menschen unter spanischer Herrschaft seine Würde zurückgegeben werden kann. In einem Staat von gleichberechtigten Individuen kann *„Bürgerglück"* mit *„Fürstengröße"* vereint werden. Für die Umsetzung dieses Traums sieht Posa die besten Aussichten im Freiheitskampf der Niederländer gegen ihre spanischen Unterdrücker.
Durch seine unverhoffte Nähe zu König Philipp eröffnet sich dem Marquis eine weitere Möglichkeit zur Verwirklichung seiner **Utopie:** Er hofft, Philipp zu einem **aufgeklärten Herrscher** erziehen zu können, der mit Reformen sein Staatswesen in eine natürliche, harmonische Ordnung mit freien und gleichen Menschen verwandelt. Nachdem Posa erkannt hat, dass sich der alte König für diese Ideen nicht mehr gewinnen lässt, setzt er seine Hoffnungen auf den künftigen Machthaber, den Infanten Don Carlos. Seine Freundschaft mit dem Königssohn verwirklicht bereits die politischen Ziele im privaten Bereich: Die beiden nennen sich „Brüder" und duzen sich als Zeichen der Standesgleichheit.
Der Marquis scheitert aber, weil er sein aufgeklärtes Menschenbild selbst nicht ernst nimmt, denn er missbraucht sowohl Philipp als auch Carlos für seine politischen Zwecke. Dazu kommt, dass er auch das *„Menschenglück"* in Flandern nur noch mit dem Mittel der Gewalt und der Illegalität glaubt durchsetzen zu können, denn Carlos soll heimlich in die niederländischen Provinzen reisen und dort an der Spitze der Armee die **Revolution** anführen. Posas Versagen und seine Selbstopferung bewirken aber nur, dass der despotische Machtapparat mit seinem Terror als eindeutiger Sieger dasteht, während der Marquis lediglich als **Märtyrer der Humanität** verehrt werden kann.

Zwischen Sturm und Drang und Klassik

In inhaltlichen und formalen Belangen erweist sich „Don Carlos“ als ein literarisches **Übergangswerk.** Bedingt durch die lange Entstehungszeit (1782–1787) und Schillers vertiefte Geschichtsstudien, wurden dem Drama immer wieder neue Aspekte hinzugefügt, sodass auch einige Brüche sichtbar werden.
Geplant war das Schauspiel als ein typisches Familiendrama des **Sturm und Drang.** Der Konflikt zwischen Vater und Sohn wird im Ringen um die gemeinsame Braut deutlich. Liebe, Zurückweisung und Eifersucht werden von den handelnden Personen als private Belange erlebt. Pathetische Gefühlsausbrüche, die bis zu Ohnmachten ausarten, steigern noch die einzelnen Gegensätze. Auch Marquis Posa, das **Genie** mit seinem strotzenden Selbstbewusstsein und seinen hochfliegenden politischen Plänen, passt in ein Sturm-und-Drang-Drama, das dem freiheitsliebenden kreativen Individuum huldigt.
Die emotionale Sprache sowie der Dramenaufbau mit seinen vielen Szenen, deren Schauplätze häufig wechseln (Im vierten Akt kommen acht Spielorte vor!), erinnern an Schillers frühe Schaffensperiode. Aber der konsequent durchgehaltene **Blankvers,** der durch Zeilensprünge und die Aufteilung auf verschiedene Personen flexibel gehandhabt wird, weist „Don Carlos“ auch als ein Werk der **Klassik** aus. Selbst im formalen Aufbau lassen sich Ansätze zu einer symmetrischen Gestaltung (z. B. spiegelbildliche Gegenüberstellung von Szenen mit dem König und der Königin) erkennen.
Noch auffallender ist Schillers Überwindung seiner Sturm-und-Drang-Zeit beim Blick auf die Thematik. Dadurch dass die handelnden Figuren politische Funktionsträger (König, Königin, Kronprinz, Hofleute usw.) sind, wird der Rahmen eines Familiendramas gesprengt und ein **Geschichtsdrama** mit philosophischen Ansprüchen entwickelt. Individuelle Handlungsweisen werden mit allgemein politischen Aktionen verwoben, und Schillers zunehmende Geschichtstreue trägt auch seinem intensiven historischen Quellenstudium Rechnung. Marquis Posa ist nicht nur ein „Schwärmer“, sondern auch ein Repräsentant vernünftiger sittlicher Grundsätze (Posa zum König: *„Geben Sie Gedankenfreiheit –“),* an denen er allerdings scheitert.

Wallenstein (1799)

von Friedrich Schiller

Fast zehn Jahre lang hatte Schiller nach dem Erscheinen seines „Don Carlos“ (1787) kein Schauspiel mehr geschrieben. Dann entstanden mit dem Drama „Wallenstein“, an dem der Dichter drei Jahre (1796–1799) gearbeitet hatte, gleich drei Bühnenstücke. Diese **Trilogie** (Wallensteins Lager, Die Piccolomini, Wallensteins Tod) machte den Anfang von Schillers **klassischen Geschichtsdramen,** die eine grundlegende Abkehr von seiner Sturm-und-Drang-Zeit markierten.

Zeigte der „Don Carlos“ schon deutliche Ansätze zu einer Neuorientierung gegenüber seinen pathetischen Jugendwerken, so setzte „Wallenstein“ Schillers neue Grundsätze für ein idealistisches, formvollendetes Werk zum ersten Mal richtig um. Im Gegensatz zu „Don Carlos“, der noch hervorstechende Züge eines Sturm-und-Drang-Schauspiels trägt, hat der Dichter seinen „Wallenstein“ in durchgehend poetischer, rhythmischer Sprache geschrieben, wobei „Wallensteins Lager“ sogar in Reimen gehalten ist, während die anderen beiden Teile im klassischen Blankvers mit gelegentlichen Reimen abgefasst sind. Die Schauplätze wechseln längst nicht mehr so häufig wie in Schillers Jugenddramen, und vom Inhalt her tritt die private Ebene der handelnden Figuren zugunsten der historisch bedeutsamen **Staatsaktion** zurück. Dabei hat der Dichter seinen Stoff nicht nur aus der Geschichte entnommen, sondern er bemüht sich auch nach intensiven Quellenstudien um eine geschichtstreue Darstellung. Allerdings treten auch mit den Liebenden Max Piccolomini und Wallensteins Tochter Thekla zwei **idealisierte Charaktere** auf, die dem *„dramatisch großen Charakter“* (Schiller in einem Brief an W. von Humboldt), aber menschlich fehlerhaften Feldherrn Wallenstein gegenübergestellt werden.

Friedrich Schiller, der seit Dezember 1788 eine Professur für Geschichte in Jena innehatte, verfasste 1790 eine umfangreiche „Geschichte des Dreißigjährigen Krieges“, die sein Interesse für den großen Heerführer des deutschen Kaisers, Albrecht von Wallenstein, weckte. Bereits 1791 beabsichtigte der Dichter die Ausarbeitung eines Wallenstein-Dramas, aber eine langwierige Krankheit sowie berufliche und schriftstellerische Verpflichtungen vereitelten diesen Plan. Erst die Freundschaft mit Goethe führte Schiller zu diesem Vorhaben zurück, denn das stetige Drängen des Kollegen bewirkte, dass der Dramatiker im März 1796 das Thema wieder aufgriff und im Frühjahr 1799 die gesamte Trilogie vollen-

dete. Zuerst hatte Schiller nur an ein Schauspiel in Prosa gedacht, bis ihm die Fülle des Stoffes eine Aufteilung in drei Dramen nahe legte, wobei ihm eine Gestaltung in Versform am angemessensten erschien.
Weil der Dichter die große Armee als die wichtigste Grundlage von Wallensteins ehrgeizigem Aufstiegswillen ansah, stellte er das kürzere Bühnenstück „Wallensteins Lager“, in dem der mächtige Feldherr nur in den unterschiedlichsten spekulativen Reden seiner ihn verehrenden Soldaten vorkommt, an den Beginn seiner Trilogie. Zusammen mit dem dichterisch schönen, in die Handlung einführenden „Prolog“ wurde „Wallensteins Lager“ am 12. Oktober 1798 anlässlich der Wiedereröffnung des umgebauten Weimarer Theaters uraufgeführt. Im Januar und April des folgenden Jahres wurden nacheinander auch „Die Piccolomini“ und „Wallensteins Tod“ auf die Bühne gebracht.

1. Inhalt der Trilogie

Szene aus Wallensteins Lager – Stich von G. M. Kraus

Wallensteins Lager

Vor der Stadt Pilsen, 1634.

Das Treiben der Soldaten in Wallensteins Feldlager veranschaulicht den Alltag und die Auswirkungen des Dreißigjährigen Krieges, spiegelt aber auch die Fähigkeiten und den Charakter des kaiserlichen Generals Wallenstein wider.
Ein Bauer und sein Sohn wollen von dem Krieg profitieren, aber beim Falschspielen werden sie ertappt und davongejagt. Während ein Wachtmeister, ein Trompeter, eine Marketenderin, Kürassiere und Jäger den Soldatenstand als eine Institution der Freiheit und des guten Auskommens preisen, prangert ein Kapuziner in seiner leidenschaftlichen Rede die Lasterhaftigkeit und den Sittenverfall der Soldaten an. Obwohl Gerüchte umgehen, dass Wallenstein mit dem Teufel im Bunde sei, weshalb er unversehrt die Schlacht bei Lützen überstanden habe, verehren die Soldaten, die bereits unter strengeren Feldherren gedient haben, ihren Generalissimus wegen seiner Toleranz und Großzügigkeit.
Unterdessen beunruhigt die ganze Armee die Nachricht, dass ein Teil von ihr verlegt werden soll. Ein Abgesandter des Kaisers aus Wien, so wird berichtet, weile bereits im Lager. Doch die Soldaten wollen sich nicht auseinander reißen lassen. Deshalb beschließen sie, dass sich der junge Piccolomini als ihr Sprecher bei Wallenstein für die Einheit der Regimenter einsetzen soll.

Die Piccolomini

Wallenstein, der Herzog von Friedland, hat alle seine Generäle zusammengerufen. Auch seine Frau und seine Tochter sollen bald eintreffen. Doch in die Versammlung platzt der Kriegsrat Questenberg mit der Forderung des Kaisers, Wallensteins Armee solle Böhmen räumen. Die Generäle Illo und Buttler wehren sich heftig, weil sie die Absetzung ihres Feldherrn befürchten. Selbst Max Piccolomini, der Wallensteins Familie begleitet hat, unterstellt dem Wiener Hof, den Frieden nicht zu wollen. Entsetzt registriert Questenberg den Trotz der Generäle. Octavio Piccolomini, der als Nachfolger Wallensteins vorgesehen ist, vermutet, dass sich sein Sohn Max in Wallensteins Tochter Thekla verliebt habe.
Während der Astrologe Seni die Sterne beobachtet, berichtet die Herzogin ihrem Mann von ihrem kühlen Empfang am Kaiserhof in Wien. Dort wird offen von Wallensteins Absetzung wegen Überschreitung seiner Vollmachten gesprochen. Der Feldherr, der begeistert seine Tochter und auch Max empfängt, will gegen seine Ablösung kämpfen, und Illo möchte für ihn die Unterstützung seiner Generäle sicherstellen. Als Questenberg von Wallenstein verlangt, das von den Schweden besetzte Regensburg zurückzuerobern und acht seiner Regimenter abzutreten, fühlt sich der Feldherr vom Kaiser hintergangen. Auch seine Generäle sind über diese Zumutung empört.

Wallensteins Vertrauter Illo plant deshalb, mit einer trickreichen Eidesformel die Generäle ihrem Heerführer zu verpflichten. Nachdrücklich bittet Graf Terzky seine Frau, die mit Wallenstein verwandt ist, Max Piccolomini zur Unterschrift zu bewegen. Kurz darauf gesteht Max der Gräfin, dass er Thekla bereits seine Liebe erklärt hat. Aber Thekla befürchtet, dass ihr Vater ihrer gewünschten Verbindung nicht zustimmen wird.
Inzwischen sind zwei ähnliche Eidesformeln vorbereitet. Graf Terzky zeigt Max das Dokument mit einer Klausel, die zur Treue gegenüber dem Kaiser auffordert. Während des Festgelages soll den Generälen die vollständige Erklärung vorgelegt werden. Nachdem die Gäste viel Wein getrunken haben, wird ihnen die Eidesformel ohne den Zusatz zur Unterschrift präsentiert. Bis auf den zerstreuten Max unterzeichnen alle. Erst als der betrunkene Illo die Klausel erwähnt, erwacht Max aus seiner Geistesabwesenheit und verschiebt seine Unterschrift auf den nächsten Tag. Obwohl ihn Illo beleidigt und sogar mit dem Degen bedroht, ändert er seine Meinung nicht.
Für seine Vorsicht wird Max von seinem Vater Octavio gelobt und auch über die von Wallenstein geplante Verschwörung informiert. Aber Max kann nicht glauben, dass sich sein Idol gegen den Kaiser stellen und eigenmächtig mit den Schweden einen Frieden für Deutschland aushandeln will. Voller Abscheu liest er den kaiserlichen Brief, der Wallenstein ächtet und Octavio das Heereskommando überträgt. Erst als ein Kornett berichtet, dass Wallensteins Unterhändler auf dem Weg ins schwedische Lager abgefangen worden sei, wird Max unsicher. Octavio hält es jedoch für gefährlich, dass sein Sohn durch eine Unterredung mit Wallenstein selbst Gewissheit erlangen möchte.

Wallensteins Tod

Der Astrologe Seni hält die Zeit für gekommen, die Initiative zu ergreifen. Auch die Heerführer Terzky und Illo drängen zum Handeln, zumal sie inzwischen wissen, dass Wallensteins Unterhändler Sesina, der in geheimer Mission zu den Schweden unterwegs war, von den Kaiserlichen abgefangen worden ist. Zunächst zögert Wallenstein, doch schließlich nimmt er mit dem schwedischen Oberst Wrangel Verhandlungen auf, in denen er mit ihm ein Bündnis der beiden Armeen vereinbart.
Obwohl Illo und Terzky abraten, beauftragt Wallenstein Octavio Piccolomini, den die Sterne als guten Freund ausweisen, mit der Übernahme der spanischen Regimenter. Als Octavios Sohn Max von Wallenstein über seine Pläne mit den Schweden informiert wird, wendet er sich enttäuscht von seinem Förderer ab, dessen Verrat gegenüber dem Kaiser er nicht billigen kann. Von Octavio mit

einem kaiserlichen Brief konfrontiert, sagen sich auch Isolani und Buttler von dem ehrgeizigen Generalissimus los. Doch der geradlinige Max lehnt das hinterhältige Vorgehen seines Vaters entrüstet ab und will seinen eigenen Weg gehen.
Wallensteins Familie nimmt die ganze Entwicklung äußerst besorgt zur Kenntnis. In der Nacht hat sich sogar die Situation verschärft, weil mehrere Regimenter, auch das des Kroatengenerals Isolani, das Lager verlassen haben. Darüber hinaus sind Wallenstein, Terzky und Illo von dem Kaiser geächtet worden. Deshalb wollen auch die übrigen Truppen, vor allem die Pappenheimer, nicht mehr auf Wallensteins Kommando hören. Im Lager herrscht eine aufrührerische Stimmung. Wallenstein befiehlt die sofortige Verlegung seines Heeres von Pilsen nach Eger.
Voller Schwermut verabschiedet sich Max von seiner Geliebten Thekla, die ihr Vater lieber mit einem König als mit seinem abtrünnigen Oberst verheiraten will. Kurze Zeit später trifft die Nachricht ein, dass Max bei einer Schlacht gegen die Schweden in Neustadt gefallen sei. Nachdem ein schwedischer Hauptmann über die näheren Todesumstände des jungen Piccolomini berichtet hat, macht sich Thekla heimlich zum Grab ihres Liebhabers auf.
Gegen die Bedenken Gordons, des Kommandanten von Eger, will Buttler außer Wallenstein auch Illo und Terzky töten lassen. Weil die Schweden schon am nächsten Tag eintreffen werden, muss die blutige Tat noch in der Nacht erfolgen. In den zwei Hauptleuten Deveroux und Macdonald findet Buttler willige Helfer, die für eine gute Entlohnung zum Mord an ihren Vorgesetzten bereit sind. Unterdessen schlägt Wallenstein die düsteren Ahnungen seiner Schwägerin, Gräfin Terzky, und auch die Warnung seines Astrologen Seni vor „falschen Freunden“ in den Wind. Selbst als eine goldene Kette, ein früheres Geschenk des Kaisers, zerbricht, sieht Wallenstein darin kein böses Vorzeichen. Kurz nachdem sich der Generalissimus zurückgezogen hat, erscheint das Mordkommando. Als die Gräfin Terzky vom Tod Wallensteins, Illos und ihres Mannes erfahren hat, vergiftet sie sich. Sie bittet nur noch den überraschend eingetroffenen Octavio, den der Kaiser zum Fürsten ernannt hat, um eine würdige Bestattung ihrer ermordeten Angehörigen.

2. Personenkonstellation

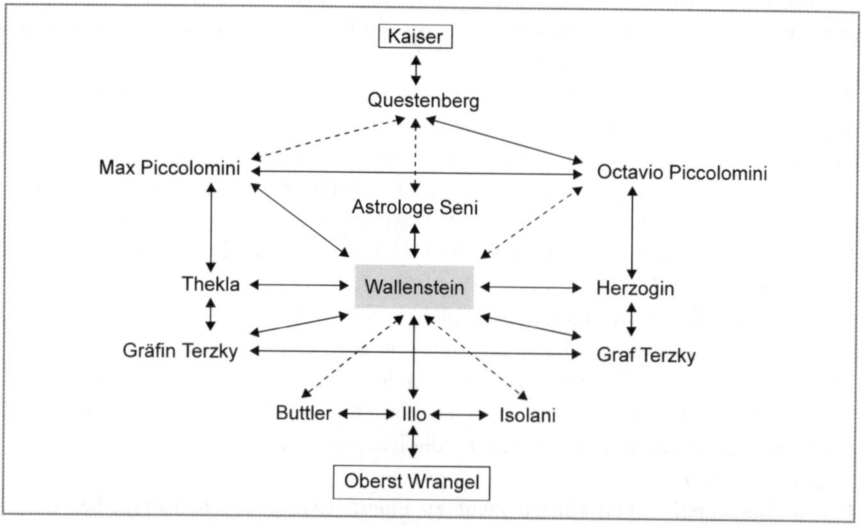

Die Hauptfigur, der kaiserliche Generalissimus Wallenstein, wird sowohl in seinem **privaten** als auch in seinem **politisch-militärischen Umfeld** gezeigt. Sein Ruhm nährt sich allerdings von zurückliegenden Kriegserfolgen. Deshalb befindet sich der von seinen Soldaten bewunderte Friedländer in Schillers Trilogie auf seinem persönlichen Höhepunkt. Er könnte seine Laufbahn mit einem entscheidenden Schritt krönen, der ihm sowohl die böhmische Königswürde als auch eine weitere Anerkennung durch die beabsichtigte Verheiratung seiner Tochter Thekla mit einem bedeutenden Fürsten Europas einbringen könnte.
In dieser wichtigen Phase wird Wallenstein aber dem Kaiser in Wien zu mächtig. Obwohl das deutsche Reich seit den militärischen Erfolgen der Schweden in große Bedrängnis geraten ist, möchte sich der Kaiser von seinem bedeutenden, aber immer eigenmächtiger handelnden Feldherrn trennen. Mit dem kaiserlichen Kriegsrat von Questenberg befindet sich von Anfang an ein Beauftragter des Wiener Hofes in Wallensteins Heerlager, der die Absetzung des Generalissimus und dessen Ersetzung durch den Generalleutnant Octavio Piccolomini durchzuführen hat.
So bleibt Wallenstein, der bald diesen Plan durchschaut, nur die Wahl zwischen Gehorsam und der Flucht nach vorn. Von dem traumatischen Erlebnis einer früheren Ablösung von seinem Heereskommando geprägt, will sich der Herzog von Friedland diesmal nicht in sein Schicksal ergeben. Er nimmt Verbindung mit

dem Feind, den protestantischen Schweden, auf und will mit diesen ein ehrgeiziges Projekt verwirklichen. Politisch will er einen Frieden in Deutschland sowie eine vorläufige Aufteilung des Reiches verwirklichen und privat will er sich die Herrschaft in seinem eigenen Königreich Böhmen sichern.
Während Wallenstein die ersten Schritte zu diesem Vorhaben unternimmt, arbeitet bereits der ihm zuvor treu ergebene Octavio Piccolomini gegen ihn. Er schafft es bald, durch die Vorlage kaiserlicher Briefe die Regimentschefs Isolani und Buttler auf seine Seite zu ziehen und damit die **Gegenintrige** einzuleiten. Aufgrund einer schonungslosen informativen Aussprache kann er auch seinen Sohn Max zu einer Abkehr von dessen Vorbild Wallenstein veranlassen. Nur die Heerführer Illo und Graf Terzky halten bis zuletzt zu dem Generalissimus.
Eine wichtige Rolle für Wallenstein spielt sein Astrologe Baptista Seni, denn der Herzog macht alle seine Entscheidungen von der Sternenkonstellation abhängig. Trotzdem kann sich Wallenstein lange nicht zu einem klaren Bekenntnis zum Kaiser oder zu den Schweden (vertreten von Oberst Wrangel) entschließen. Erst der Gang der Ereignisse treibt den Feldherrn voran und verbaut ihm alle Rückzugsmöglichkeiten.
Die politischen Intrigen führen zwar zu einem Erfolg des Kaisers, aber dabei geht ein Riss durch die Familien und ein Blutbad schließt die Trilogie ab. Das Liebesverhältnis zwischen Max und Thekla endet in einer Katastrophe, sodass sich der zum Fürsten ernannte Octavio Piccolomini nur als tragischer Gewinner empfinden kann, während Wallensteins Ehrgeiz nicht nur politisch, sondern auch privat durch den Untergang seiner Familie scheitert. Die Schwester von Wallensteins Gemahlin, Gräfin Terzky, die sich im Gegensatz zu der zurückhaltenden Herzogin in die Politik einmischt, stirbt als letzte auf der Bühne und kann nur noch kurz vor ihrem Gifttod die Einzelheiten der verschiedenen Bestattungen anordnen.

3. Zentrale Aspekte

Wallensteins Charakterbild

Wallensteins Persönlichkeit wird bereits im Prolog von Schiller selbst als **ambivalent** beurteilt: *„Von der Parteien Gunst und Haß verwirrt schwankt sein Charakterbild in der Geschichte."* Der äußerst erfolgreiche Feldherr wird von seiner Armee als *„Soldatenvater"* verehrt, denn alle wissen, dass nur er in der Lage ist, den bunt zusammengewürfelten Haufen verschiedener Nationalitäten und sogar verschiedener Konfessionen aufgrund seiner organisatorischen Fähigkeiten zusammenzuhalten. Deshalb hat ihm der Kaiser, der ihn schon einmal auf dem Fürstentag zu Regensburg abgesetzt hat, den Oberbefehl über das Reichsheer erneut anvertraut.

Für Wallenstein war diese Amtsenthebung jedoch ein **traumatisches Erlebnis,** weil dadurch sein rasanter politischer Aufstieg und auch seine Machterweiterung abrupt beendet wurden. Unter dieser Schockerfahrung hat Wallensteins **Loyalität** gegenüber dem Kaiser sehr gelitten, während der Kaiser wiederum Wallensteins erneute bedrohliche Machtfülle mit Sorge sieht. Aber der Herzog von Friedland glaubt sich für seine zweite Karriere besser gerüstet, weil er seine Entscheidungen auf die Erkenntnisse der **Astrologie** gründet, aber auch nach wie vor einem wohlwollenden Schicksal vertraut. Daher bezeichnet ihn der Regimentschef Buttler als *„der Fortuna Kind"*.

Durch die Art, wie sich der Friedländer gegen eine zweite Entlassung wehrt, wird erst richtig sein **maßloser Ehrgeiz** deutlich. Der Emporkömmling will sich über die Befehle des Kaisers hinwegsetzen, eine Politik auf eigene Faust betreiben und durch seine zwiespältigen Verhandlungen mit den Schweden eine neue Friedensordnung im deutschen Reich herbeiführen. Für sich selbst erhofft er sich zumindest die böhmische Königskrone.

Bei seinem verwegenen Vorgehen setzt Wallenstein auf seine treuen Generäle und vor allem auf seine **Armee.** So ist auch die Funktion des ersten Teils der Trilogie zu erklären, in dem der Feldherr gar nicht selbst auftritt: *„Sein Lager nur erkläret sein Verbrechen."* (Prolog) Spekulationen über Wallensteins Ziele machen denn auch unter den Soldaten die Runde. Es ist **Wallensteins Tragik,** dass er von seinen vermeintlich treuesten Freunden Octavio Piccolomini und Buttler hintergangen wird. Außerdem unterschätzt er die Kaisertreue seines Heeres, das sich von ihm abwendet, als Wallensteins Ergebenheit gegenüber dem Wiener Hof nicht mehr gesichert ist. Auch Max trennt sich enttäuscht von seinem Idol, weil er von ihm die Idee der moralischen Aufrichtigkeit verraten sieht.

Der Generalissimus wird zwar von vielen bewundert, aber er ist vielen auch **unheimlich.** Seine Soldaten vermuten, dass er sich mit Hexen- und Teufelskünsten beschäftige, und auch seine Tochter Thekla muss schaudernd feststellen: *„Es geht ein finstrer Geist durch unser Haus."* In Wallensteins Überlegungen spielt das Böse und moralisch Verwerfliche durchaus eine Rolle, denn er beabsichtigt, sowohl den Kaiser als auch seine neuen Bündnispartner, die Schweden, zu betrügen *(„Dem bösen Geist gehört die Erde, nicht dem guten.")*.

Mit seinen Angehörigen und Vertrauten spielt er wie mit Marionetten. Infolgedessen kann er einer Liebesheirat von Max und Thekla nichts Positives abgewinnen, denn er will mit seiner Tochter eine **dynastische Heiratspolitik** betreiben.

Max erhebt schwere Vorwürfe gegen sein großes Vorbild, dessen menschenverachtendes Kalkül er heftig verurteilt: *„Gleichgültig trittst du das Glück der Deinen in den Staub."*
Aber Wallenstein führt seine heimtückischen und anmaßenden Pläne nicht skrupellos aus. Vielmehr zögert er lange, bevor er sich für eine Sache entscheidet. Dabei wird er meistens von den Umständen erst zum Handeln gezwungen. Viele seiner ehrgeizigen Vorhaben sind lediglich **Gedankenspiele,** was der Friedländer auch offen zugibt: *„Es macht mir Freude, meine Macht zu kennen."* Wallensteins Gesprächspartnern fällt es schwer, zu dem Generalissimus Vertrauen zu fassen, weil sie nie genau wissen, worauf sie sich verlassen können. Sowohl seine Freunde als auch der schwedische Unterhändler Wrangel wollen deshalb den Friedländer auf Verbindliches bzw. auf Garantien festlegen.

Strategie: Zögern und Handeln

Für einen machtbewussten Feldherrn wie Wallenstein ist es ungewöhnlich, dass er so lange und so oft zögert. Sogar seine engsten Vertrauten verzweifeln an der **zauderhaften Haltung** ihres Vorgesetzten. Wallenstein will erst alles genau bedenken und alle Vor- und Nachteile gegeneinander abwägen, bevor er sich entscheidet. Selbst nach einem Entschluss fühlt er sich nur wohl, wenn ihm noch ein Rückzug möglich bleibt. In den meisten Fällen ist es dafür aber *„zu spät",* wie er Max oder der Gräfin Terzky gegenüber einräumt. Das lange Abwarten wirkt sich für Wallenstein verhängnisvoll aus.
Als ihm das Handeln nach der Gefangennahme seines Boten Sesina aufgezwungen wird, kann er in dieser fatalen Lage nur das Walten eines blinden Schicksals erkennen: *„Es ist ein böser Zufall."* Die Zukunft muss für Wallenstein berechenbar sein, weshalb er nur bei einer **günstigen Sternenkonstellation** in Aktion tritt. Sein **Sicherheitsbedürfnis** ist umso stärker, als er bereits einmal erfahren hat, wie tief er durch ein Machtwort des Kaisers in einem Augenblick fallen kann. Daher gilt es, den *„guten Schein"* zu wahren und die eigene Angriffsfläche so klein wie möglich zu halten. Klugerweise hat Wallenstein dem abgefangenen Vermittler Sesina nichts Schriftliches von seiner Hand mitgegeben. Doch er weiß, dass er sich damit nicht seiner Schuld entziehen kann, denn der Wiener Hof wird ihn aufgrund seiner Absichten zur Verantwortung ziehen.
Die wenigen Handlungen, die Wallenstein im Verlauf des Dramas ausführt, offenbaren jedermann seinen **Verrat** gegenüber dem Kaiser. Nur wenigen gegenüber kann er die Verhandlungen mit den Schweden rechtfertigen. Max Piccolomini rät empört von diesem illegalen Schritt ab. Selbst die Herzogin entsetzt sich darüber, wie schnell ihr Ehemann heilige Prinzipien aufgibt, denn sie selbst soll in das protestantische Holland gebracht werden.

Noch verhängnisvoller erweist sich Wallensteins Auftrag an Octavio, die spanischen Regimenter zu übernehmen. Trotz der großen Bedenken Illos und Terzkys sieht der Generalissimus in Octavio einen treuen Freund, was ihm auch die Sterne bestätigt haben. Mit diesem Irrtum leitet Wallenstein seinen eigenen Untergang ein, denn Octavio wirbt in unmittelbarer Nähe seines „Freundes“ einen General nach dem anderen ab und dringt am Ende in Eger ein, um den „Verräter“ festzunehmen.
Aber Octavio kann Wallensteins Tod nicht verhindern, weil Buttler, der allerdings im Einvernehmen mit Octavio handelt, erbarmungslos vorgegangen ist. Der Auslöser für Buttlers Mord ist eine frühere Tat Wallensteins, bei der er in einem Brief an den Kaiser von einer Verleihung des Grafentitels an Buttler abgeraten hat. So kommt Wallenstein durch eine ehemalige Unvorsichtigkeit zu Fall.

4. Aufbau

Neben allgemeinen Fragen der Kunst thematisiert der „Prolog“ die wichtigsten Probleme der Trilogie, indem er die herausragende Bedeutung von Wallensteins Persönlichkeit sowie seine persönliche Schuld in einem historisch einmaligen Augenblick anspricht. Wallensteins **Nimbus des unbesiegbaren Feldherrn** wird jedoch in der Trilogie schrittweise demontiert, bis er aufgrund völliger Fehleinschätzungen der Lage und einer mangelhaften Menschenkenntnis vollends zerstört wird.
Bereits der erste Satz in „Wallensteins Lager“ (Bauernknabe: *„Vater, es wird nicht gut ablaufen“)* deutet auf das **tragische Ende** der Trilogie hin, die trotz ihres erheblichen Umfangs mit der **Folgerichtigkeit einer antiken Tragödie** abläuft. Im Kriegsjahr 1634 steht Wallenstein auf dem Gipfel seiner Macht. Sein maßloser Ehrgeiz verleitet ihn zum Treuebruch gegenüber dem Kaiser, wodurch der tiefe Fall eines hoch aufgestiegenen Helden mit den Titeln „Generalissimus“ und „Herzog von Friedland“ eingeleitet wird.
Wallenstein, *„des Glückes abenteuerlicher Sohn“* (Prolog), wird bewundert und verleumdet. Während ihn seine Soldaten verehren, zieht er immer mehr den Unmut des Kaisers auf sich. Diese **ambivalente Ausgangslage** wird in „Wallensteins Lager“ von verschiedenen Sprechern beschrieben. Viele Söldner haben dem genialen Heerführer ihr gutes Auskommen in unsicheren Zeiten zu verdanken, aber der Kapuziner prangert dafür den in der Armee zu erkennenden Sittenverfall an.
Zu Beginn des Dramas „Die Piccolomini“ ist **Wallensteins Absetzung** schon beschlossene Sache. Allerdings wissen dies nur der von dem Kaiser gesandte Kriegsrat von Questenberg und der als Nachfolger vorgesehene Generalleutnant

Octavio Piccolomini. Mit seiner Zustimmung zu den Plänen des Wiener Hofes begeht der bisher Wallenstein treu ergebene Octavio **Verrat** an seinem Freund. Mit seiner Gegenstrategie zu dem Auftrag des Kaisers macht sich Wallenstein jedoch immer mehr schuldig. Er verhandelt mit dem Reichsfeind, den Schweden, und entwickelt eine eigene Friedensvision, durch die auch sein persönlicher Ehrgeiz befriedigt würde.

Die beiden Piccolomini nehmen in diesem Drama eine unterschiedliche Haltung zu dem Generalissimus ein. Während der Vater Wallenstein als Hochverräter beschuldigt, glaubt der Sohn noch an die redlichen Absichten seines Idols und gedenkt sich mit seiner Heirat noch enger an den Friedländer zu binden. Allerdings hat sich Wallenstein durch den **Betrug** gegenüber seinen Generälen, indem er ihnen eine veränderte Eidesformel unterschieben lässt, längst diskreditiert. Jedoch wird auch Octavios Doppelspiel mit Wallenstein und dem Kaiser von Max als unmoralische *„Staatskunst"* entlarvt. So kontrastiert in den „Piccolomini" das **verräterische Spiel** der machtbewussten Strategen Wallenstein und Octavio mit der **reinen Liebesbeziehung** zwischen Max und Thekla. Schillers **Idealismus** schlägt sich in diesem von jedem Nützlichkeitsdenken freien Verhältnis nieder, das sich deutlich von der intriganten Staatsaktion Wallensteins und Octavios abhebt.

Während Wallensteins Verrat am Kaiser in den „Piccolomini" nur als Gedankenspiel mit ersten praktischen Schritten erfolgt, offenbart sich die ganze Schuld des Feldherrn erst in dem Drama „Wallensteins Tod". Verheißungsvoll beginnt diese Tragödie, denn es stellt sich die **ideale Sternenkonstellation** ein, die zum Handeln auffordert. Doch dann *„geschehen Schläge an die Tür"*, die das kommende Unheil ankündigen. Nach der Gefangennahme des Unterhändlers Sesina durch die Kaiserlichen gibt es für Wallenstein keinen Rückzug mehr. Er sieht sich gezwungen, seinen Verrat zu Ende zu führen. Doch ausgerechnet der von den Sternen als zuverlässiger Freund ausgewiesene Octavio entreißt Wallenstein einen Bundesgenossen nach dem anderen und spürt in Buttler den Auftraggeber für den Mord an Wallenstein und seinen Generälen Terzky und Illo auf.

Dieser unverbrüchlichen **Freundschaft** Wallensteins mit seinen letzten Ergebenen wird das **Treueverhältnis** zwischen Max und Thekla gegenübergestellt. So wie diese beiden sich im Tod vereinen, gehen auch die abtrünnigen Heeresführer gemeinsam unter. Aber auch Octavio geht aus dem **Machtspiel** nicht als Sieger hervor. Er wird zwar zum Fürsten ernannt, aber er muss auch den Tod seines Sohnes Max verschmerzen. Für ihre verwerflichen Taten müssen also alle büßen. Nur Max und Thekla bleiben ohne Schuld, scheitern aber ebenso als Opfer einer verfahrenen, aussichtslosen Situation.

5. Sprache

Lange hat Schiller mit der Ausarbeitung des sperrigen, vielfältigen Materials zu seiner Wallenstein-Trilogie gerungen, vor allem die sprachliche Gestaltung bereitete ihm manche Schwierigkeit. Schließlich entschied er sich für eine niveauvolle poetische Darstellung, die dem hohen Gegenstand der **Staatsaktion** gerecht werden sollte. Dabei unterscheiden sich aber die einzelnen Figuren sehr in ihrer Ausdrucksweise. Während die realitätsnahen Generäle einen sachlichen, nüchternen Stil pflegen, bevorzugt der taktierende Wallenstein eine bilderreiche, vieldeutige Sprache. Das Liebespaar Max und Thekla schafft mit seinen Äußerungen ein Traumreich der Poesie, das neben schwärmerischen Elementen auch klagende, melancholische Töne umfasst.
Die anspruchsvolle Sprachgebung erklingt bereits in dem Prolog, der in dem **klassischen Blankvers** mit seinen fünfhebigen Jamben verfasst ist. Doch die feierliche Art wird sogleich von einer salopperen, oft auch deftigen Ausdrucksweise in „Wallensteins Lager“ abgelöst. Der volkstümliche **Knittelvers,** ein freier vierhebiger Rhythmus mit Paarreimen, der bereits im 16. Jahrhundert (z. B. bei Hans Sachs) verbreitet war und von Goethe in seinem „Urfaust“ wiederbelebt wurde, verleiht dem bunten Treiben unter den Soldaten eine angemessene Form. Eine herausragende Stellung nimmt dabei die Kapuzinerpredigt im achten Auftritt ein, die durch ihren Wortwitz und ihre üppige Metaphorik glänzt.
Die anderen zwei Dramen der Trilogie, „Die Piccolomini“ und „Wallensteins Tod“, stehen dagegen ganz im Zeichen des Blankverses, der konsequent durchgehalten wird. In manchen Szenen von großer inhaltlicher Bedeutung (Die Piccolomini III,9 und V,3 – Wallensteins Tod I,7; II,3; III,10; III,23; IV,12 und V,2) treten sogar noch am Ende einige **gereimte Verse,** meistens Vierzeiler, hinzu, so wie sie auch Schillers großes Vorbild Shakespeare in seinen Dramen verwendet hat. Dadurch ergeben sich Anklänge an den Chor in der antiken Tragödie.

Maria Stuart (1800)

von Friedrich Schiller

Einen Monat nach der Vollendung seiner Trilogie „Wallenstein“ begann FRIEDRICH SCHILLER im April 1799 mit dem intensiven Quellenstudium zu seinem zweiten **klassischen Drama,** dessen Stoff er diesmal der englischen Geschichte entnahm. In dem in poetisch gehobener Sprache und im Blankvers abgefassten historischen Schauspiel „Maria Stuart“ steht eine politisch ehrgeizige Frau im Mittelpunkt, die von ihrer Gegnerin, der englischen Königin Elisabeth I, wegen ihres Anspruchs auf den britischen Thron des Hochverrats angeklagt und schließlich zum Tode verurteilt wird.

Diesen geschichtlich verbürgten Vorfall, bei dem die schottische Königin Maria Stuart am 8. Februar 1587 hingerichtet wurde, nahm Schiller zur Vorlage seiner **Geschichtstragödie,** in der er sich weitgehend an die überlieferten Fakten hielt, aber auch seine Titelfigur **idealisierte.** Als Hauptkonflikt stellte er den Gegensatz zwischen Staatsräson und persönlichem Glück dar, an dem beide Rivalinnen, sowohl Maria als auch Elisabeth, scheitern.
Wie eine antike Tragödie, die auf nur zwei Schauplätze beschränkt ist, personifiziert sich die **Staatsaktion** zwischen Machtanspruch und Machterhalt in den beiden Königinnen, die in einer persönlichen Begegnung (3. Aufzug) zu keiner Einigung gelangen können. Vielmehr versuchen sie, sich vor wichtigen Zeugen gegenseitig zu übertrumpfen und zu demütigen. Dabei ergreift der in protestantischer Tradition aufgewachsene Autor Schiller Partei für die Katholikin Maria Stuart, die er während ihres Ganges auf das Schafott zu heldenhafter Größe und menschlicher Souveränität erhöhte, während er die barbarischen Absichten und die brutale Unmenschlichkeit der Protestantin Elisabeth schonungslos aufzeigte.
Am 14. Juni 1800 führte Schiller sein Drama in eigener Regie am Weimarer Hoftheater auf. Bis heute gehört es neben „Kabale und Liebe“ sowie „Don Carlos“ zu seinen erfolgreichsten und beim Publikum beliebtesten Stücken.

1. Inhalt der Tragödie

Erster Aufzug: Im Schloss zu Fotheringhay

Die aus Schottland geflohene Maria Stuart wird von der englischen Königin Elisabeth aus Furcht vor dem Verlust ihres Throns, auf den auch Maria Anspruch erhebt, gefangen gehalten. Obwohl sich Maria von ihrem Kerkermeister Paulet übel behandelt fühlt, vertraut sie ihm einen Brief mit der Bitte um eine Unterredung an. Im Gespräch mit ihrer Vertrauten Hanna Kennedy wird deutlich, dass Maria wegen ihrer schuldhaften Vergangenheit heftige Gewissensbisse hat. Insbesondere belastet sie, dass sie den Mord an ihrem Gatten, dem schottischen König Darnley, geschehen ließ und anschließend dessen Mörder heiratete.
Mortimer, der Neffe des Kerkermeisters, den Maria zunächst verabscheut, entpuppt sich als möglicher Befreier der Gefangenen. Während einer Reise nach Frankreich hat er sich zum katholischen Glauben bekehrt und unterstützt seither die Partei Marias, die auch von dem Grafen Leicester heimlich gefördert wird. Ein Brief von Marias Oheim, dem Kardinal von Guise aus Lothringen, bestätigt Mortimers Worte.
Kurz darauf überbringt Lord Burleigh der Gefangenen das von dem Gericht erlassene Todesurteil, das Maria jedoch nicht anerkennt. Der verblüffte Lord versucht daraufhin den Kerkermeister für eine Ermordung Marias zu gewinnen, was dieser aber entrüstet ablehnt.

Zweiter Aufzug: Der Palast zu Westminster

Die französischen Gesandten Aubespine und Bellievre wollen die Heirat der Königin Elisabeth mit dem Duc d'Anjou arrangieren. Als sie sich auch für Maria Stuart, ihre ehemalige Königin, einsetzen, werden sie von Elisabeth zurückgewiesen. Mit dem Hinweis auf eine Verschwörung der Lothringer verlangt Lord Burleigh Marias Tod. Doch die Grafen Shrewsbury und Leicester halten ebenso wie die Königin diese Maßnahme nicht für notwendig.
Elisabeth ändert aber ihre Meinung, als sie von Mortimer, der Marias Brief überbringt, die These von einer französischen Intrige bestätigt bekommt. Nachdem Elisabeth die Beseitigung ihrer Rivalin gefordert hat, ist Mortimer empört und noch stärker zur Befreiung Marias entschlossen. Er überreicht dem Grafen Leicester das für ihn bestimmte Bild der Gefangenen, wobei er seine Pläne zu Marias Flucht offenbart. Über Leicesters Bedenken ist Mortimer jedoch enttäuscht.
Umso mehr bemüht sich Leicester, der insgeheim Maria liebt, seine Königin zu einem Treffen mit ihrer eingekerkerten Gegnerin zu überreden.
Neugierig geworden, stimmt Elisabeth zu.

Dritter Aufzug: Gegend in einem Park

Überrascht über ihre größere Bewegungsfreiheit, gibt sich Maria Stuart fröhlich und ausgelassen. Sie erschrickt jedoch, als ihr der Besuch Elisabeths angekündigt wird. Auch die englische Königin fühlt sich bei diesem Zusammentreffen nicht wohl. Die Begegnung der beiden Frauen wird denn auch zu einer einzigen Katastrophe. Nachdem Elisabeth ihre stolze Rivalin verhöhnt hat, wird von dieser die Rechtmäßigkeit ihrer Regentschaft in Frage gestellt. Während Elisabeth wutentbrannt abreist, genießt Maria ihren Erfolg, zu dem ihr auch ihr Verehrer Mortimer gratuliert.
Als Mortimer vor Leicesters Unentschlossenheit warnt und dann seinen grausamen Befreiungsplan darlegt, wendet sich Maria schaudernd von ihrem Helfer ab. Dieser gerät in große Bedrängnis bei der Nachricht, dass Elisabeth auf der Straße von einem Franzosen ermordet worden sei. Allerdings wird bald darauf gemeldet, dass die Königin noch lebe

Vierter Aufzug: Vorzimmer

Das Attentat auf die Herrscherin nimmt Lord Burleigh zum Anlass, den französischen Gesandten Graf Aubespine als Mitwisser der Tat aus dem Land zu weisen. Er beschuldigt auch Leicester, Elisabeth der Demütigung durch Maria ausgesetzt zu haben. In seiner Not lässt Leicester Mortimer verhaften, als dieser berichtet, dass Burleigh einen Brief Marias an ihn besitze. Der enttäuschte Mortimer ersticht sich.

Zimmer der Königin:
Inzwischen hat Burleigh die Königin über Leicesters Doppelspiel informiert.
Elisabeth will nun Maria mit ihrem Verehrer Leicester hinrichten lassen. Aber der beschuldigte Graf dringt zur Königin vor und rechtfertigt sein Verhalten, indem er Mortimers Pläne preisgibt. Die verunsicherte Königin beauftragt Leicester und Burleigh, für die Vollstreckung des Todesurteils gegen Maria zu sorgen. Als Davison das Todesurteil vorlegt, zögert aber Elisabeth mit ihrer Unterschrift. Während Shrewsbury von einer Unterzeichnung abrät, drängt Burleigh umso mehr zur Entschlossenheit. Allein in ihrem Zimmer unterschreibt die Königin schließlich das Dokument und vertraut es Davison in zweideutigem Auftrag an. Der zurückgekehrte Burleigh entreißt das Urteil dem verzweifelten Davison.

Fünfter Aufzug: Im Schloss zu Fotheringhay

Gefasst hat Maria ihr Todesurteil entgegengenommen und bereitet sich auf ihren letzten Gang vor. Ihr Hofmeister Melvil offenbart sich ihr als Priester, sodass er ihre Beichte abnehmen kann. Maria bereut ihre frühere Schuld, hält sich aber im

Konflikt mit Elisabeth für unschuldig. Innerlich befreit, verabschiedet sich die Schottin von ihren Freunden, wünscht der Königin eine glückliche Regierung und wendet sich ironisch an den *„Verräter"* Leicester. Dieser verfolgt die Hinrichtung aus der Ferne und sinkt dann ohnmächtig nieder.

Zimmer der Königin:
Voller Unruhe wartet Elisabeth auf Nachrichten über Maria. Als Shrewsbury aufgeregt meldet, dass Marias ehemaliger Schreiber sein Geständnis widerrufen habe, stimmt die Königin einer erneuten Überprüfung des Todesurteils zu. Scheinheilig fordert sie das Schriftstück von Davison zurück, den sie sofort in den Tower werfen lässt, nachdem Lord Burleigh Marias Tod bestätigt hat. Als Burleigh verbannt wird, nimmt Shrewsbury, der bei dem Attentat Elisabeth das Leben gerettet hat, seinen Abschied. Graf Leicester ist inzwischen nach Frankreich abgereist.

2. Personenkonstellation

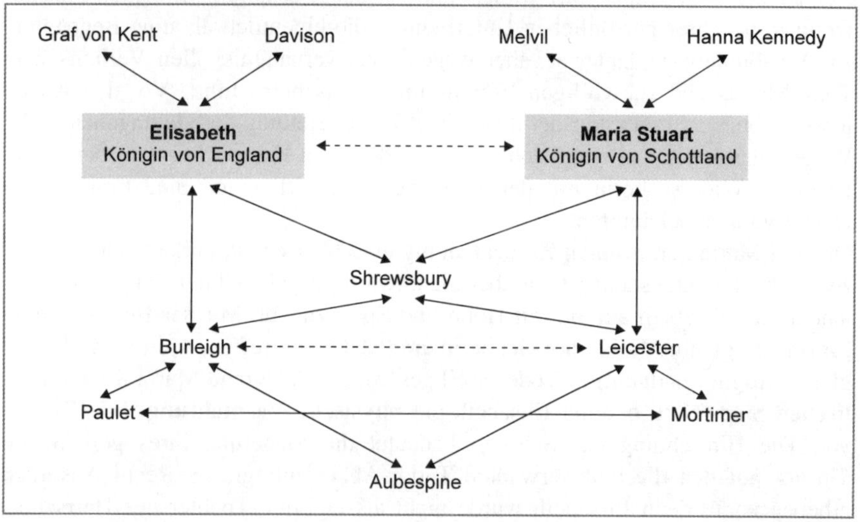

Die Auseinandersetzung der beiden Königinnen Elisabeth und Maria Stuart findet auf politischer und auf persönlicher Ebene statt. Dadurch wird der gesamte Verlauf der Tragödie bestimmt. Alle anderen Dramenfiguren handeln nur bezüglich der beiden Frauen, wobei es aber zu Verschiebungen in den Bündnissen kommt.

Lord Burleigh, Graf Shrewsbury, Graf Kent, der Kerkermeister Paulet sowie der Staatssekretär Davison sind ebenso loyale Untertanen und treue Diener Elisabeths, wie der Haushofmeister Melvil und vor allem die Amme Hanna Kennedy unverbrüchlich ihrer Herrin Maria Stuart beistehen. Auch Paulets Neffe Mortimer unterstützt seit seiner Bekehrung vorbehaltlos die schottische Katholikin. Den Mordauftrag Elisabeths nimmt er nur zum Schein an, um dadurch die Befreiung seines Idols umso sicherer in die Tat umzusetzen.
Die zwiespältigste Figur in Schillers Drama ist Graf Leicester, der zu beiden Königinnen Liebesbeziehungen unterhält. Weil eine beabsichtigte Heirat mit Elisabeth, die lieber mit dem französischen Königshaus verhandelt, nicht zustande kommt, wendet sich der opportunistische Leicester der Schottin zu, die er aber ebenso wie ihren selbsternannten Retter Mortimer fallen lässt, als die Situation für ihn zu gefährlich wird. Am Ende entzieht er sich der Verantwortung durch eine rechtzeitige Flucht nach Frankreich.

Das Duell der Königinnen

Der Konflikt zwischen Maria Stuart und Elisabeth eskaliert im dritten Akt des Dramas, bei ihrer persönlichen Unterredung, die eigentlich als eine Begegnung zur Versöhnung geplant war, aber wegen ihres verhängnisvollen Verlaufs zum Tode Marias und zur völligen Vereinsamung Elisabeths führt. Vor den Augen ihres Liebhabers Leicester, der dieses Treffen zur Rettung der Gefangenen in die Wege geleitet hat, vollzieht sich der Streit der zwei Frauen, bei dem beide ihre jeweilige Widersacherin mit den heftigsten Vorwürfen und niederträchtigsten Demütigungen bekämpfen.
Obwohl Maria zur völligen Zurückhaltung entschlossen ist, entlädt sich ihr ganzer im Kerker angestauter Zorn über die unwürdige Behandlung seitens der Engländer, als Elisabeth auf sie mit Hohn und Spott zugeht. Mit der Beschimpfung „*Bastard*“ glaubt Maria, ihre Gegnerin am tiefsten zu treffen, doch damit hat sie gleichzeitig ihr endgültiges Todesurteil gesprochen. Während Maria ihren **moralischen Sieg** feiert, bereitet Elisabeth die **physische Vernichtung** ihrer Rivalin vor. Die Hinrichtung der Schottin bedeutet die Sicherung ihres gefährdeten Throns, auf den die blutsverwandte Tudor-Abkömmlingin zu Recht Anspruch erheben kann, denn Elisabeth wurde nicht als legitime Tochter des Herrschers Heinrich VIII anerkannt.
Wenn auch der Zuschauer Marias Verurteilung als großes Unrecht empfinden muss, ist die Titelheldin genauso schuldbeladen wie Elisabeth. Doch während Marias Schuld in der Vergangenheit liegt, offenbart sich Elisabeths Vergehen auf offener Bühne. Dabei handelt sie aus niedrigen Motiven, weil Eifersucht, Neid

und verletzte Eitelkeit sie bei der Vorbereitung des Todesurteils leiten. Von ihrem Gnadenrecht als Königin macht sie keinen Gebrauch, vielmehr schiebt sie die Verantwortung auf ihren Staatssekretär, was sie in der Achtung des Publikums noch tiefer sinken lässt.

Dagegen reift Maria zu **sittlicher Größe**, weil sie das Unrechtsurteil als Buße für ihre Schuld an ihrem Gattenmord annimmt und in ihrer Todesstunde Elisabeth großmütig verzeiht. Als **Märtyrerin**, die von Schiller entsprechend **idealisiert** wird, besteigt sie das Schafott. Während Elisabeth am Ende von ihren Freunden verlassen wird und isoliert zurückbleibt, indem sie ihre treuesten Diener in die Verbannung schickt, erlebt Maria zuletzt einen glorreichen Moment. Alle ihre Schätze werden um sie herum ausgebreitet, sie empfängt den Segen des Papstes, erhält unverhofft durch den zum Priester geweihten Melvil die Absolution und kann im Kreis ihrer engsten Vertrauten Abschied nehmen.

Elisabeth hat sich zwar von ihrer gefährlichsten Gegnerin befreit, sich aber damit vollends ihrer eigenen Staatsräson ausgeliefert. Somit verkehren sich die Verhältnisse: Die Gefangene wird zum innerlich freien Menschen und die Mächtigste des Landes wird zur einsamsten Person, die nicht mehr frei entscheiden kann. Auch die Auseinandersetzung um den gemeinsamen Liebhaber, Graf Leicester, hat Elisabeth verloren, denn der Graf hat sich trotz seines Verrats gegenüber Maria zu der Katholikin bekannt und ist in das katholische Land Frankreich abgereist. Die Tragödie schließt mit dem physischen Ende Marias und dem moralischen Bankrott Elisabeths.

3. Drama und Geschichte

In seinem Schauspiel hat sich Schiller weitgehend an die historischen Vorlagen gehalten, aber er hat auch einige wesentliche Änderungen vorgenommen. Während Elisabeth im Jahr der Dramenhandlung (1587) bereits 54 Jahre zählt und Maria Stuart 45 ist, soll nach der Vorstellung des Dramatikers seine Titelfigur nicht älter als 25 und die englische Königin höchstens 30 Jahre alt sein. Dadurch wird das **erotische Element** im Konflikt der beiden Gegnerinnen verstärkt, was auch durch die geschichtlich verbürgte Liebe des Grafen Leicester zu Maria unterstrichen wird. Eine Begegnung der beiden Königinnen, die Schiller als dramatischer Höhepunkt dient, hat in Wirklichkeit nie stattgefunden.

Maria Stuart auf ihrem letzten Gang.
Aquarell von J. Wolf jun.

Die historische Maria Stuart musste vielmehr 19 Jahre in englischer Gefangenschaft verbringen, bevor sie am 8. Februar 1587 hingerichtet wurde. Schuldlos wurde die schottische Königin von dem englischen Gericht nicht verurteilt, denn sie hatte mit ihren Briefen Intrigen und Aufstände ausgelöst, wobei die Entmachtung Elisabeths miteinkalkuliert war.
Mortimer ist eine erfundene Figur Schillers, die in dem Drama eine wichtige Funktion ausübt. In dem jungen Konvertit spiegelt sich der Charakter der beiden Königinnen. Während sich Mortimer für die schöne Maria, in die er sich hoffnungslos verliebt, aufopfern will, kann Elisabeth in dem jungen Mann nur Entrüstung hervorrufen, weil sie ihn für einen hinterhältigen Mord an ihrer Rivalin zu gewinnen versucht.

Aber der schwärmerische Mortimer scheitert mit seiner Mission. Dadurch dass er Maria retten will, stürzt er sie erst recht ins Verderben. Seinen grausamen Befreiungsplan lehnt Maria empört ab, und das Attentat seines französischen Parteigängers auf Elisabeth vereitelt vollends jede Hoffnung, sodass sich Mortimer nach der Kehrtwendung Leicesters nur noch selbst den Tod geben kann.

Für Schiller war die **Geschichte** ein politisch bedingter **Entfremdungsprozess des Individuums**. In der Szene II, 2 *(„Die Könige sind nur Sklaven ihres Standes")* und in dem melancholischen Monolog IV, 10 beklagt Elisabeth ihre unfreie, von gesellschaftlichen Zwängen und Notwendigkeiten bestimmte Lebensweise. Nur in Maria Stuart verklärt sich noch einmal die Freiheit des Individuums, weil die zum Tode Verurteilte auf ihre hohen Ansprüche verzichtet und nicht nur aus Pflichtbewusstsein, sondern aus Einsicht ihre Schuld anerkennt und für weit zurückliegendes Unrecht büßen will. Dieser **Akt der Selbstbefreiung** erhebt sie weit über ihre ehrgeizige, eifersüchtige Gegnerin, der sie unmittelbar vor ihrem Tod vergibt und ihr eine glückliche Regierung wünscht. Durch diese **Idealisierung** hat Schiller Maria Stuart zur alleinigen Titelheldin seiner Tragödie gewählt.

4. Aufbau des Dramas

Schiller hat sich bei seinem Schauspiel an der **Struktur der antiken Tragödie** orientiert. Bei Beginn des Dramas steht die Verurteilung Marias bereits fest, sodass die Rettungsaktionen Mortimers und Leicesters nur noch den Tod der Gefangenen beschleunigen können. Die Versuche der beiden Liebhaber Marias enden tragisch, weil sowohl die von Leicester herbeigeführte Begegnung der Königinnen und der auf brutaler Gewalt beruhende Befreiungsplan Mortimers durch unglückliche Wendungen scheitern. Diese schicksalhafte Verknüpfung von guter Absicht und negativem Ergebnis treibt die Handlung des Dramas voran. So werden die selbsternannten Befreier Marias nur umso mehr zu ihren glücklosen Zerstörern. Graf Leicester muss sogar der Hinrichtung Marias beiwohnen und wird von der Verurteilten unmittelbar vor ihrem Tod wegen seiner Treulosigkeit öffentlich gedemütigt.

Die beiden Frauen Maria Stuart und Elisabeth beherrschen den gesamten Verlauf der Tragödie. Die einzelnen **Akte kontrastieren spiegelbildlich,** wobei jeweils eine Königin in einem Aufzug im Mittelpunkt steht: Maria in den Akten I und III, Elisabeth in den Akten II und IV. Der fünfte Akt wird zwischen beiden Rivalinnen gleichmäßig aufgeteilt. Aber auch hier wird ein entsprechender Gegensatz gestaltet, weil der moralische Triumph Marias dem faden Sieg Elisabeths gegenübersteht. In diese **symmetrische Widerspiegelung** ist das Zusammentreffen der Gegnerinnen mitten im Drama (III, 4) eingefügt. Der **Höhepunkt** der Tragödie (Marias Hoffnung auf Freiheit) entwickelt sich rasch zur **Peripetie** (Umschwung) aufgrund der starren, unversöhnlichen Haltung der beiden Frauen. Der kurz darauf erfolgende Mordanschlag beschleunigt Marias Tod, der nach Elisabeths Demütigung nun erst recht zu einer notwendigen staatspolitischen Angelegenheit wird.

Die beiden Kontrahentinnen um Englands Thron sind jedoch keine klar gezeichneten Figuren, sondern **ambivalente Persönlichkeiten.** Sowohl Maria wegen ihrer Beteiligung an der Ermordung ihres Königsgatten Darnley und ihrer Anschläge gegen die englische Königin als auch Elisabeth mit der Verletzung ihrer Gastfreundschaft gegen Maria sowie der Billigung des Willkürurteils und ihrem verantwortungslosen Umgang mit diesem Dokument haben schwere **Schuld** auf sich geladen. Doch während Maria die Untaten aus ihrer Vergangenheit mit ihrem Tod sühnt und sich von der schönen Sünderin zur erhabenen Märtyrerin wandelt, steigert sich Elisabeths Schuld, weil sie auch ihre treuesten Untergebenen willkürlich verurteilt und als Herrscherin keine Verantwortung übernehmen will.

4. Sprache

„Maria Stuart" wurde im klassischen **Blankvers** verfasst. Die fünfhebigen Jamben werden in allen Szenen konsequent durchgehalten, an manchen Stellen sogar noch durch **Endreime** verstärkt. Wie bei SHAKESPEARE werden einige Szenen durch Paarreime (I, 7; I, 8; II, 6; II, 9; III, 8 und V, 9), Kreuzreime (III, 6 und IV, 4) oder einen umfassenden Reim (III, 1) abgeschlossen. Darüber hinaus verwendet Schiller die Reimform sogar mitten im Text mancher Szenen, was viele Interpreten von der Opernhaftigkeit dieses Schauspiels reden ließ. Vor allem die heitere Szene III, 1, in der Maria Stuart ihre größere Bewegungsfreiheit feiert, erinnert an eine Arie. Angesichts des bevorstehenden Todes wird die Gefangene auch sprachlich als eine „schöne Seele" präsentiert, die innere und äußere Schönheit miteinander vereint. Zur vollen **Harmonie** mit sich selbst gelangt Maria jedoch erst unmittelbar vor ihrer Hinrichtung, als sie ihren Zorn und ihre Rachegelüste gegen Elisabeth überwunden hat.

Die erhabene, feierliche Sprache verdeutlicht die Bedeutung der weltbewegenden Staatsaktion. Insbesondere die Kabinettsbesprechungen Elisabeths mit ihren Ratgebern sowie das Aufeinandertreffen der zwei Konkurrentinnen (III, 4) erfüllen poetische Ansprüche, ist doch dabei immer wieder die Rede von Frieden, Freiheit, Schuld und Völkerrecht.

Caspar David Friedrich: Der Mönch am Meer (1808/10)

Romantik (1790–1830)

Der Wechsel vom 18. zum 19. Jahrhundert verlief in einer politisch bewegten Zeit. Die Französische Revolution 1789 erschütterte die alte Werteordnung in ganz Europa, und mit Napoleons Kriegen verbreiteten sich die auf den Schlagworten „Freiheit, Gleichheit, Brüderlichkeit" beruhenden neuen Ideen. Aber gegen die Eroberungsgelüste des französischen Kaisers formte sich auch bald ein heftiger Widerstand, der schließlich nach den Befreiungskriegen zu Napoleons Abdankung 1815 führte.

Nach dem Zusammenbruch des Deutschen Kaiserreiches 1806 hatte sich in Deutschland, verstärkt durch den gemeinsamen Kampf gegen die Franzosen, ein Nationalgefühl herausgebildet, das die deutsche Kleinstaaterei überwinden und einen neuen einheitlichen Staat verwirklichen wollte. Allerdings wurden diese patriotischen Wünsche auf dem Wiener Kongress 1815 nicht erfüllt.

Gleichzeitig mit diesen politischen Erschütterungen setzte zu Beginn des 19. Jahrhunderts die Industrialisierung ein, die enorme Veränderungen in der Produktionsweise und auch im gesamten gesellschaftlichen Gefüge zur Folge hatte.

Eine junge Generation von Künstlern, die sich Romantiker nannte, reagierte auf diese politischen und sozialen Umwälzungen, indem sie sowohl große Traditionen der Vergangenheit wiederaufleben ließ als auch mit einem neuen Menschenbild die Gegenwart mitgestalten wollte. Schriftsteller, Maler und Musiker, die in Deutschland, Frankreich, England oder Russland wirkten, sorgten dafür, dass sich die Romantik schließlich zu einer europaweiten Bewegung entwickelte.
Die deutschen Romantiker, die sich zunächst an den Idealen der Weimarer Klassik orientiert hatten, fühlten immer deutlicher, dass diese Werte zu einseitig auf die Antike und auf die Vernunft ausgerichtet waren.
Sie fanden die „Nachtseiten" des Lebens, das Geheimnisvolle, Phantastische und Unerklärliche, zu sehr vernachlässigt. So wandten sie sich bald verächtlich gegen die „Aufklärichte", die alle Phänomene des Lebens auf rationale Weise zu erklären versuchten. Stattdessen forderten die Romantiker, dass alle Bereiche des Seins zu erforschen seien und dass neben dem Verstand auch das **Gefühl** einen angemessenen Platz finden müsse.
Diese Auffassung vertrat auch der Philosoph FRIEDRICH WILHELM SCHELLING, der die **Phantasie** als die gestalterische Kraft ansah, die mit der beseelten Natur am besten umgehen konnte. Auch JOHANN GOTTLIEB FICHTE, der mit seinen populären „Reden an die deutsche Nation" die Vaterlandsliebe seiner Landsleute geweckt hatte, rückte den empfindenden Menschen in das Zentrum des Weltgeschehens.
In ähnlicher Weise sah FRIEDRICH SCHLEIERMACHER die subjektive Gefühlsstimmung als die Grundlage der Religion an. Für ihn galten überlieferte Glaubenssätze weniger als eine emotionale Hingabe an die Kräfte des Universums.
Dennoch fanden viele Romantiker ihre Zuflucht im **Katholizismus**, weil sie die Vielfalt geheimnisvoller Kultformen und der Bilderreichtum magisch anzogen. Das immer stärker aufkommende Interesse für das **Mittelalter** vertiefte diese Beziehung. So verschmolz die deutsche Kaiserherrlichkeit der Stauferzeit mit einem ungebrochenen Christentum bald zu dem Idealbild der deutschen Romantiker. Das Studium der Geschichte wurde ebenso eifrig betrieben wie die Lektüre der mittelalterlichen Mystiker. Die Romantiker entdeckten die Literatur der Ritterzeit für sich und gaben **Ritterepen** und **Minnelieder** in eigens bearbeiteten Fassungen heraus.
Die Welt des einfachen Volkes wurde zum Vorbild für eine unverbildete, naturverbundene Lebensweise erhoben. Demzufolge sammelten die Romantiker **Märchen, Sagen** und **Volkslieder,** weil sie darin Musterbeispiele für eine ursprüngliche Poesie erkannten. In eigenen Schöpfungen versuchten sie diese schlichte, aber lebendige **Volksdichtung** nachzuahmen.

Auf Wanderungen in alte deutsche Städte, wie z. B. Nürnberg oder Heidelberg, entdeckten die Romantiker ihre Liebe für mittelalterliche Architektur, aber auch für die zauberhaften Landschaften. Ihre **schwärmerische Naturverehrung** wurde noch durch ihr Interesse für **Magie** und **Alchimie** verstärkt. Das Ungewöhnliche sollte auch im Menschen zur Geltung kommen, indem seine **Träume** und **Visionen** analysiert und die **Tiefe des menschlichen Seelenlebens** ausgelotet wurden.

Eine Literatur, die den Menschen ebenso als ein geschichtliches Wesen wie als ein rätselhaftes Naturphänomen betrachtete, musste sehr vielseitig angelegt werden. Der romantische Theoretiker FRIEDRICH SCHLEGEL forderte denn auch eine **„progressive Universalpoesie"**, die alle Erfahrungsweisen menschlichen Lebens einbezieht, aber auch die traditionellen Regeln künstlerischen Schaffens aufhebt. Die einzelnen literarischen Gattungen sollten miteinander vermischt werden, d. h. in einem Roman sollten z. B. sowohl lyrische Elemente (Gedichte, Lieder) als auch dramatische Formen (Dialoge) vorkommen.

In vielen Werken der Romantik wird auch bewusst die Handlung unterbrochen, indem teilweise abstruse Reflexionen und theoretische Ausführungen eingefügt werden. Dieses spöttische Spiel mit dem Leser wird als **romantische Ironie** bezeichnet.

Ihren universalen Anspruch haben die Romantiker dadurch untermauert, dass sie viele Werke der Weltliteratur ins Deutsche übersetzten. Bis heute wird die vorbildliche Schlegel-Tiecksche **Shakespeare-Übersetzung** verwendet. Selbst Beispiele aus dem indischen und persischen Kulturraum finden sich neben Übertragungen aus dem Spanischen (Cervantes: Don Quijote) oder Italienischen (Dante: Die Göttliche Komödie). Außerdem wurden auch Sprachverwandtschaften und die Strukturen der Sprache untersucht.

Sahen die Romantiker in den Klassikern Goethe und Schiller zunächst noch ihre Vorbilder, entwickelten sich bald beide Gruppen zu erbitterten Gegnern. Auf Goethes schroffe Abweisung *(„Klassisch ist das Gesunde, romantisch das Kranke.")* antworteten die jungen Dichter mit einer harten Auseinandersetzung und mit einer zunehmenden Verselbständigung. Trotz aller gegenseitigen Kritik mussten aber beide Seiten auch die jeweiligen Verdienste um das deutsche Geistesleben anerkennen.

Die Frühromantik – Jenaer Kreis

In der Universitätsstadt Jena kamen Romantiker zusammen, die nicht nur literarisch wirken wollten, sondern auch ein Programm für ihre neue Kunstauffassung entwarfen. FRIEDRICH SCHLEGEL ließ in seiner Zeitschrift „Athenäum" entsprechende Abhandlungen drucken. Mit seinem fragmentarischen Roman „Lucinde" (1799), der mehr aus Reflexionen als aus Handlung besteht, ging der junge Dichter neue Wege, weil er sich an keine traditionellen Regeln hielt. Vor allem inhaltlich überraschte das Werk, denn darin lebt ein Paar seine Liebe ohne bürgerliche Gepflogenheiten aus.
Friedrichs älterer Bruder AUGUST WILHELM SCHLEGEL machte insbesondere durch theoretische Schriften und großartige Übersetzungen auf sich aufmerksam. Dagegen verband der Adlige Friedrich von Hardenberg, der sich den Künstlernamen NOVALIS gab, Kreativität mit philosophischer Durchdringung. Sein unvollendeter Roman „Heinrich von Ofterdingen" schildert einen mittelalterlichen Minnesänger auf der Suche nach der **blauen Blume**, dem Symbol romantischer Sehnsucht. Nach dem frühen Tod seiner Verlobten versenkte sich Novalis in schwermütige Betrachtungen, wobei Liebe und Tod als eine untrennbare Einheit bewertet werden. Die „Hymnen an die Nacht" beleuchten die Schattenseiten der menschlichen Existenz.
Als Verehrer der deutschen mittelalterlichen Kunst und des Nürnberger Malers Albrecht Dürer gab WILHELM HEINRICH WACKENRODER seine „Herzensergießungen eines kunstliebenden Klosterbruders" heraus. Mit seinem Freund LUDWIG TIECK (1773–1853) hatte er auf zahlreichen Wanderungen den Reiz alter deutscher Städte wiedergefunden.
Für TIECK waren diese Erfahrungen von nachhaltiger Wirkung, wie sein Bildungsroman „Franz Sternbalds Wanderungen" zeigt, der zu Zeiten Dürers spielt. Mit seiner düsteren Erzählung „Der blonde Eckbert" (1796) griff der vielseitige Autor Motive deutscher Volksmärchen auf, die er psychologisch vertiefte. Wesentlich heiterer wirkt die Novelle „Des Lebens Überfluss" (1839), in der auf humorvolle Art die Idylle eines armen Liebespaares gezeichnet wird, das, um gegen die Kälte anzugehen, sogar die Treppe zur eigenen Dachkammer verbrennt.
Ein Musterbeispiel für **romantische Ironie** ist das nach dem bekannten Märchen gestaltete Schauspiel „Der Gestiefelte Kater" (1797), denn mitten in der Handlung diskutieren die Zuschauer plötzlich über die Frage, ob eine Katze sprechen kann.
Zusammen mit seiner Tochter Dorothea hat Tieck die eindrucksvollsten Übersetzungen deutscher Sprache geschaffen.

Die Spätromantik – Heidelberger Kreis

Ab 1805 kamen in Heidelberg einige Romantiker zusammen, die zwar jünger als die Vertreter des Jenaer Kreises waren, jedoch mit diesen in Kontakt standen und darüber hinaus Verbindung zu den literarischen Salons in Berlin hielten. In diesen hauptsächlich von intellektuellen jüdischen Frauen (wie z. B. RAHEL VARNHAGEN) unterhaltenen Zirkeln trafen sich regelmäßig Dichter, Wissenschaftler und weltoffene Politiker zum Gedankenaustausch.
Mit „Des Knaben Wunderhorn“, einer umfangreichen Sammlung alter und neuerer **Volkslieder,** herausgegeben von CLEMENS BRENTANO und ACHIM VON ARNIM, veröffentlichten die Spätromantiker ihr folgenreichstes Buch, weil sich ganze Generationen von Lyrikern immer wieder von dieser Quelle ursprünglichster Poesie für ihre eigene Arbeit anregen ließen. Clemens Brentano wurde darüber hinaus durch Umdichtungen von Volksmärchen und die Herausgabe eigener *Kunstmärchen* bekannt. Seinen Ruhm begründete bis heute die tragische Novelle „Vom braven Kasperl und dem schönen Annerl“, die das Scheitern einer innigen Liebesbeziehung beschreibt. Von den vielen Romanen und Novellen von Brentanos Schwager Achim von Arnim blieb die Erzählung „Der tolle Invalide auf dem Fort Ratonneau“ lebendig, in der das wirre Treiben eines Geistesgestörten dargestellt wird.
In JOSEF GÖRRES hatten die Heidelberger Romantiker ihren philosophischen Kopf. Seine Zeitschrift „Rheinischer Merkur“ diente den Gegnern Napoleons als politisches Forum. Mit Untersuchungen zur Geschichte der Sagen und Volksbücher betätigte sich Görres als literarhistorischer Forscher.
Ähnlichen Unternehmungen widmeten sich auch die Brüder JAKOB und WILHELM GRIMM. Ihre Sammelbände „Kinder- und Hausmärchen“ sowie „Deutsche Sagen“, mit denen die beiden Göttinger Professoren jahrhundertealte mündliche Überlieferungen niederschrieben, wurden zu den populärsten Büchern deutscher Familien aller Schichten. Auch bei ihren Sprachforschungen schauten die Grimms „dem Volk aufs Maul.“ Ihr „Deutsches Wörterbuch“, das den gesamten Wortschatz der deutschen Sprache mit zahlreichen Textbeispielen erfassen sollte, geriet jedoch zu einem so ehrgeizigen Projekt, dass es erst über hundert Jahre später von einem Linguistenkreis vollendet werden konnte.
Die charakteristischsten romantischen Gedichte schuf der schlesische Adlige JOSEPH FREIHERR von EICHENDORFF (1788 –1857). Keiner verherrlichte so wie er die rauschenden Wälder, die verwilderten Gärten mit ihren Marmorstatuen, die Wanderer bei Mondschein oder die schlagende Nachtigall. Der natürliche, schlichte Ton Eichendorffs findet sich in Gedichten wie „O Täler weit, o Höhen“ oder „Wem Gott will rechte Gunst erweisen“, die längst in das deutsche Liedgut

eingegangen sind. Eine ebenso unbeschwerte, lebensfreudige Stimmung herrscht in der Novelle „Aus dem Leben eines Taugenichts“ (1826) vor, in der ein verträumter Musikant sein Glück findet.
Seine ablehnende Haltung gegenüber der Französischen Revolution dokumentiert Eichendorff, der in den Befreiungskriegen gegen Napoleon bei den Lützowschen Jägern mitgekämpft hatte, mit der melancholischen Erzählung „Das Schloss Dürande“.
Wie Eichendorffs Lyrik wurden auch die Gedichte von WILHELM MÜLLER früh vertont. Der Komponist FRANZ SCHUBERT trug so wesentlich dazu bei, dass Lieder wie „Am Brunnen vor dem Tore“ oder „Das Wandern ist des Müllers Lust“ immer noch gesungen werden.
Die im 19. Jahrhundert so geschätzten **Ritterromane** des Barons FRIEDRICH DE LA MOTTE-FOUQUÉ sind heute vergessen. Dagegen lebt die **Feengeschichte** „Undine“ fort, die das Zauberreich der Wassergeister beschwört und LORTZING zu einer Oper über die in der Menschenwelt scheiternde Nixe animiert hat.
Auch von dem französischen Adligen ADALBERT VON CHAMISSO hat sich aus der Vielzahl seiner Werke nur das Märchen „Peter Schlemihls wundersame Geschichte“ durchgesetzt. Der tragische Held, der dem Teufel seinen Schatten für ein Glückssäcklein verkauft hat, zeigt nach dieser leichtsinnigen Tat Charakterstärke und wird zum Wohltäter der Menschheit.
Als der vielseitigste romantische Künstler ging der Erzähler, Zeichner, Komponist und Dirigent ERNST THEODOR AMADEUS HOFFMANN (1776–1822) in die Literaturgeschichte ein. Seine **fantastischen Märchen** wie „Der goldne Topf“, seine handlungsstarken Erzählungen wie „Das Fräulein von Scuderi“ oder sein greller Roman „Die Elixiere des Teufels“ zeichnen sich durch ihr schillerndes Wechselspiel zwischen Phantasie und Wirklichkeit aus. Die unheimlichen, spukhaften, von Dämonen und Doppelgängern bevölkerten Geschichten bewirkten, dass der Autor als „Gespenster-Hoffmann“ bezeichnet wurde.

Die schwäbische Romantik

Einige heimatverbundene Romantiker aus dem schwäbischen Sprachraum wurzelten ganz in der Sagenwelt der württembergischen Vergangenheit. Der fortschrittlichste Dichter unter ihnen war der Tübinger Professor LUDWIG UHLAND, der 1848 Abgeordneter der Frankfurter Paulskirche wurde. Neben den bald **vertonten Gedichten** „Droben stehet die Kapelle" und „Ich hatt' einen Kameraden" erfreuten sich vor allem seine **Geschichtsballaden** großer Beliebtheit. Während sich Uhland außerdem mit altdeutscher Sprache und Literatur beschäftigte, widmete sich der Arzt und Lyriker JUSTINUS KERNER der Erforschung von Geisteskrankheiten und parapsychologischen Erscheinungen. Doch stammen von ihm auch einige **volksliedhafte Gedichte** ebenso wie von GUSTAV SCHWAB, der mit seinen Nacherzählungen „Die schönsten Sagen des klassischen Altertums" sowie „Deutsche Volksbücher" großen Erfolg hatte.
Der jung verstorbene, hoffnungsvolle WILHELM HAUFF verfaßte nicht nur den in Württemberg spielenden **Geschichtsroman** „Lichtenstein", sondern schuf zahlreiche, oft **im Orient angesiedelte Märchen** wie „Kalif Storch", „Zwerg Nase", „Der kleine Muck" oder „Das kalte Herz", die er meistens in größere Rahmenhandlungen einfügte. Hauff überraschte durch seine gelungene Verbindung von romantischer Phantasiewelt und realistischer Gestaltungsweise.

Zwischen Klassik und Romantik

Die Literaturhistoriker tun sich mit der Einordnung der drei Dichter Hölderlin, Jean Paul und Kleist äußerst schwer, finden sich doch bei ihnen sowohl klassische Formen als auch romantische Stoffe.
Am meisten von der Klassik und der Dichtung der Antike geprägt war dabei FRIEDRICH HÖLDERLIN, wie sein in Griechenland spielender Briefroman „Hyperion“ bezeugt. Sowohl in diesem Werk als auch in den Gedichten und Hymnen findet sich eine klangvolle, bilderreiche, erhabene Sprache, die Hölderlin als visionären Dichter ausweisen.
Ganz anders wirken dagegen die skurrilen, humorvollen Romane und Erzählungen des Ironikers JEAN PAUL. Bereits die kuriosen Titel „Flegeljahre“, „Leben des vergnügten Schulmeisterlein Maria Wuz in Auenthal“ oder „Ehestand, Tod und Hochzeit des Armenadvokaten Firmian St. Siebenkäs im Reichsmarktflecken Kuhschnappel“ weisen auf den Erfindungsreichtum des kauzigen Schriftstellers hin.
Eine große Bandbreite verschiedener Themen und Formen bietet das Werk des preußischen Offizierssohns HEINRICH VON KLEIST (1777–1811), der auf dem Feld der Tragödie und Komödie ebenso glänzte wie auf dem Gebiet der Novelle und der Anekdote. Mit dem Lustspiel „Der zerbrochne Krug“, in dem sich ein Dorfrichter immer mehr in die eigene Schuld verstrickt, bis er schließlich die Flucht ergreift, schuf Kleist eines der meistgespielten Dramen in Deutschland.
Auch das romantische Ritterschauspiel „Das Käthchen von Heilbronn“ stellt einen Rechtsfall dar, der jedoch die Gerichtspraxis des Mittelalters wiederaufleben lässt. In dem Konflikt zwischen Individuum und Staat scheint „Prinz Friedrich von Homburg“ zu unterliegen, bevor der wegen eigenmächtigen Handelns zum Tode Verurteilte von seinem Landesherrn begnadigt wird.
Kleists Novellen (z. B. „Das Erdbeben in Chili“ oder „Die Marquise von O“) behandeln unglaubliche Begebenheiten, die durch rätselhafte Schicksalsschläge zustande kommen. In der berühmtesten Erzählung „Michael Kohlhaas“ wehrt sich ein rechtschaffener Rosshändler gegen ein ihm widerfahrenes Unrecht. Sein verletztes Gerechtigkeitsgefühl macht den starrköpfigen Ankläger aber zu einem blindwütigen Rechtsbrecher und Räuber. Die Beleuchtung der seelischen Abgründe der Menschen erfolgt bei Kleist stets auf einem hohen Sprachniveau.

Michael Kohlhaas (1808)
von Heinrich von Kleist

In vielen Werken Kleists, sowohl in seinen Dramen als auch in seinen Erzählungen, spielt das Verhältnis von Staat und Individuum sowie von Recht und Gerechtigkeit eine wesentliche Rolle. Seine berühmte Komödie „Der zerbrochne Krug“ stellt einen Dorfrichter dar, der das Gesetz zu seinem eigenen Nutzen zu missbrauchen versucht. In der **Novelle** „Michael Kohlhaas“ wird dagegen die Hauptfigur zum Opfer eines willkürlichen Umgangs mit Rechtsvorschriften. Um die ihm widerfahrenen Ungerechtigkeiten zu bekämpfen, greift der Rosshändler Kohlhaas zur **Selbstjustiz** und entwickelt sich dadurch zu einem ebenso tyrannischen Rechtsbrecher, wie er ihn anfangs in anderen Personen bekämpft hat.
Der Preuße Heinrich von Kleist hatte zunächst die Französische Revolution und deren Werte Freiheit, Gleichheit und Brüderlichkeit befürwortet, bis er erleben musste, dass der durch einen Staatsstreich an die Macht gelangte Napoleon ganz Europa allmählich mit Krieg überzog. Gleichzeitig stellte der Adlige Kleist auch die alte Feudalordnung Preußens in Frage, war doch der einer traditionsreichen Offiziersfamilie entstammende Dichter freiwillig aus dem preußischen Heer ausgeschieden.
In dieser Zeit der persönlichen Krise und Neuorientierung war zwischen 1805 und 1808 die Novelle „Michael Kohlhaas“ entstanden, die Kleist zunächst in seiner eigenen Zeitschrift „Phöbus“ in Teilen abdrucken und schließlich 1810 in einem Band mit verschiedenen Erzählungen veröffentlichen ließ.
Das Werk beruht auf einem überlieferten **historischen Vorfall,** der in den Jahren 1532 bis 1540 stattgefunden hatte, mit dem Kleist aber in dichterischer Freiheit umging. Dabei fallen der kunstvolle Aufbau und die klassische Formgebung ebenso auf wie die präzise, anspruchsvolle Sprache und die phantastische Gestaltung mit ihren romantischen Motiven.

1. Inhalt der Novelle

Um die Mitte des 16. Jahrhunderts lebt in dem brandenburgischen Dorf **Kohlhaasenbrück** ein rechtschaffener Rosshändler namens Michael Kohlhaas mit seiner Familie. Als der etwa 30-jährige Mann wieder einmal seine Pferde auf die Leipziger Messe bringen will, wird er an einer **Ritterburg am Ufer der Elbe** festgehalten. Der Burgvogt des Junkers Wenzel von Tronka verlangt außer Zoll auch einen Passschein, den Kohlhaas aber nicht vorweisen kann. Als Pfand lässt der erzürnte Rosshändler deshalb zwei Rappen und seinen Knecht Herse zurück. In **Dresden** wird Kohlhaas mitgeteilt, dass Pässe beim Grenzübergang nach Sachsen unnötig seien. Auf dem Rückweg zur **Tronkenburg** muss der Rosshändler aber erfahren, dass sein Knecht inzwischen weggejagt worden ist und seine Pferde aufs übelste behandelt worden sind. Doch selbst eine persönliche Beschwerde beim Junker von Tronka hat keinen Erfolg, sodass der Geprellte empört seine Rappen zurücklässt.

Kohlhaas will Gerechtigkeit und klagt daher vor dem Gericht in **Dresden** um die Wiederherstellung und Rückgabe seiner Pferde. Durch den Eingriff von Wenzels Vettern Hinz und Kunz von Tronka wird jedoch der Prozess unterlaufen. Auch die Hilfe des Brandenburger Stadthauptmanns Heinrich von Geusau bringt den Pferdehändler nicht weiter, weil dessen Bittschrift an den Kurfürsten ebenfalls in die Hände eines Verwandten von Tronka, des Kanzlers Graf Kallheim, gerät. Entrüstet liest Kohlhaas, dass er in dem abschlägigen Bescheid als *„unnützer Querulant"* bezeichnet wird.

Außer sich vor Wut verkauft Kohlhaas seinen gesamten Besitz, weil er nicht mehr in einem Land leben will, wo er nicht zu seinem Recht kommt.
Lisbeth, die Frau des Pferdehändlers, unternimmt einen letzten Versuch und geht mit einer Bittschrift nach **Berlin,** wo sie von einer Wache aber so schwer verletzt wird, dass sie einige Tage später stirbt. Am Tag ihrer Beerdigung erhält Kohlhaas die landesherrliche Resolution, dass er seine Pferde sofort abholen und seine Sache nicht weiter verfolgen solle. Kohlhaas fordert aber von Tronka die Rückgabe seiner Pferde in ihrem ursprünglich guten Zustand. Als der Junker diesem Verlangen nicht nachkommt, überfällt der Rosshändler mit seinen sieben Knechten die **Tronkenburg** und brennt sie nieder. Obwohl dabei fast alle Bewohner, darunter auch der Burgvogt, ihr Leben verlieren, kann der Junker entkommen.

Kaum hat Kohlhaas erfahren, dass sich Tronka in **Wittenberg** aufhalte, fordert er in mehreren Mandaten die Auslieferung des Flüchtlings und lässt schließlich die Stadt anzünden. Selbst der Landvogt Otto von Gorgas kann mit seinen Truppen den rachsüchtigen Rosshändler nicht von weiteren Brandschatzungen und Überfällen abhalten, die ihn bis nach **Leipzig** führen. Bei **Mühlberg** besiegt er sogar den Prinzen von Meißen, wobei er allerdings seinen treuen Knecht Herse verliert. Im Schloss **Lützen** richtet Kohlhaas den *„Sitz unserer provisorischen Weltregierung"* ein.

Erst nachdem der Reformator Luther in einem Plakat die Selbstjustiz des Bandenführers schärfstens verurteilt hat, kommt Kohlhaas zur Besinnung. Er besucht Luther in **Wittenberg** und erhält von diesem, allerdings nach heftigen Vorwürfen, die Zusage eines Sendschreibens an den sächsischen Kurfürsten. Tatsächlich gewährt der Landesherr, wie Luther vorgeschlagen hat, bald eine Amnestie, woraufhin Kohlhaas seine Männer entlässt und nach **Dresden** geht, um seine Klage gegen den Junker erneut vorzubringen. Zum Schutz gegen den Volkszorn wird der Kläger in seinem Haus bewacht. Inzwischen ist auch Wenzel nach Dresden überstellt worden, wo sich seine Vettern Hinz und Kunz sofort nach dem Verbleib der beiden Rappen erkundigen. Schließlich bringt der Abdecker aus Döbbeln unter johlendem Gelächter des Volks die heruntergekommenen Pferde herbei, die Kohlhaas bei einer Besichtigung als die seinigen wiedererkennt.

Bald schlägt die Stimmung ganz gegen Kohlhaas um, weil sein früherer Knecht Johann Nagelschmidt in seinem Namen die Plünderungen fortsetzt. Sogleich nutzen Kohlhaas' Gegner die neue Lage für sich aus, obwohl sich der Rosshändler deutlich von Nagelschmidt distanziert. Kohlhaas, dem freies Geleit zugesichert worden ist, wird sogar zum Gefangenen erklärt und, nachdem er in seiner Verzweiflung auf ein Angebot Nagelschmidts zur Fluchthilfe brieflich reagiert hat, in Ketten gelegt. In einem Prozess wird der Beschuldigte zum Tode verurteilt.

Unverhofft stellt der Kurfürst von Brandenburg, der von Heinrich von Geusau über alles informiert worden ist, einen Auslieferungsantrag. Auf dem Weg nach **Berlin** macht Kohlhaas mit seinen fünf Kindern Rast in **Dahme,** wo sich gerade die Jagdgesellschaft des sächsischen Kurfürsten aufhält. Eine neugierige Hofdame führt den Landesherrn unerkannt zu dem Rosshändler, der eine kleine Kapsel am Hals trägt, für die sich der Kurfürst sehr interessiert. Kohlhaas erzählt, dass er dieses Amulett einst von einer Zigeunerin erhalten habe, die in **Jüterbock** den Kurfürsten von Sachsen und Brandenburg die Zukunft vorhergesagt hat. Während sie dem Brandenburger Landesherrn einen großen Erfolg seines Geschlechts prophezeit hat, hat sie genauere Angaben zum Untergang der sächsischen Fürsten auf einen Zettel geschrieben, den sie damals dem Pferdehändler zugesteckt hat.

Erschüttert fällt der Kurfürst in Ohnmacht. Nach einer schweren Krankheit unternimmt er alles Mögliche, um den Prozess gegen Kohlhaas aufzuschieben. Aber inzwischen hat der Kaiser Anklage wegen schweren Landfriedensbruchs erhoben, sodass der in einem Brandenburger Gefängnis sitzende Kohlhaas bald zum Tode verurteilt wird. Mit allen Mitteln versucht nun der sächsische Kurfürst, in den Besitz des Amuletts zu kommen, aber durch einen dummen Zufall lässt sein Kämmerer Kunz ein Trödelweib zu Kohlhaas in die Zelle schicken, das sich als die damalige Zigeunerin herausstellt. Die alte Frau, die Kohlhaas seiner verstorbenen Gattin Lisbeth ähnlich zu sehen scheint, informiert den Gefangenen über die Hintergründe des Amuletts.
Am Montag nach Palmarum wird Kohlhaas, der von Luther einen Brief und die heilige Kommunion erhalten hat, auf den Richtplatz geführt. Dort bekommt er ein Blatt von der Zigeunerin zugesteckt, das ihn auf die Anwesenheit des sächsischen Kurfürsten aufmerksam macht. Der Brandenburger Kurfürst dagegen lässt die wiederhergestellten Rappen des Delinquenten vorzeigen und erfüllt alle Forderungen Kohlhaas' nach Entschädigung. Wenzel von Tronka ist inzwischen zu zwei Jahren Gefängnis verurteilt worden. Zufrieden geht Kohlhaas zum Richtblock. Sobald er den sächsischen Kurfürsten erblickt, nimmt er den Zettel aus seiner Kapsel, liest und verschlingt ihn. Der Kurfürst fällt in Ohnmacht, bevor der Rosshändler enthauptet wird. Nach dem Tod ihres Vaters werden Kohlhaas' Söhne zu Rittern geschlagen.

2. Personenkonstellation

Obwohl der Kaiser in der Novelle nicht selbst auftritt, hat er doch eine wichtige Funktion, denn er erhebt gegen Michael Kohlhaas Anklage wegen Landfriedensbruchs und stellt so die aus den Fugen geratene staatliche Ordnung wieder her. Dagegen rivalisieren die beiden Kurfürsten um den beschuldigten Rosshändler. Absurderweise setzt sich am Ende der sächsische Landesherr sogar für Kohlhaas' Leben ein, obwohl er ihn vor seiner Auslieferung nach Berlin zum Tode verurteilen ließ. Diese Verhaltensweise aus reinem Eigennutz verstärkt nur den Eindruck von einer Willkürherrschaft in Sachsen. Demgegenüber handelt der Brandenburger Kurfürst aus Gerechtigkeit, denn er geht auf Kohlhaas' rechtmäßige Forderungen ein und garantiert einen fairen Prozess.
Michael Kohlhaas, die **Titelfigur,** tritt als private und als politische Person auf. Vor seinem Rechtsstreit mit dem Junker Wenzel von Tronka sorgt er mit seinem Pferdehandel redlich für seine Familie. Seine Knechte macht er aber später zu wichtigen Helfern seines Aufstandes. Im Gegensatz zu dem treuen Herse, der in

der Tronkenburg sehr leiden muss und später im Kampf fällt, bringt Johann Nagelschmidt seinen früheren Bandenführer in eine peinliche Lage, die zu dem ersten Todesurteil gegen Kohlhaas führt.

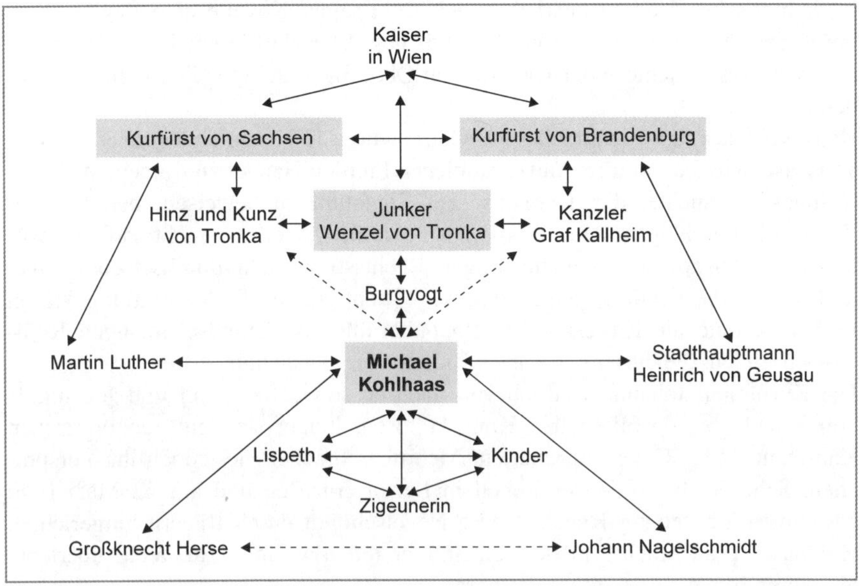

Wichtige Vertrauens- und Respektspersonen für den Pferdehändler sind der Reformator Martin Luther und der Brandenburger Stadthauptmann Heinrich von Geusau, weil sie die Verbindungen zu den beiden Kurfürsten herstellen und durch ihre Interventionen Kohlhaas zur Vernunft bringen bzw. ihm eine neue Chance durch ein gerechtes Verfahren ermöglichen.

Als Gegenspieler zu diesen beiden Vermittlern treten Hinz und Kunz von Tronka sowie Graf Kallheim auf, die Kohlhaas' berechtigte Anliegen hintertreiben, um so ihren Verwandten Wenzel von Tronka zu schützen, der die ersten Ungerechtigkeiten von seinem Burgvogt ausführen lässt. Erst durch diese Störaktionen artet der private Konflikt zwischen Kohlhaas und dem Junker in einen politischen Streit zwischen einem Bürger und dem ganzen Staatswesen aus.

Die private und die politische Ebene der Novelle wird am stärksten durch die Zigeunerin zusammengehalten, weil sie die Zukunft der Fürstenhäuser Sachsens und Brandenburgs voraussagt und Michael Kohlhaas das Geheimnis über den sächsischen Kurfürsten anvertraut. Dadurch bewirkt sie den persönlichen Triumph des Pferdehändlers über seinen Widersacher in der Stunde seines Todes.

3. Zentrale Aspekte

Der historische und der literarische Kohlhaas

In dichterischer Freiheit bearbeitete Kleist in seiner Novelle eine Begebenheit, die in der „Märckischen Chronic“ (1595) des Peter Hafftiz sowie in Schöttgens und Kreysigs „Nachlese der Historie von Ober-Sachsen“ (1731) überliefert worden ist.

Hans Kohlhase, ein Viehhändler aus Cölln, wurde 1532 von dem Junker Günther von Zaschwitz beschuldigt, mit gestohlenen Pferden Handel zu treiben. Während Kohlhase versuchte, die Tiere als sein Eigentum zu beweisen, benutzte der Kläger die beschlagnahmten Pferde zur Feldarbeit. Weil der rechtmäßige Besitzer seine Ansprüche in einem langen Rechtsstreit nicht durchsetzen konnte, eröffnete er die Fehde gegen Kursachsen. Nicht einmal die Vermittlung Martin Luthers konnte die Erpressungen, Raubüberfälle und Brandschatzungen Kohlhases beenden, die dieser sogar nach Brandenburg ausdehnte.

Die Kurfürsten Johann Friedrich von Sachsen sowie Joachim I und Joachim II von Brandenburg wollten den Konflikt lösen, indem sie dem zerstörerischen Kaufmann freies Geleit zusicherten. Mehrmals brachen sie jedoch ihr Versprechen. Schließlich wurde der Rebell in Berlin ergriffen und am 22. März 1540 zusammen mit seinem Knecht Georg Nagelschmidt durch Rädern hingerichtet. Kohlhases Frau brachte in demselben Jahr tote Zwillinge zur Welt, überlebte aber ihren Ehemann um mehrere Jahre.

Kleist verwendet in seiner Erzählung zwar konkrete Ortsbezeichnungen, aber er gibt keine Jahreszahlen an und nennt auch nicht die Namen der beiden Kurfürsten. Vielmehr **verallgemeinert** er die vorgefundene Geschichte zu einer Darstellung über Recht und Gerechtigkeit, Willkür und Selbstjustiz. Die beiden Kurfürsten repräsentieren zwei extreme Umgangsformen mit dem Rechtsbegehren eines geschädigten Staatsbürgers. Dabei steht der **feudalen Justiz** des Kurfürstentums Sachsen mit ihren Adelsprivilegien die (von Kleist idealisierte) **moderne Gerichtsbarkeit** Brandenburgs gegenüber, in der die Individuen ohne Ansehen ihres Standes gleich und gerecht behandelt werden.

Der Rebell Michael Kohlhaas

Am Anfang der Novelle wird Kohlhaas mit zwei sich widersprechenden **Extremen** eingeführt, indem er als *„einer der rechtschaffensten zugleich und entsetzlichsten Menschen seiner Zeit“* bezeichnet wird. Der gerechtigkeitsliebende, fürsorgliche Familienvater geht zunächst einen völlig legalen Weg und schöpft alle ihm zur Verfügung stehenden Rechtsmittel aus, bevor er zur Gewalt greift, die

ihn dann bald jegliches Maß und Ziel vergessen lässt. Aus **erlittenem Unrecht** heraus zieht der erzürnte Bürger viele andere unschuldige Menschen ins Unglück, weil er vor Zerstörungen und auch vor Mord nicht zurückschreckt.
Aufgrund seines **verletzten Ehrgefühls** verwandelt sich Kohlhaas von einem tugendhaften Bürger in einen vernichtungswilligen Heerführer, der auf dem Höhepunkt seiner Macht bis zu 400 Mann befehligt. Seine militärischen Erfolge führen ihn in den **Größenwahn,** wie seine Mandate belegen, in denen er sich als Statthalter des Erzengels Michael und als Gründer einer „provisorischen Weltregierung" vorstellt.
Dennoch gelingt Kohlhaas die Umkehr, sobald er die Gewähr für einen gerechten Prozess hat. Selbst das Todesurteil kann er akzeptieren, weil er seine Verfehlungen einsieht und vor allem, weil ihm doch noch zu seinem Recht verholfen wird. Kohlhaas stirbt **versöhnt** mit dem Staat und mit der Kirche, denn er erhält vor seiner Hinrichtung die heilige Kommunion. Darüber hinaus erlebt er einen letzten Moment der **Genugtuung,** indem er den sächsischen Kurfürsten in Ohnmacht fallen sieht und das Geheimnis der Kapsel mit sich ins Grab nehmen kann.

Recht und Gerechtigkeit

Mit ungeheurem Starrsinn versucht Michael Kohlhaas sein Recht durchzusetzen. Als Gradmesser seines Anspruchs dient ihm dabei nicht die allgemeine Rechtsprechung, sondern sein eigenes **Gerechtigkeitsgefühl.** Dennoch glaubt er zunächst an das ordnungsgemäße Funktionieren der Gerichte. Erst als er an der Korruption und an den willkürlichen Entscheidungen der Behörden scheitert, eskaliert der Konflikt von einer privaten Auseinandersetzung zwischen einem Bürgerlichen (Michael Kohlhaas) und einem Adligen (Wenzel von Tronka) zu einem Kampf zwischen Individuum und Staat.
Die konsequente Beharrlichkeit des Rosshändlers zeigt sich zunächst in seiner **Opferbereitschaft.** In seinem Rechtsstreit verliert er nicht nur Hab und Gut, sondern auch seine Ehefrau. Durch diese Verluste angetrieben, maßt er sich schließlich an, als **Richter in eigener Sache** seine Angelegenheit zu klären. Mit seinem rücksichtslosen Vorgehen macht er aber sein Recht zum Unrecht. Erstaunlicherweise erschrickt Kohlhaas nicht über seine Zerstörungswut, sondern über die Vorwürfe Luthers, der ihn der *„Gottlosigkeit"* und *„schnöden Selbstrache"* anklagt. Damit sieht sich der religiöse Kohlhaas gegenüber seinem Gewissen herausgefordert, zumal der Reformator als letzte entscheidende Rechtsinstanz das **Jüngste Gericht** ins Spiel bringt.

Nach dem Gespräch mit Luther, den er als einzige moralische Autorität anerkennt, unterwirft sich Kohlhaas noch einmal der sächsischen Gerichtsbarkeit. Erneute Fehlschläge zeigen, wie verdorben das sächsische Rechtswesen mit seinen Adelsprivilegien und seiner Unzuverlässigkeit ist. Als rechtschaffener, gnädiger Herrscher wird dagegen der Kurfürst von Brandenburg dargestellt, obwohl auch in seinem Land bestechliche Beamte ihren Einfluss geltend machen. Aber der Kurfürst veranlasst ein korrektes Gerichtsverfahren, bei dem Kohlhaas' Ansprüche vollständig erfüllt werden. Während der Brandenburger aber nur den privaten Rechtsstreit zwischen Kohlhaas und dem Junker von Tronka ohne Ansehen der Person schlichten kann, gilt nur der Kaiser als Garant der staatlichen Ordnung, denn er fordert auch die **Sühne** des Rosshändlers für seine Gewalttaten. Mit der Einsicht in seine Schuld offenbart Kohlhaas seine **sittliche Läuterung,** weshalb ihm auch ein ehrenwerter Tod (Hinrichtung durch das Schwert) zusteht.

Die Zigeunerin und das Amulett

Vielfach wurde die Episode mit der Zigeunerin als „romantischer Schlussteil" gewertet. Aber durch die Einführung des **Wunderbaren und Phantastischen** erhält die Novelle vom Ende her auch eine neue Sinngebung.
Die Zigeunerin stellt mit ihrem ersten Auftritt, als sie die Zukunft der Herrscherhäuser Sachsens und Brandendurgs in Jüterbock voraussagt, eine enge Verbindung zwischen den beiden Kurfürsten her, die dadurch als Rivalen um das bessere politische System miteinander verglichen werden. Die häufigen Ohnmachten des sächsischen Kurfürsten, vor allem sein Zusammenbruch unmittelbar vor Kohlhaas' Hinrichtung, nachdem dieser den Zettel verschluckt hat, auf dem das Ende der sächsischen Herrscherfamilie prophezeit wird, verweist symbolisch auf den **Untergang des politisch überlebten Feudalismus.** Zukunftsträchtig ist nur das auf Gleichheit und Gerechtigkeit beruhende, unabhängige Rechtswesen des Brandenburger Fürstentums.
Mit der Übergabe des Amuletts und des Zettels an Michael Kohlhaas einen Tag nach dem Tod von dessen Frau macht die Zigeunerin exemplarisch einen Mann aus dem Volk zum Souverän der Macht. Für Kohlhaas ist es auch eine große Erfüllung, dass er sich an seinem Lebensende damit am sächsischen Kurfürsten, der ihn so ungerecht behandelt hat, rächen kann. In den letzten Stunden vor seiner Enthauptung gibt die Zigeunerin, die der verstorbenen Lisbeth ähnlich sieht und zu der Kohlhaas' Kinder sofort Zutrauen haben, dem Rosshändler Trost. Die Episode um die Zigeunerin führt einen **Wendepunkt** der Erzählung herbei, denn trotz seiner Verbrechen wird Kohlhaas am Ende zum Triumphator über seinen Widersacher, den Kurfürsten von Sachsen. Sein Tod bekommt somit einen neuen Sinn.

4. Aufbau und literarische Gattung

Wie aus dem **Untertitel** hervorgeht, schreibt Kleist, dass er den Stoff zu seiner Geschichte „Aus einer alten Chronik" entnommen habe. Die zahlreichen, in archaischem Stil eingefügten Mandate, Briefe und Plakate betonen den dokumentarischen Charakter des Werks, wozu auch der objektiv anmutende **Chronistenstil** beiträgt. Selbst die gewaltigen Verwüstungen, die Kohlhaas anrichtet, werden distanziert und kommentarlos wiedergegeben.
Doch bei der Analyse des **Aufbaus** wird deutlich, dass die Form der Chronik lediglich als fiktionales Gestaltungsmittel dient und eindeutige Merkmale der **Novelle** zu erkennen sind. Kleists Erzählung stellt zweifellos eine „unerhörte Begebenheit" (Goethes Definition für den Inhalt einer Novelle) dar und beschreibt auch einen dramatischen Konflikt, der sich wie in einer fünfaktigen klassischen Tragödie entwickelt:

1. Kohlhaas' Rechtsstreit mit Wenzel von Tronka (Exposition)
2. Kohlhaas' Rachefeldzug, Gespräch mit Luther (Steigerung)
3. Prozess in Dresden, ehrloses Todesurteil (Höhepunkt/Peripetie)
4. Auslieferung nach Berlin, Zigeunerin-Episode (Retardierung)
5. Kohlhaas' Triumph und ehrenwerter Tod (Katastrophe).

Der Rechtsstreit des Pferdehändlers mit dem Junker von Tronka verläuft in zwei Erzählsträngen, die jeweils mit einem Todesurteil enden. Dabei werden die Vorgänge in Dresden und Berlin miteinander konfrontiert, sodass sich der Vergleich der beiden Rechtssysteme, verkörpert in den ungleichen Kurfürsten, herauskristallisiert. Der **dynamische Handlungsverlauf** wird durch zwei wesentliche **Ruhepunkte,** Kohlhaas' Begegnung mit Luther und den Auftritt der Zigeunerin, unterbrochen, die auch jeweils eine Wende einleiten und den Ausgang des Rechtsstreits zu Kohlhaas' Gunsten beeinflussen, obwohl sie den Tod des Rosshändlers nicht verhindern können. Am Ende ist jedoch der Streitfall abgeschlossen, und die Rechtsordnung im Staat ist durch die Verurteilung des ungerechten Junkers und Kohlhaas' Sühnetod wiederhergestellt.

5. Form und Sprache

Kleists Novelle beginnt mit einer **paradoxen Charakterisierung** der Hauptfigur, die in zwei Superlativen als eine der *„rechtschaffensten"* und *„entsetzlichsten"* Personen ihrer Zeit geschildert wird. Dieser Antagonismus wechselt ständig im Verlauf des Werks, denn dem gewalttätigen, unrechtmäßigen Handeln des Michael Kohlhaas wird immer wieder seine Redlichkeit und sein unerschütterliches Gerechtigkeitsgefühl gegenübergestellt.

Trotz dieser Beurteilung von Kohlhaas' Persönlichkeit am Anfang der Novelle nimmt der **Erzähler** eine neutrale, fast emotionslose Position ein. Sachlich und nüchtern gibt er die abwechslungsreiche Handlung mit ihren vielen Schauplatzwechseln **chronologisch** wieder. Lediglich die Begegnung der beiden Kurfürsten in Jüterbock, wo sie auf die wahrsagende Zigeunerin treffen, wird in zwei **Rückblenden,** einmal aus der Sicht des Rosshändlers und zum anderen durch die Erzählung des sächsischen Kurfürsten, „nachgereicht", was aber dem Ende der Novelle eine neue Dynamik verleiht. Im Schlusssatz der Kleistschen Erzählung offenbart der Erzähler seine zeitliche Distanz zum berichteten Geschehen, ohne sich selbst aber genauer festzulegen.

Der **eigenwillige Sprachstil** Kleists wurde immer wieder bewundert und kritisiert. Anlass zu diesen unterschiedlichen Urteilen gab vor allem der komplexe Satzbau mit der Häufung ineinander verflochtener Nebensätze, wobei sich die altertümliche Konjunktion „dergestalt, dass" besonders hervorhebt:

> *„Kohlhaas, dem das Herz unter allen diesen Umständen unruhig zu klopfen anfing, harrte durch mehrere Tage auf die Entscheidung seiner, der Person des Landesherrn mit befremdender Weitläuftigkeit vorgelegten Bitte; doch es verging eine Woche, und es verging mehr, ohne daß weder diese Entscheidung einlief, noch auch das Rechtserkenntnis, so bestimmt man es ihm auch verkündigt hatte, bei dem Tribunal gefällt war; dergestalt, daß er am zwölften Tage, fest entschlossen, die Gesinnung der Regierung gegen ihn, sie möge sein, welche man wolle, zur Sprache zu bringen, sich niedersetzte, und das Gubernium von neuem in einer dringenden Vorstellung um die erforderten Pässe bat."*
>
> Heinrich von Kleist: Michael Kohlhaas. Stuttgart 1987, S. 77

Diese langen Satzgebilde, die oft Ursachen und Folgerungen einbeziehen, widerspiegeln treffend die verworrene Situation um Kohlhaas' Rechtsstreit.

Den intriganten Hofszenen setzt Kleist Volksaufläufe entgegen, die von **derber Komik** durchzogen sind. Insbesondere die Massenversammlung auf dem Dresdener Marktplatz, als Kohlhaas seine Rappen identifiziert, enthält zahlreiche Spötteleien und deftig-ironische Beschreibungen. Auch die häufigen **Dialoge** in direkter Rede verstärken die Unmittelbarkeit des erzählten Geschehens.

Prinz Friedrich von Homburg (1811)

von Heinrich von Kleist

Die Todessymbolik in Kleists letztem **Drama** „Prinz Friedrich von Homburg" wirkt wie eine Vorahnung vom Ende des Autors selbst, denn nur wenige Monate nach der Fertigstellung seines Werks schied der Dichter freiwillig aus dem Leben, indem er gemeinsam mit seiner Geliebten Henriette Vogel am Berliner Wannsee Selbstmord beging.
Ab 1809 hatte Kleist ein eifriges Quellenstudium betrieben, das ihn über die Hintergründe der **Schlacht von Fehrbellin** am 28. Juni 1675 informieren sollte, in der die Preußen unter ihrem Kurfürsten Friedrich Wilhelm eine zahlenmäßig überlegene schwedische Armee besiegt hatten. Der voreilige Angriff des Prinzen Friedrich Arthur von Homburg, durch den der Kampf entschieden wurde, die Anklage gegen den **Kriegshelden** wegen seiner **Eigenmächtigkeit** sowie die Begnadigung durch den Kurfürsten und die Froben-Anekdote dienten Kleist als Gerüst für sein „vaterländisches Schauspiel", das er im Sommer 1811 vollendete und einer späten Verwandten des Siegers von Fehrbellin, Prinzessin Marianne, widmete.

Vom preußischen Hof durfte Kleist allerdings keinen Beifall erhoffen, war doch sein **verträumter Prinz** so gar nicht nach dem Geschmack der Militärs, die sich zu jener Zeit auf die Niederwerfung von Napoleons Besatzungsarmee vorbereiteten. So war es ein Wunder, dass der romantische Dichter Ludwig Tieck von dem Schauspiel erfuhr und es 1821 in dem Band „Hinterlassene Schriften" von Heinrich von Kleist herausgab.

Prinz Friedrich von Homburg: Das Rollenbild zu Kleists letztem Drama (um 1810 entstanden und 1821 uraufgeführt) zeigt Martin Benrath, Anna Damman und Clara Maria Skala in der Düsseldorfer Inszenierung von Felsenstein aus dem Jahr 1958.

In demselben Jahr wurde das Stück am Wiener Burgtheater uraufgeführt und von da an auf zahlreichen deutschen und europäischen Bühnen immer wieder gespielt.

Das Drama mit seiner **klassischen Form und Sprache** sowie seinen **romantischen Traumszenen** lebt von der Spannung um das Schicksal des nachtwandlerischen Prinzen von Homburg, der zwar durch sein spontanes Handeln den Sieg der Brandenburger gesichert hat, aber wegen der Missachtung der Anweisungen seines Kurfürsten von einem Kriegsgericht zum Tode verurteilt wird. Der Gegensatz zwischen **Recht und Gnade,** der in interessanten Rededuellen zwischen dem prinzipienfesten Kurfürsten und den menschlich argumentierenden Oberst Kottwitz und Prinzessin Natalie erörtert wird, löst sich erst am Ende des Dramas, nachdem der angeklagte Prinz seine Schuld eingesehen und das Urteil anerkannt hat. Dieser Reifeprozess schafft die Voraussetzung sowohl für seine Begnadigung als auch für sein höchstes Glück. In der traumhaften Schlussszene werden **Staatsräson und Humanität** in einer märchenhaften Handlung wieder versöhnt.

1. Inhalt des Dramas

Die Handlung spielt 1675 in Fehrbellin (Mark Brandenburg).
Der Kurfürst und sein Gefolge schauen von der Rampe des Schlosses dem Prinzen Friedrich von Homburg zu, der sich unter einer Eiche gedankenverloren einen Lorbeerkranz windet. Neugierig steigt der Kurfürst herab, nimmt dem Prinzen den Kranz aus der Hand und überreicht ihn seiner Nichte, Prinzessin Natalie. Träumend spricht der Prinz von seiner Braut Natalie, wobei er deren Handschuh abstreift. Erst als er von Graf Hohenzollern angesprochen wird, kommt der Prinz zu sich und betrachtet erstaunt Natalies Handschuh, den er in seiner Hand hält. An seinen Tagtraum kann sich Homburg jedoch nur teilweise erinnern.
Lange wirkt dieses seltsame Erlebnis bei dem Prinzen nach, denn er kann nicht aufmerksam zuhören, als Feldmarschall Dörfling den Schlachtplan gegen die schwedische Armee erläutert. Umso mehr wird er abgelenkt, als plötzlich Natalie ihren Handschuh vermisst, den nun Homburg fallen lässt, um damit zu sehen, wem dieser Gegenstand wirklich gehört. Geistesabwesend notiert sich der Prinz, dass er bei dem Angriff gegen die Schweden seinen Platz nicht verlassen dürfe, bevor nicht das Signal ertönt. Der Kurfürst ermahnt Homburg noch einmal zur Besonnenheit, weil er ihm erst kürzlich durch seine unüberlegte Handlung zwei Siege verscherzt habe.
Am nächsten Morgen erklärt Graf Hohenzollern dem Prinzen, der gerade vom Gebet in einer Dorfkapelle kommt, ein weiteres Mal die Aufstellung des preußischen Heeres. Trotz gegenteiliger Order und trotz der Einwände des Obersten

Kottwitz drängt der Prinz kurz nach Beginn des Kampfes zur Attacke. Dadurch wird der Sieg der Preußen herbeigeführt. Aber der Preis ist hoch, denn der Kurfürst soll gefallen sein. Liebevoll kümmert sich sogleich Prinz von Homburg um die trauernde Kurfürstin und die spröde Natalie, die sich seinem leidenschaftlichen Kuss zu entziehen versucht. Schon bald wird jedoch gemeldet, dass der Kurfürst noch lebe. Mit dem Stallmeister Froben, der an seiner Stelle sein Leben lassen musste, habe er die Pferde getauscht, wodurch es zu dieser irrtümlichen Nachricht gekommen sei. Als Homburg dem Kurfürsten drei schwedische Fahnen als Siegestrophäe überbringt, wird er zu seiner großen Verblüffung verhaftet. Obwohl er als Sieger über die Schweden gilt, will ihn der Kurfürst wegen seines eigenmächtigen Handelns vor ein Kriegsgericht stellen.

Im Gefängnis von Fehrbellin wartet der Prinz zuversichtlich auf seine Begnadigung. Nachdem ihm der besorgte Graf Hohenzollern mitgeteilt hat, dass er zum Tode verurteilt worden sei, wird Homburg allmählich der Ernst seiner Lage bewusst. Sofort will er die Kurfürstin aufsuchen, was ihm auch von dem Wache haltenden Offizier erlaubt wird. Der völlig verängstigte Prinz, der unterwegs sein offenes Grab gesehen hat, fleht die Kurfürstin an, sich für sein Leben einzusetzen. Er ist sogar bereit, auf Natalie zu verzichten und aus der Armee auszutreten. Aber Natalie fordert Homburg zu einer mutigeren Haltung auf.

Gleich nach dem Besuch des Prinzen eilt Natalie zu dem Kurfürsten und bittet ihn um Gnade für Homburg. Der verwunderte Landesherr verweist zunächst auf das Kriegsgericht, er will jedoch nach weiterem hartnäckigen Zureden Natalies seinen Gefangenen begnadigen, wenn dieser das Urteil für ungerecht hält. Inzwischen hat der Oberst Kottwitz mit seinen dreißig Offizieren eine Bittschrift zugunsten ihres Generals Homburg abgefasst, die er Natalie überreicht. Gemeinsam mit Kottwitz sucht Natalie den Prinzen im Gefängnis auf, um ihm das Begnadigungsschreiben des Kurfürsten vorzulegen. Doch der Prinz bemerkt nach mehrmaligem Lesen, dass sein Landesherr ihm selbst die Entscheidung über das Urteil überlässt. Voller Stolz antwortet er in einem Brief, dass er auf eine Begnadigung verzichte. In ihrer Verzweiflung befiehlt Natalie den Truppen des Obersten Kottwitz, noch vor Mitternacht in Fehrbellin einzutreffen.

Der Kurfürst erfährt aber bald von der Unruhe unter den Soldaten, die er als Rebellion empfindet. Deshalb stellt er auch Kottwitz zur Rede, der ihm die Bittschrift seiner Offiziere übergibt. Noch einmal rechtfertigt der Landesherr das Todesurteil gegen den Prinzen, das dessen Ungehorsam in angemessener Form bestrafe. Gegen diese Sichtweise wehren sich die Militärs, wobei Graf Hohenzollern sogar dem Kurfürsten selbst die Schuld an Homburgs voreiligem Angriff gibt, weil dieser durch seinen Scherz mit dem träumenden Prinzen erst die Zerstreuung des Verurteilten bewirkt habe. Daraufhin lässt der Kurfürst Prinz Hom-

burg aus dem Gefängnis holen, um dessen Meinung zu hören. Aber der Prinz hat inzwischen das Todesurteil akzeptiert und verlangt lediglich, Natalie nicht mit dem schwedischen König zu verheiraten.
Nachdem der Kurfürst die Offiziere gefragt hat, ob sie es noch einmal mit Homburg versuchen wollen, zerreißt er das Urteil. Dann gehen alle in den Schlossgarten, in den der Prinz mit verbundenen Augen geführt wird. Als Natalie im Beisein des Kurfürsten dem vermeintlichen Todeskandidaten einen Lorbeerkranz umhängt und seine Hand an ihr Herz drückt, fällt dieser in Ohnmacht. Von allen Anwesenden wird Homburg als Sieger der Schlacht von Fehrbellin gefeiert. Wieder zu sich gekommen, fragt der Prinz, ob das alles ein Traum sei.

2. Personenkonstellation

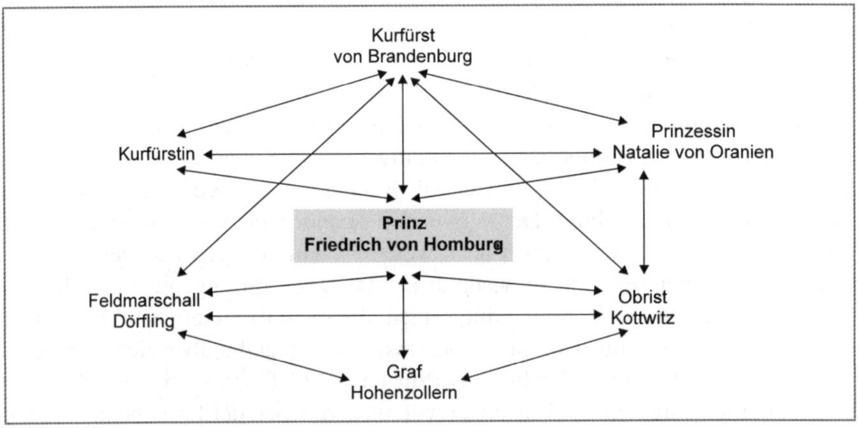

Im Mittelpunkt des Schauspiels steht der Sieger der Schlacht von Fehrbellin, Prinz Friedrich Arthur von Homburg, der neben seinem größten militärischen Erfolg auch die höchste Gefährdung seines Lebens erfährt. Sein **ambivalenter Charakter,** der Verträumtheit und Draufgängertum vereinigt, macht ihn sowohl der Männerwelt, repräsentiert durch die Offiziere, als auch den selbstbewussten Damen bei Hof sympathisch. Der Kurfürst und seine Frau werden von dem Prinzen als Elternersatz angesehen. Am Ende erfüllt sich für den Kriegshelden die von ihm ersehnte Verbindung mit der Prinzessin Natalie von Oranien, einer Nichte des Brandenburger Kurfürsten.

Der Kurfürst selbst steht nicht nur an der Spitze des Staates, sondern er leitet auch wie ein heimlicher Regisseur das Dramengeschehen durch seine klaren, aber auch überraschenden Beschlüsse. Dabei hört er durchaus auf seine Offiziere, die sogar bereit wären, eine Entscheidung zugunsten des zum Tode verurteilten Prinzen gewaltsam zu erzwingen.
In der Auseinandersetzung mit seinem Landesherrn erweist sich der Obrist Kottwitz als geschickter und schlagfertiger Verhandlungsführer. Der selbstbewusste Graf Hohenzollern beschuldigt sogar den Kurfürsten, Homburgs voreilige Attacke und damit dessen Todesurteil mutwillig herbeigeführt zu haben. Selbst der stets loyale Feldmarschall Dörfling, der seinem Kurfürsten sofort die „Rebellion" der Offiziere für eine Freilassung Homburgs meldet, wagt es, sein Unverständnis über die gesetzesstrenge Haltung seines Landesherrn offen auszusprechen. Aufgrund seines flexiblen und toleranten Verhaltens schafft es aber der Kurfürst, alle wichtigen Personen des Dramas in einem **versöhnlichen Schlussbild** zu vereinigen.

Der verträumte Held

Nur schwer passt der **somnambule General** Prinz von Homburg in die strenge, von Militärs beherrschte Umgebung des Brandenburger Kurfürsten. Außer von seiner Vernunft lässt sich der Kriegsheld auch von seinem Gefühl leiten, und dieser **Dualismus seines Wesens** bringt ihn in größte Schwierigkeiten, verhilft ihm am Ende aber auch zu seinem höchsten politischen und privaten Glück (militärische Auszeichnung und Verbindung mit Natalie). So erfüllt sich schließlich das, was der ehrgeizige Prinz in seiner ersten Vision erträumte: Ruhm und persönliche Erfüllung.
Dabei hat Homburg nicht immer Erfolg. Der Kurfürst wirft ihm vor, zwei mögliche Siege gegen die Schweden verspielt zu haben und auch bei Natalie stehen seine Chancen zunächst nicht günstig. Aber der Prinz hat ein gutes **Gespür für den richtigen Moment,** denn seine spontane Handlungsweise beschert ihm den Höhepunkt seiner Laufbahn. Seine traumwandlerische Sicherheit gründet sich dabei auf seine Integration in der Gesellschaft und vor allem auf seine familienähnliche Beziehung zu dem Kurfürstenpaar, das er als *„Vater"* und *„Mutter"* anspricht.
Aber der Prinz unterschätzt den Stellenwert von Recht und Ordnung in dem Brandenburger Staatswesen. Noch weniger kann er die Prinzipienstrenge des Kurfürsten verstehen, der den Urteilsspruch seines Kriegsgerichts umsetzen will, weil er ihn für gerecht und angemessen hält. Erst die durchlebte **Todesangst** führt eine **Wandlung** Homburgs herbei.

Zunächst löst der erste Anblick des für ihn bestimmten Grabes nur Angst und Schrecken aus, was ihn würdelos um sein Leben flehen lässt, doch dann sucht er vor seinem Gespräch mit dem Kurfürsten bewusst seine Grabstätte auf, um sich ernsthaft und gefasst auf seinen Tod vorzubereiten.
Der Kurfürst hat mit seinem Begnadigungsschreiben, in dem er den Gefangenen zu seinem **Richter über sich selbst** bestimmt, einen Bewusstseinprozess in Gang gesetzt, der zu einer **sittlichen Läuterung** des Prinzen führt.
Der zuerst egoistische, nur auf sein Leben bedachte Homburg sieht durch Nachdenken seine Schuld ein, wodurch er auch die Notwendigkeit seines Richterspruchs erkennen kann. Im Angesicht des Todes gewinnt der Prinz eine würdevolle Haltung zurück, die ihn beim Kurfürsten um Verzeihung für sein ungestümes Handeln bitten lässt. Mit seinem Tod will der Prinz seine Verfehlung sühnen und gleichzeitig der Allgemeingültigkeit des Gesetzes Rechnung tragen: *„Ich will das heilige Gesetz des Kriegs ... durch einen freien Tod verherrlichen!“* Dieser Sieg über sich selbst erhöht seinen Sieg bei der Schlacht, sodass am Ende Prinz von Homburg als der große Triumphator gefeiert werden kann. Doch der einst so tollkühne General stellt die unverhoffte Wendung seines Schicksals in Frage: *„Nein, sagt! Ist es ein Traum?“*

3. Zentrale Aspekte

Gesetz und Gefühl

Der Kurfürst und Prinz von Homburg stehen in einem Vater-Sohn-Verhältnis, aber sie empfinden sich, zumindest unbewusst, auch als Rivalen. So verwundert es nicht, dass der Prinz kaum Trauer zeigt, als die Meldung vom Tod des Kurfürsten eintrifft, und der Kurfürst stößt den Prinzen in der Anfangsszene *„ins Nichts“* zurück.
Der größte Gegensatz zwischen diesen beiden Persönlichkeiten offenbart sich aber in der Grundlage ihres Handelns. Während der Kurfürst das **Gesetz,** das er als *„Mutter meiner Krone“* bezeichnet, in den Vordergrund stellt, lässt sich Homburg von seinem **Gefühl** leiten. Seine Gewissheit, dass ihn sein Landesherr begnadigen werden, gründet er ganz auf *„mein Gefühl von ihm!“*
Obwohl Homburg die Schlacht von Fehrbellin wegen seines vorzeitigen Vorpreschens gewonnen hat, fordert der Kurfürst die Bestrafung des Eigenmächtigen, weil er will, *„dass dem Gesetz Gehorsam sei.“* Kompromisslos drängt der Kurfürst auf die Einhaltung der Gesetze gegenüber allen Staatsbürgern, ohne Rücksicht auf ihren Stand und ihre Verdienste. Dabei beruft er sich auf das **Vaterland,** in dem keine Willkür herrschen dürfe, weil sonst die staatliche Ordnung gefährdet wäre.

Aber sowohl der Kurfürst als auch der Prinz müssen von ihren **rigiden Positionen** abrücken. Homburg kann die Haltung seines Landesherrn nachvollziehen, als er plötzlich selbst seinen Fall entscheiden soll. Mit einem klaren Schuldbekenntnis unterwirft er sich dem Kurfürsten, der seinerseits seine Mitschuld am Fehlverhalten Homburgs anerkennt. Sein **Bewusstseinswandel** hat schon vorher eingesetzt, als er mit seiner rücksichtslosen Gesetzestreue auf das Unverständnis seiner Offiziere stieß, die ihm durch ihren Sprecher Kottwitz eine *„kurzsichtige Staatskunst"* vorwarfen, weil eine unflexible Handhabung des Rechts nur zur Unmenschlichkeit führen könne.
In ihrem Gespräch mit dem Kurfürsten beschreibt Prinzessin Natalie ein **humanes Staatswesen,** das den Gegensatz von Gesetz und Gefühl versöhnt und somit eine Verständigung zwischen dem Kurfürsten und Prinz von Homburg ermöglicht: *„Das Kriegsgesetz, das weiß ich wohl, soll herrschen, jedoch die lieblichen Gefühle auch."* (IV,1). Allerdings nimmt der Kurfürst diesen Interessenausgleich in einer **inszenierten Traumvision** vor, die deshalb der Prinz kaum fassen kann.

Traum und Wirklichkeit

Die beiden Traumvisionen des Prinzen von Homburg am Anfang und am Ende des Dramas umrahmen die rauhe Wirklichkeit des Kriegsgeschehens, allerdings sind sie auch selbst **erlebte Realität.** Beide Male inszeniert der Kurfürst das Geschehen, wobei die erste Vision ein Spiel aus reiner Neugier *(„Bei Gott! Ich muß doch sehn, wie weit ers treibt!")* ist, während sich die Schlussszene aus ihrem tödlichen Ernst in eine heitere Zeremonie auflöst. Von dieser unerwarteten Wendung überwältigt, fällt der Prinz, der glaubt, zur Hinrichtung geführt zu werden, in Ohnmacht.
Das launische Wechselspiel von Traum und Wirklichkeit verwirrt Homburg immer wieder. Als Beweisstück eines realen Erlebnisses behält er Natalies Handschuh. Geistesabwesend hört er die Erklärungen des Schlachtplans an, was bezeugt, dass er nach seiner Vision noch nicht vollständig in die Wirklichkeit zurückgekehrt ist. Völlig fassungslos nimmt er seine Verhaftung zur Kenntnis: *„Träum ich? Wach ich? Leb ich? Bin ich bei Sinnen?"* (II,10). Mit diesen Worten dokumentiert er die Unzuverlässigkeit seiner eigenen Wahrnehmung und die Fragwürdigkeit des menschlichen Realitätssinns. Genauso zweifelhaft reagiert Homburg auf Natalies Ankündigung von seiner Begnadigung, die er nach den vorhergegangenen Erfahrungen nicht für realistisch hält: *„Es ist ein Traum!"* In der Tat erweist sich der Brief des Kurfürsten als eine Illusion, die Homburgs Hoffnung rasch zunichte macht.

Allerdings „sieht" Homburg bereits in seinem ersten Traum seine größten Wünsche, Kriegsruhm sowie fürstliche und weibliche Gunst, die sich am Ende für ihn gleichzeitig erfüllen. Ungläubig fragt er deshalb, ob alles nur ein Traum sei. Kottwitz antwortet ihm: *„Ein Traum, was sonst?"*, womit er den **utopischen Charakter** dieses Schlussbildes unterstreicht.

Der idealisierte Kurfürst

Wie in der Novelle „Michael Kohlhaas" erweist sich auch in dem Drama „Prinz Friedrich von Homburg" der Brandenburger Kurfürst als väterlicher und gerechter Herrscher, der unbestechlich dem Gesetz Genüge tun will. Als **wahrer Souverän** bereitet er den Schlachtplan gegen die Schweden vor, und er behält auch in der Angelegenheit um Prinz von Homburg die Fäden in der Hand.
Gegenüber allen Bittstellern vertritt er unbeugsam seinen **Rechtsstandpunkt** bezüglich Homburgs Schuld. Aber er findet auch einen intelligenten Ausweg aus dem Dilemma von Gesetz und Gnade, indem er seine Mitschuld durch eine zweite Trauminszenierung wiedergutmacht, ohne dabei an Ansehen bei seinen Offizieren einzubüßen.
Kleist hat mit seinem Kurfürsten eine Dramenfigur geschaffen, die für ihn den idealen Vertreter einer **aufgeklärten konstitutionellen Monarchie** darstellt. In diesem utopischen Staatswesen, in dem alle Bürger vor dem Gesetz gleich behandelt werden und der Fürst sich als verständnisvoller, menschlicher Leiter empfindet, sind Werte der Französischen Revolution mit den Tugenden der preußischen Tradition vereint.

4. Sprache und Aufbau des Dramas

Kleists Schauspiel ist in dem klassischen **Blankvers** abgefasst. Dabei stehen aber neben eleganten, langen Sätzen mit ihrem Bilderreichtum und ihrer poetischen Schönheit auch häufig kurze Ausrufe und Fragen, die die gesteigerte Emotionalität der handelnden Personen ausdrücken.
Die auf die Hauptproblematik verweisende **Todessymbolik** zieht sich wie ein Leitmotiv durch das gesamte Drama. In den ganzen Kriegserzählungen wird immer wieder die Vergänglichkeit des Menschen *(„eurer Leichen Grabmal", „sah ich den Helden fallen"* usw.*)* thematisiert, und das Schauspiel schließt mit dem als Todeswunsch formulierten Schlachtruf: *„In Staub mit allen Feinden Brandenburgs!"*

Vom **Aufbau** her zeigt sich Kleists Werk nur teilweise als klassisches Drama. Die Einheit von Zeit und Handlung bleibt zwar weitgehend gewahrt, aber die **Schauplätze** wechseln selbst innerhalb eines jeden der fünf Akte. Dabei weiten sich die Räumlichkeiten von einzelnen Zimmern und Sälen zu groß angelegten Schlossgärten und offenem Schlachtfeld.
Homburgs Entwicklungsprozess spielt die zentrale Rolle in Kleists Drama. In folgenden Etappen vollzieht sich sein geistiger Werdegang: Träumerei – ungestümer Angriff in der Schlacht – Uneinsichtigkeit bei seiner Verhaftung – leichtfertige Hoffnung auf Begnadigung – Todesangst und Bittgesuche – Einsicht in seine Schuld – Anerkennung des Todesurteils – traumhafte Erfüllung. Als Wendepunkt für Homburgs Reifung offenbart sich der kluge Schachzug des Kurfürsten, den Prinzen sein eigenes Urteil sprechen zu lassen. Durch das Schuldbekenntnis Homburgs wird der Weg für eine Begnadigung frei, zumal auch der Kurfürst nicht ohne Schuld ist. Die Traumerlebnisse des Prinzen sind sowohl der Ausgangspunkt für sein Fehlverhalten als auch die Auflösung des rechtlichen Konflikts und die Begründung seines (zuvor erträumten) Glücks.
Die beiden Taumvisionen (I,1 und V,11) bilden die **Rahmenhandlung** zu den Kriegsvorgängen und dem Rechtsverfahren um den Prinzen. Homburgs Glücksgefühle und seine Todeserwartung entwickeln sich zu einer Spannung, die sich erst am Ende in einer traumhaften Harmonie entlädt. Die **Beinahe-Tragödie,** die als Begleitmusik zu Homburgs inszenierter Hinrichtung einen Totenmarsch erklingen lässt, wird durch einen Gnadenakt des Kurfürsten beendet, sodass schließlich das erleuchtete Schloss den Ruhm der preußischen Monarchie symbolisiert.

Der blonde Eckbert (1796)
von Ludwig Tieck

Von den vielen Romanen, Schauspielen, Novellen und Erzählungen des Berliner Romantikers LUDWIG TIECK (1773–1853) blieb das **Märchen** „Der blonde Eckbert" am lebendigsten. Der zur Entstehungszeit dieser Erzählung (1796) noch junge Autor, der sich nach dem Abbruch seines Studiums zu dem Wagnis eines Lebens als freier Schriftsteller entschlossen hatte, beschäftigte sich am Anfang seiner Laufbahn mit der Minnelyrik des Mittelalters und mit der Neubearbeitung von Volksbüchern. Themen und Motive aus diesen Bereichen haben in dem „Blonden Eckbert" einen deutlichen Niederschlag gefunden. Während aber die Handlung des Märchens noch in der weit zurückliegenden Ritterzeit wurzelt, wirken Tiecks Personen sehr modern. Dieser Gegensatz beruht darauf, dass Tieck herkömmliche Märchenfiguren mit psychologischen Mitteln ausgestaltet hat und dass der Widerspruch zwischen Vernunft und Gefühl zu einem ständigen Wechselspiel des Geschehens herangezogen wird.
Dieses Werk Tiecks repräsentiert die geheimnisvolle Welt der **Frühromantik**, in der der Mensch als ein tragisches Wesen im Spannungsfeld von verhängnisvollem Bewusstsein und unschuldiger Naivität gesehen wird.

1. Inhalt des Märchens

Der etwa 40 Jahre alte blondhaarige Ritter Eckbert lebt mit seiner Frau Bertha zurückgezogen in einem kleinen Schloss im Harz. Das ruhige kinderlose Ehepaar pflegt nur Freundschaft mit dem aus Franken stammenden Philipp Walther. Deshalb vertraut ihm Bertha an einem Herbstabend ihre geheimnisvolle Lebensgeschichte an.
Sie erzählt, dass sie aus einem armen Elternhaus komme und wegen ihres strengen, ungerechten Vaters im Alter von acht Jahren von zu Hause weggelaufen sei. Nach einer mehrtägigen ziellosen Wanderung sei sie auf eine alte Frau getroffen, die sie in ihre Hütte aufgenommen habe. Im Laufe der Jahre habe ihr die Alte vieles beigebracht und sie auch in das Geheimnis ihres merkwürdigen Vogels eingeweiht, der jeden Tag ein Ei mit einer Perle gelegt und ständig das Lied von der Waldeinsamkeit gesungen habe. Allerdings habe die Lektüre von Romanen ihre Sehnsucht nach der Ferne erweckt, sodass sie im Alter von 14 Jahren, während der Abwesenheit der Alten, mit dem Vogel und einigen Edelsteinen hinausgezogen sei. Den Hund, den sie ebenfalls betreut hat, habe sie jedoch zurückge-

lassen. Zufällig sei sie in ihrem Heimatdorf angelangt, wo sie jedoch habe erfahren müssen, dass ihre Eltern nicht mehr lebten. Als der Vogel wieder sein übliches Lied, allerdings mit verändertem Inhalt, gesungen habe, habe sie ihn aus Wut erwürgt. Einige Zeit später habe sie den ihr bereits seit längerem bekannten Ritter Eckbert geheiratet.

Nachdem Bertha ihre Erzählung beendet hat, bereut ihr Ehemann diese Offenheit gegenüber Walther, denn der Freund verhält sich danach sehr reserviert. Auch Bertha macht ihr Bekenntnis nicht froh, denn sie erkrankt schwer und denkt darüber nach, warum Walther den Namen des Hundes („Strohmian") erwähnt hat, der ihr längst entfallen war.

Um seine Selbstvorwürfe zu vergessen, geht Eckbert auf die Jagd. Plötzlich erblickt er im Wald seinen Freund Philipp Walther, den er in einer spontanen Handlung mit seiner Armbrust erschießt. Als er nach Hause kommt, findet er Bertha tot vor.

Schuldbewusst zieht sich Eckbert noch mehr in die Einsamkeit zurück, geht jedoch ab und zu in die nächste große Stadt, wo er sich bald mit dem jungen Ritter Hugo anfreundet. Nach langem Zögern entschließt sich Eckbert, seinem neuen Freund seinen Lebenslauf zu erzählen. Aber auch dieses Mal fühlt sich Eckbert danach unwohl, und plötzlich erkennt er in Hugos Miene die Gesichtszüge seines ermordeten Freundes Walther. Entsetzt verreist Eckbert, um sein seelisches Gleichgewicht wiederzufinden. Doch unterwegs sieht er auch in einem Bauern seinen ehemaligen Freund. Als er dann noch das Lied von der Waldeinsamkeit hört, ist er dem Wahnsinn nahe. Den letzten Stoß versetzt ihm die überraschend vor ihm auftauchende Alte, die ihm schwere Vorwürfe macht und ihm enthüllt, dass Bertha seine Schwester gewesen sei, die ihr bzw. sein Vater einem Hirten zur Pflege übergeben habe. Eckberts Mutter habe aber von der Tochter ihres Mannes nichts wissen wollen, weil diese von einer anderen Frau gewesen sei. Diese Entdeckung, die Eckbert immer vermutet hat, verkraftet der Ritter nicht und stirbt.

2. Personenkonstellation

Obwohl in Tiecks Märchen mehrere Figuren auftauchen, ist sein Handlungspersonal auf drei Vertreter beschränkt. Dabei verwandelt sich die Alte in drei verschiedene Männergestalten und trägt so zur Vielfalt der Beziehungen bei. Allerdings wiederholen sich die grundlegenden Konflikte, wenn auch mit kleinen Abweichungen. Die beiden übrigen Hauptfiguren **Eckbert** und **Bertha** offenbaren durch ihre Namensähnlichkeit ihr enges Verhältnis, das sich am Ende der Erzählung als eine fatale inzesthafte Geschwisterliebe herausstellt.

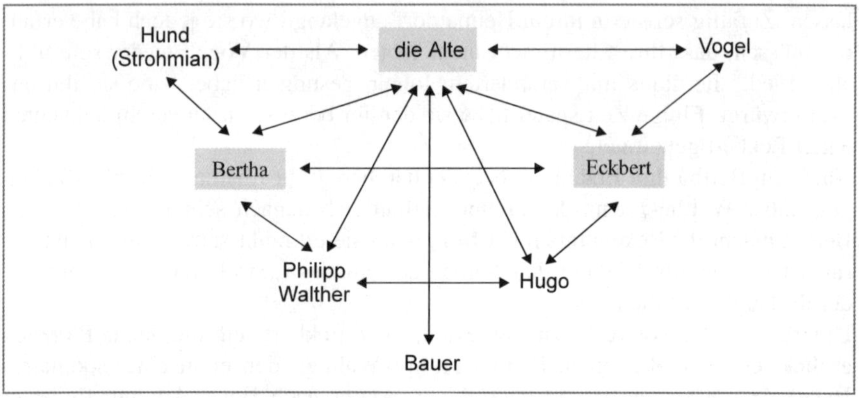

Erst am Schluss des Märchens wird deutlich, dass die Alte von Anfang an das gesamte Geschehen schicksalhaft beherrscht hat. Ihre beiden Begleiter, der Hund und der singende Vogel, spielen nicht nur in Berthas Erzählung, sondern auch in der Haupthandlung eine wichtige Rolle. Ja, die beiden Tiere tragen wesentlich zur seelischen Zerrüttung Berthas und Eckberts bei. So benutzt die Alte nicht nur die drei Männerwesen Philipp Walther, Hugo und den Bauer, sondern auch den Hund und den Vogel für ihre Racheaktion.
Die Alte verwandelt sich nacheinander in Philipp Walther, dann in den Ritter Hugo und schließlich in den Bauer. Dominierend erscheint dabei Philipp Walter, denn dessen Gesichtszüge erkennt Eckbert sowohl in Hugo als auch in dem Bauer. Doch die Auflösung des Rätsels erfolgt erst durch die Anklage der Alten, die ihr Bekenntnis mit einem moralischen Grundsatz verbindet: *„Siehe, das Unrecht bestraft sich selbst: niemand als ich war dein Freund Walther, dein Hugo."*

3. Zentrale Aspekte

Bewusstes und Unbewusstes

Bereits in den einleitenden Abschnitten des Märchens erhält der Leser Einblicke in das düstere, bedrückte Wesen des Ritters Eckbert. Es ist offenkundig, dass ein tiefes Geheimnis diesen Charakter umgibt und dass *„eine gewisse Verschlossenheit, eine stille, zurückhaltende Melancholie"* sein Verhalten bestimmt. Am Ende der Erzählung stellt sich heraus, dass Eckbert schon in früher Jugend von den familiären Zusammenhängen seines Lebens gewusst, dieses Wissen aber **verdrängt** hat. Seine inzestuöse Ehe mit seiner Halbschwester Bertha wird nicht nur mit Kinderlosigkeit bestraft, sondern sie ist auch die Ursache für seine anhaltende Schwermut *(„Warum hab ich diesen schrecklichen Gedanken immer geahndet?“).* Als Eckbert diese unbewussten bzw. verdrängten Vermutungen durch den Bericht der Alten zum Bewusstsein kommen, verfällt er dem Wahnsinn und stirbt.

Er hat nicht die Kraft, seine persönliche Schuld einzusehen und zu akzeptieren, denn die Erkenntnis von seinem Dasein in **Blutschande** entlarvt seine ganze Existenz als Lebenslüge. Als weitere seelische Belastung hat ihn die Ermordung seines Freundes Walther verfolgt *(„Er lebte unter ewigen inneren Vorwürfen.“)*, die er nie aufgearbeitet, sondern durch Vergnügungen zu vergessen versucht hat.

Auch Bertha hat, indem sie einst die Alte treulos verlassen hat, eine schwere Schuld auf sich geladen, die sie genauso wie Eckbert verdrängt hat. Erst als Philipp Walther nach ihrer Erzählung den Hundenamen Strohmian erwähnt, denkt sie über ihre Vergangenheit nach. Aber die Zusammenhänge werden ihr nicht bewusst, nur ein *„gewaltiges Entsetzen“* befällt sie. Schließlich erliegt sie ihrer rasch sich verschlimmernden Krankheit, weil sie sich nicht durch ein Reuebekenntnis von ihrer Schuld befreien kann.

Traum und Wirklichkeit

Sowohl Eckbert als auch Bertha lösen sich durch spontane Handlungen aus Situationen, die ihnen unangenehm sind. Nach der Entfremdung von seinem Freund Walther erschießt Eckbert seinen früheren Weggefährten, ohne lange zu überlegen. Das erste Gefühl der Erleichterung weicht jedoch schnell einem Entsetzen, das lange nachwirkt. Bertha flieht nach einem schnellen Entschluss von der Alten, der sie so viel zu verdanken hat. Allerdings kämpft sie danach mit sich selbst, ob sie überhaupt weggehen soll. Umso rücksichtsloser geht sie anschließend vor: Sie lässt mitleidlos den Hund zurück, und später, als der Vogel sie durch seinen lang anhaltenden Gesang an ihre Untat erinnert, erwürgt sie das Tier.

Als sich Eckbert und Bertha kennen gelernt haben, meiden sie die Welt und ziehen sich in ein einsam gelegenes Schloss im Wald zurück. Neben dieser **Flucht aus dem Alltag** wenden sich die beiden auch immer wieder von der Wirklichkeit ab, um in einem **Traumreich** ihr Heil zu suchen. Für das Ehepaar gehen Realität und Fantasie ineinander über. Ihr träumerisches Wesen kann nicht mehr unterscheiden, ob gewisse Vorkommnisse direkt erlebt werden oder nur eingebildet sind. Der **Realitätsverlust** führt bei Eckbert so weit, *„dass ihm sein Leben in manchen Augenblicken mehr wie ein seltsames Märchen als wie ein wirklicher Lebenslauf erschien.“*

Mit diesem schillernden Erlebnis zwischen Traum und Wirklichkeit hat Tieck in seinem „Blonden Eckbert“ die romantische Programmatik Friedrich Schlegels von einer **Poetisierung des Lebens** anschaulich umgesetzt. Die Grenze zwischen Vernunft und Gefühl kann nach Tiecks frühromantischem Menschenbild nicht eindeutig gezogen werden. Der Ritter Eckbert erlebt dieses Wechselspiel am Ende seines Lebens, als eine unbegreifliche Schicksalsmacht seine Verstandeskraft überwältigt: *„Das Wunderbarste vermischt sich mit dem Gewöhnlichsten, die Welt um ihn her war verzaubert und er keines Gedankens, keiner Erinnerung mächtig.“*

4. Die Gattung des Kunstmärchens

Die meisten uns heute bekannten Märchen wie „Hänsel und Gretel“, „Schneewittchen“ oder „Das tapfere Schneiderlein“ wurden erst von den Romantikern gesammelt und herausgegeben. Die Gebrüder GRIMM, LUDWIG BECHSTEIN und AUGUST MUSÄUS zogen durch das Land, ließen die Menschen die seit langem überlieferten Märchen und Sagen erzählen und schrieben sie dann auf, um sie in Sammelbänden zu veröffentlichen. Diese Märchen, deren Autoren nicht mehr bekannt waren, wurden, analog zu den Volksliedern, als **Volksmärchen** bezeichnet.

Neben einer Vielfalt von Themen und Motiven weisen diese Volksmärchen einige **typische Gemeinsamkeiten** auf:

Ihre Handlung ist weder geographisch (in einem Wald, in einem Schloss) noch zeitlich („Es war einmal …“) festgelegt.

Die Hauptfiguren zeichnen sich durch wenige, aber stereotype Charaktereigenschaften und Körpermerkmale aus und lassen sich eindeutig der guten oder bösen Seite zuordnen.

Weil sich das Gute nach einigen Hindernissen doch noch durchsetzt, enden die Volksmärchen mit einem Happy-End, das mit einem formelhaften Satz abschließt („Und wenn sie nicht gestorben sind, dann leben sie heute noch.“)

Viele Romantiker – außer Tieck vor allem E. T. A. HOFFMANN, CLEMENS BRENTANO, A. VON CHAMISSO und WILHELM HAUFF – versuchten diese Märchentradition zu erneuern. In ihren **Kunstmärchen** übernahmen sie von den Volksmärchen zwar die Motive, Themen und Menschentypen, aber sie vertieften auch ihre Charaktere durch psychologische Erkenntnisse. Die Schauplätze und die Zeit des Geschehens wurden teils im Vagen oder Exotischen angesiedelt, teils in die Gegenwart oder an genau beschriebene Orte gelegt. Doch v. a. durch die komplexen Figuren muten die Kunstmärchen sehr modern an. Aufgrund dieser veränderten Ausgangslage kommt es nur noch gelegentlich zu einem positiven Schluss.

Tiecks Märchen „Der blonde Eckbert“ spielt im Harz während der Ritterzeit. Der schwermütige Eckbert und seine verträumte Frau Bertha büßen ihre Schuld mit dem Tod. Es kommen zwar typische Märchenmotive wie ein singender Vogel vor, der Eier mit Perlen legt, oder eine hexenartige Frau, die sich in Männergestalt verwandeln kann, aber eine Schwarzweißmalerei lässt sich bei der Charakterdarstellung nicht ausmachen. Vielmehr betrügt das naive Mädchen Bertha die hässliche Alte, die am Ende sowohl Rache übt als auch die Wahrheit verkündet und damit den Ritter Eckbert zu der (für ihn tödlichen) Einsicht in seine Schuld führt.

5. Der Aufbau des Märchens

Tiecks „Blonder Eckbert“ besteht eigentlich aus zwei Erzählungen, die jedoch eng miteinander verwoben sind. In die **Rahmenhandlung** um Eckberts Schicksal ist die **Binnenerzählung** von Berthas Lebensgeschichte eingefügt. Kurz nach Abschluss dieses Bekenntnisses stirbt die Berichterstatterin, sodass die beiden Ehepartner jeweils einem Erzählteil zugeordnet werden können

Die zwei Erzählungen gleichen sich durch die **Parallelführung** des Geschehens. Beide Hauptfiguren erfahren eine Entwicklung ihres Bewusstseins, denn das Verdrängte wird an das Tageslicht gezogen. Diese Einsicht in das Unbewusste kann aber von keinem der beiden Ehepartner bewältigt werden, obwohl beide einen Lebensbericht vorlegen. Demzufolge endet die Stufe der vollen Bewusstwerdung mit dem Tod Berthas und Eckberts.

Für das Ehepaar spielt die Kindheit eine entscheidende Rolle, weil in diesem Stadium der Unschuld der Keim für das spätere Schicksal gelegt wird. Eckbert und Bertha machen sich noch als Kinder jeweils auf ihre Weise schuldig, und beide verstärken ihre Schuld später durch eine Bluttat. Während Bertha nur einen Vogel tötet, den sie aber der Alten entwendet hat, ermordet Eckbert seinen besten Freund.

Das Älterwerden führt bei beiden Ehepartnern zu einer ständig wachsenden Sündhaftigkeit, die allerdings nicht deutlich wahrgenommen, sondern nur in einem dumpfen Gefühlszustand („Melancholie“, seelische Leiden, Krankheit) durchlitten wird. Deshalb kann ein Satz des Erzählers auch als Motto für das gesamte Märchen gelten: *„Es ist ein Unglück für den Menschen, dass er seinen Verstand nur darum bekömmt, um die Unschuld seiner Seele zu verlieren.“* Mit seiner Vernunft versucht der Mensch die Welt zu ergründen, er verfällt jedoch seinen dunklen Trieben, die ihm zum verhängnisvollen Schicksal werden.

6. Die Funktion des Erzählers

Vorwiegend aus der Perspektive des Ritters Eckbert gibt der Erzähler das Geschehen des Märchens wieder. Dabei wahrt er aber seine Distanz, ja, er greift nur gelegentlich kommentierend in die Handlung ein. Seine Stellungnahmen enthalten **psychologische Erklärungen**, die dem Leser die Beweggründe der handelnden Personen verständlich machen sollen. Bevor Bertha ihre Lebensgeschichte offenbart, weist der Erzähler sowohl auf die Motivation des Ehepaars als auch auf die sich daraus ergebende Problematik hin:

> *Es gibt Stunden, in denen es den Menschen ängstigt, wenn er vor seinem Freunde ein Geheimnis haben soll, was er bis dahin oft mit vieler Sorgfalt verborgen hat; die Seele fühlt dann einen unwiderstehlichen Trieb, sich ganz mitzuteilen, dem Freunde auch das Innerste aufzuschließen, damit er umso mehr unser Freund werde. In diesen Augenblicken geschieht es wohl auch, daß einer vor der Bekanntschaft des andern zurückschreckt....*
>
> Ludwig Tieck: Der blonde Eckbert. Stuttgart 1978, S. 3 f.

An manchen Stellen werden theoretische Anliegen der Romantiker direkt umgesetzt, wenn etwa die Poetisierung des Lebens thematisiert wird. Der Erzähler macht dadurch auf seine Hauptaufgabe aufmerksam, die **Welt** durch eine Verbindung von Traum und Wirklichkeit **neu** zu **erschaffen**.
Die von FRIEDRICH SCHLEGEL geforderte „progressive Universalpoesie" zielt darüber hinaus auf eine erzähltechnische Neuerung: die **Vermischung der literarischen Gattungen**. Der Erzähler fügt in seinen Prosabericht Dialoge und Gedichte ein und verknüpft somit die epische Grundform (Märchen) mit dramatischen und lyrischen Elementen. Dabei erhält das dreimal erwähnte, aber stets variierte Lied des singenden Vogels eine **leitmotivische Funktion**: Der erste und der dritte Gesang beschreiben eine harmonische Welt, in der die Schuld der Menschen noch nicht entstanden bzw. bereits gesühnt ist, während das zweite Gedicht die größte Entfernung des Menschen von der kindlichen Unschuld darstellt.

Der goldne Topf (1814)
von E. T. A. Hoffmann

Noch während des Befreiungskampfes gegen Napoleon (1813) begann der Dichter ERNST THEODOR AMADEUS HOFFMANN (1776–1822) sein wohl bekanntestes **Märchen** „Der goldne Topf", das er Mitte Februar 1814 vollendete und als dritten Band in seine Sammlung „Fantasiestücke in Callots Manier" einfügte. Hoffmann, der zur Zeit der Niederschrift in Dresden wohnte, arbeitete seine Erfahrungen in Bamberg auf, wo er als Kapellmeister und Mitarbeiter des dortigen Theaters immer wieder Auseinandersetzungen mit dem kleinlichen, engstirnigen Bürgertum hatte. Der philisterhafte Konrektor Paulmann und der selbstzufriedene Registrator Heerbrand sind Abbilder der Bamberger Gesellschaft. Mit Anselmus hat der Dichter eine Figur geschaffen, die das Unglück magisch anzieht, aber dennoch ihr Glück findet. Allerdings hat Hoffmann auf den sensiblen, poetischen Studenten sowie auf den umtriebigen Archivar Lindhorst eigene Charakterzüge übertragen.
Seine neue Umgebung, die Großstadt **Dresden**, machte der Autor zum Schauplatz seiner Erzählung, die sich in der damaligen Gegenwart ereignet. Die realistische Darstellung der Örtlichkeiten wird jedoch bald durch das Hereinbrechen des Märchenhaften und Wunderbaren durchbrochen, sodass Hoffmann eine eigenartige Mischung aus Wirklichkeit und Fantasie gelang.

1. Inhalt des Märchens

Am Himmelfahrtstag fällt der ungeschickte Student Anselmus auf dem Dresdener Markt in einen Korb mit Äpfeln und Kuchen. Als die Besitzerin, das alte Äpfelweib, laute Verwünschungen ausstößt *(„Satanskind – ins Kristall bald dein Fall")*, rennt der Unglücksrabe davon und gelangt ans Elbufer, wo er seinem Freund, dem Konrektor Paulmann, sein Leid klagt. Plötzlich erblickt Anselmus in einem Holunderbusch drei grüne Schlänglein, die jedoch bald von einer tiefen Stimme in den Fluss zurückgerufen werden. Verwundert versucht der Student, die Erscheinung wiederaufleben zu lassen, wird aber von vorüberkommenden Bürgern für verrückt gehalten. Auch seine Freunde zweifeln an seinem Verstand, denn bei einem Feuerwerk glaubt Anselmus, die Schlangen wiederzuerkennen.
Bei einem Klavierabend mit Paulmanns 16-jähriger Tochter Veronika erfährt Anselmus von dem Registrator Heerbrand, dass der Geheime Archivarius Lindhorst eine Hilfskraft für die Kopie seiner Bücher suche. Kaum steht der Student vor der Tür, fällt er in Ohnmacht, weil er in dem Türklopfer das Äpfelweib und in der Klingelschnur eine Schlange sieht.

In einem Kaffeehaus erzählt Lindhorst die fantastische Geschichte seiner Herkunft, über die seine Zuhörer aber nur lachen können. Umso beeindruckter zeigt sich Anselmus von dem Archivarius, der ihn unter dem Holunderbusch anspricht und als Schreibkraft bei sich einstellt. Während Veronika schon von ihrer Zukunft als Hofrätin Anselmus träumt, verliebt sich der Student immer mehr in die Schlange Serpentina, die eine Tochter seines Arbeitgebers, des Salamanders und Geisterfürsten Lindhorst, ist. Schließlich geht die verunsicherte Veronika zu der Alten (Frau Rauerin), die ihr zwar von einer Verbindung mit Anselmus abrät, aber ihr dennoch beistehen will.

Inzwischen hat sich Anselmus bei Lindhorst gut eingearbeitet, sodass dieser ihn in manche Geheimnisse einweist. Unter anderem darf er den **goldenen Topf** sehen, der als Serpentinas Mitgift gedacht ist. In der Nacht des Äquinoktiums, am 23. September, versuchen das Äpfelweib und Veronika durch eine Beschwörung Anselmus herbeizurufen, was jedoch durch den Eingriff Lindhorsts, der einen ungeheuren Adler schickt, scheitert.

Nachdem Serpentina dem Studenten ihre Liebe gestanden hat, erzählt sie von ihrer geheimnisvollen Abstammung. Anselmus kann sich aber nicht endgültig entscheiden und erklärt kurz darauf der fröhlichen Veronika seine Zuneigung. Bei einem Punsch betrinkt sich Anselmus mit seinen Freunden Paulmann und Heerbrand, sodass alle fantastische Erscheinungen haben. Auf einmal wird der Student in Lindhorsts Wohnung hinweggeführt, wo er diesmal die wunderbare Einrichtung als normal und deshalb enttäuschend erlebt. Als Anselmus bei seiner Arbeit einen Tintenklecks auf das wertvolle Manuskript macht, landet er in einer Kristallflasche.

Das Äpfelweib versucht Anselmus aus seinem gläsernen Gefängnis zu befreien und den **goldenen Topf** zu rauben, zieht aber in einem erneuten Kampf mit dem Archivarius wiederum den Kürzeren. Die Alte wird in eine Runkelrübe verwandelt und von Lindhorsts Papagei aufgefressen. Schließlich holt der Geisterfürst den Eingeschlossenen aus der Flasche und führt ihn mit Serpentina zusammen. Mehrere Monate später hält der inzwischen zum Hofrat aufgestiegene Heerbrand um Veronikas Hand an und bezieht dann mit seiner Braut, die allen Satanskünsten abgeschworen hat, eine schönes Haus am Neumarkt.

Um das weitere Schicksal von Anselmus zu verfolgen, tritt der Erzähler mit Lindhorst in Kontakt. Der Student lebt glücklich vereint mit Serpentina auf einem Rittergut in Atlantis. In einer Vision sieht der Erzähler, wie Serpentina den **goldenen Topf** aus einem Tempel trägt und ihn Anselmus überreicht.

2. Personenkonstellation

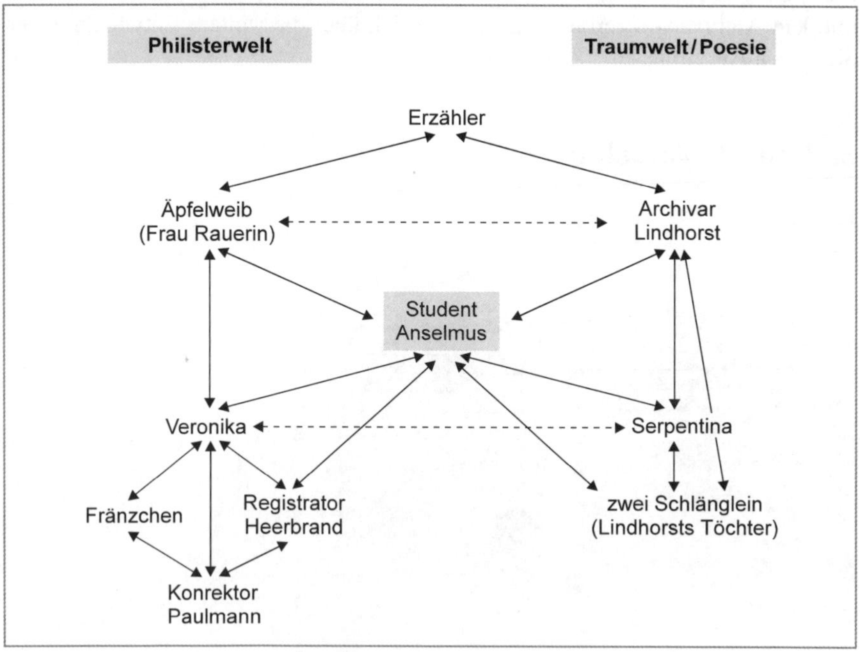

Im Mittelpunkt des Geschehens steht der tollpatschige Student Anselmus, der zum Spielball der verfeindeten Mächte Äpfelweib und Lindhorst wird, bevor er sich endgültig für seinen Arbeitgeber und dessen Tochter Serpentina entscheidet. Hin und her gerissen zwischen der nüchternen Welt des Bürgertums und dem Traumreich des Geisterfürsten kann sich Anselmus auch eine Heirat mit der jungen Veronika vorstellen, die ihm ein behagliches Leben ermöglichen und sich selbst als Frau Hofrat am Ziel ihrer Wünsche sehen würde.
Doch letzten Endes finden die Personen zusammen, die auch zusammengehören und alle auf ihre Weise zu einem mehr oder weniger anspruchsvollen Lebensglück kommen. Veronika gelangt an der Seite des biederen Registrators Heerbrand doch noch zu ihrem Hofratstitel, während dem Studenten Anselmus in der Verbindung mit Serpentina die höchste Erfüllung, jenseits der nüchternen Realität, beschieden ist.
Die einzige Figur, die trotz aller Bemühungen keinen Erfolg hat und vernichtet wird, ist die hässliche Alte, die zwar mit ihren Voraussagen Recht behält, aber für sich selbst nicht sorgen kann.

Mehrmals wendet sich der Erzähler an seine Leser, um die Handlung seines Märchens zu kommentieren, bis er schließlich selbst zur handelnden Figur wird und mit dem Archivar in Verbindung tritt, um sich über die weitere Entwicklung des Studenten Anselmus zu erkundigen.

3. Zentrale Aspekte

Die Philister

Hoffmann lädt seinen Freund Friedrich Rochlitz „Zu einer Pfeife Tabak und einem Glas Punsch" ein (Brief vom 3. März 1813).

In **bürgerlicher Behaglichkeit** leben der Registrator Heerbrand sowie der Konrektor Paulmann mit seinen Töchtern Veronika und Fränzchen. Das Wohnzimmer des Konrektors ist ordentlich eingerichtet. Kaffeekanne, Pfeife und Punschterrine gehören zu den Haushaltsgegenständen, die für etwas Abwechslung in dem ansonsten monotonen Alltag sorgen. Auch ein gelegentlicher Besuch im Kaffeehaus und der obligate Sonntagsspaziergang am Elbufer in Dresden führen über den engen häuslichen Lebenskreis hinaus.
Als hauptsächliches Ziel der wohlanständigen Bürger gelten das berufliche Fortkommen und der damit verbundene Titel, der Ansehen und Ehre verleiht. Deshalb träumt die Bürgerstochter Veronika von einer Existenz als Frau Hofrat, was ihr am Ende mit dem Heiratsangebot des Registrators, der zum Hofrat aufgestiegen ist, ermöglicht wird. Ihr Glück wird vollkommen, als sie ein schönes Haus am Neumarkt beziehen darf.

Nur kurz dürfen die von den Romantikern als **Philister** verachteten Spießbürger an den Erscheinungen einer anderen, fantastischen Welt teilnehmen. Veronika sucht sogar das geheimnisumwitterte Äpfelweib auf, um ihre Zauberkünste in Anspruch zu nehmen, schwört aber letzten Endes allen *„satanischen"* Mitteln ab. Auch Paulmann und Heerbrand verweisen ihre ungewöhnlichen Erlebnisse ins Reich der Fabel, und ihre „Visionen" führen sie auf die Wirkung des zu reichlich genossenen Punsches zurück.
Infolgedessen wird Anselmus, wenn er von seinen wunderbaren Phänomenen erzählt, von ihnen für *„betrunken oder wahnwitzig"* gehalten. Ebenso ablehnend verhalten sich die Bürger gegenüber dem Archivar Lindhorst, der von dem Registrator Heerbrand als *„ein alter wunderlicher, merkwürdiger Mann"* bezeichnet wird. Noch deutlicher fällt die Reaktion der arrivierten Bürger aus, als Lindhorst ihnen von seiner mythischen Herkunft berichtet: *„Alle brachen in ein schallendes Gelächter aus."*

Das Traumreich der Poesie

Durch sein ungeschicktes Verhalten offenbart Anselmus, dass er sich in der **bürgerlichen Welt** nicht gut zurechtfindet, während ihm seine Schreibarbeiten bei Lindhorst mit Leichtigkeit von der Hand gehen. Mit allen seinen Sinnen ist er dem **Traumreich der Poesie** zugänglich. So hört er bei seiner ersten Erscheinung im Holunderbusch den *„Dreiklang heller Kristallglocken"* und sieht kurz darauf *„drei in grünem Gold erglänzende Schlänglein"*. Diese akustischen und optischen Reize empfängt er immer wieder, wobei sich seine ihn begleitenden Freunde dafür als unempfänglich erweisen.
Allerdings zweifelt Anselmus hin und wieder an seinen Sinnen, und einmal, nach dem maßlosen Punschgenuss bei Paulmann, sieht der Student die Wohnungseinrichtung des Archivars in einem heruntergekommenen, ernüchternden Zustand. Gleich zu Beginn des Märchens ist sich Anselmus nicht sicher, ob er unter dem Holunderbaum etwas Geheimnisvolles oder nur *„allerlei tolles Zeug"* erlebt habe. Deshalb kann er sich auch lange nicht zwischen seinen beiden Verehrerinnen Veronika und Serpentina entscheiden, bis er als Gefangener in der Kristallflasche die bürgerliche Enge körperlich spürt. Das erfüllte Leben in einer harmonischen Beziehung mit Lindhorsts Tochter auf der sagenumwobenen Trauminsel Atlantis ist schließlich der Lohn für Anselmus' Bemühen um eine alternative Lebensform jenseits bürgerlicher Konventionen.
Die **Welt der Poesie** wird vollständig von dem Archivarius Lindhorst repräsentiert, der in seiner Bibliothek über den ganzen Zauber verfügt, der in seinen wertvollen, ungewöhnlichen Büchern waltet. Auch die häusliche Umgebung seines außerordentlichen Arbeitgebers führt den für Neues aufgeschlossenen Stu-

denten in ein magisches Reich, das aus einem herrlichen Palastgarten und einer mit Palmbäumen ausgestatteten Bibliothek besteht. Darin empfindet Anselmus, der ständig von lieblichen Klängen und leuchtenden Farben umgeben ist, *„eine nie gefühlte Behaglichkeit, die oft bis zur höchsten Wonne stieg"*.
Ihren schönsten, aber auch ironischen Ausdruck findet die poetische Seite des Märchens in den unerhörten Erzählungen von Lindhorsts **mythologischen Ursprüngen.**
Hervorgegangen aus der Verbindung des Jünglings Phosphorus mit der Feuerlilie, zieht die Familie des Archivars einen jahrhundertelangen Bogen bis zur Beziehung zwischen dem Salamander und einer Schlange. Ein *„kindlich frommes Gemüt"* wie das des Studenten kann den Archivarius bzw. den Salamander von der Strafe befreien, die ihm von dem erzürnten Geisterfürst auferlegt worden ist. Allerdings müssen zuvor noch feindliche Mächte, die auch in dem Äpfelweib zum Vorschein kommen, besiegt werden. Hoffmanns Märchen zeigt für die trostlose Gegenwart mehr als einen Hoffnungsschimmer auf, weil sich in der nüchternen Realität wenigstens ein poetischer Jüngling gefunden hat, der als Gatte für eine der drei Schlangentöchter Lindhorsts die verlangten Bedingungen erfüllt.

Der goldene Topf

Erst spät, in der sechsten Vigilie, taucht das **Titelmotiv** von Hoffmanns Märchen auf. Anselmus erblickt den goldnen Topf zum ersten Mal bei einer Führung des Archivars durch sein prächtiges Haus. Der einfache, aber sehr wertvolle Gegenstand steht auf einer Porphyrplatte, die von drei ägyptischen Bronzelöwen getragen wird. So bescheiden auch die Ausführung des Topfes sein mag, entfaltet er doch sofort seine außerordentliche Wirkung, denn in seinem Glanz spiegeln sich allerlei Gestalten, und Anselmus erkennt sich selbst unter dem Holunderbusch: *„Anselmus war außer sich vor wahnsinnigem Entzücken."*
Lindhorst informiert seinen neuen Mitarbeiter darüber, dass der goldne Topf seiner Tochter Serpentina gehöre und als deren **Mitgift** gedacht sei. Wenn der Student seinen eingeschlagenen Weg konsequent fortsetze und Serpentina heirate, führe das Edelgefäß zu seinem vollkommenen Lebensglück:

> *„Trage sie recht getreulich im Gemüte, sie, die dich liebt, und du wirst die herrlichen Wunder des goldnen Topfs schauen und glücklich sein immerdar."*
>
> E. T. A. Hoffmann: Der goldne Topf. Stuttgart 1987, S. 67

Am Ende des Märchens erfüllt sich diese Prophezeiung, als Anselmus in Atlantis sieht, wie Serpentina den goldnen Topf aus einem Tempel trägt. Die aus dem Topf sprießende Lilie verweist auf den Ursprung von Lindhorsts Familie und ist gleichzeitig das Symbol der *„Erkenntnis des heiligen Einklangs aller Wesen."* Anselmus erlebt bei dem Anblick des edlen Metalls einen Rausch der Sinne, der ihn auf die Ebene *„höchster Seligkeit"* versetzt.
Aufgrund seiner fantastischen Eigenschaften wird der Topf aber auch von feindlichen Mächten begehrt. Das Äpfelweib, das in dem Metallspiegel ein ähnliches **Machtsymbol** besitzt, versucht das Objekt zu rauben. Um den Topf kommt es zur erbitterten Auseinandersetzung zwischen dem Salamander und der Alten, wobei beide Gegner alle ihre Helfer einsetzen. Der Geisterfürst bietet seinen Papagei, einen Geier und einen Adler auf, während das Äpfelweib ihren Kater in den Kampf führt. Am Ende kann der goldne Topf seine ganze Pracht entfalten, weil das böse Prinzip in Gestalt des alten Weibes vernichtet wird.

4. Aufbau

Hoffmanns „Märchen aus der neuen Zeit" (Untertitel!) spielt, ausgehend von konkreten Schauplätzen in Dresden (Schwarzes Tor, Elbe, Linkesches Bad usw.), in der Gegenwart seiner Entstehung, also um das Jahr 1813. Dennoch zeigt es zwei Seiten derselben Welt, eine Tag- und eine Nachtseite bzw. die nüchterne **Realität** und das fantastische **Traumreich**. Während die Wirklichkeit allen Menschen offen steht, haben nur poetische Naturen einen vollständigen Zugang zu der Traumwelt, die einzig und allein zur höchsten Glückseligkeit führen kann. Immerhin erhaschen auch die Philister ab und zu einen Zipfel dieser außergewöhnlichen Existenzform, aber sie wissen diese schönen Erlebnisse nicht gebührend zu schätzen.
Dabei kommt es nur auf die Betrachtungsweise des Menschen an, denn auch der sensible Anselmus empfindet einerseits höchstes Entzücken beim Anblick von Lindhorsts Wohnung, sieht andererseits aber dieselbe Örtlichkeit in größter Nüchternheit.
Der ständige Kampf zwischen Lindhorst und dem Äpfelweib ist ein wesentliches Strukturprinzip des Märchens. Genauso oft, wie sich diese beiden Mächte in verschiedene Gestalten verwandeln und sich in unterschiedlichen Formen (Tiere, Türknopf, Klingelschnur usw.) darbieten, wechselt Anselmus' Zuneigung zu Vernunft und Gefühl bzw. zu Veronika und Serpentina. Die am Anfang ausgesprochene Verwünschung des Äpfelweibs *(„ins Kristall bald dein Fall")* bewahrheitet sich zwar, als der Student in eine Flasche gesteckt wird, aber gerade

dort ringt sich Anselmus zu seiner endgültigen Entscheidung für das Traumreich durch, sodass damit die Alte vollends ihren Einfluss auf Veronikas Freund verloren hat und die Überlegenheit des Archivars deutlich wird.
Die philisterhaften Bürger mit ihrem platten Rationalismus werden in Hoffmanns Märchen dem Spott ausgesetzt, aber auch der „Held" Anselmus fordert durch seine ständigen Missgeschicke zum Lachen heraus. Durch seine Schwärmerei für das Magische und Wunderbare poetisiert er zwar die Welt, aber diese (von den Romantikern geforderte) Gestaltungsweise erfolgt auf distanzierte Art. Diese **romantische Ironie** kommt auch in den fantastischen, überzogenen Erzählungen des Archivars von seiner Herkunft zum Ausdruck, und schließlich offenbart sie sich in der Klage des Erzählers, dass es Anselmus besser gehe als ihm selbst in seinem armseligen Poetendasein.
Das Märchen ist in **zwölf Vigilien**, also in ein Dutzend Nachtwachen eingeteilt, was auf die überragende Bedeutung der Nachtseite des Menschen, d. h. auf Träume, Fantasie und Visionen verweist. Die Hauptfigur Anselmus erlebt sowohl die reale als auch die fantastische Welt in ihrer jeweiligen Vielfalt und kann sich, jeweils repräsentiert durch die beiden Frauenfiguren Veronika und Serpentina, frei entscheiden. Mit seiner Wahl hat der Student den höchsten Glückszustand erreicht, der jedoch auch für andere Menschen zugänglich ist. Als Quintessenz der Erzählung fasst der Archivar Lindhorst die **Lebensphilosophie des Romantikers** Hoffmann zusammen:

> *„Ist denn überhaupt des Anselmus Seligkeit etwas anderes als das Leben in der Poesie, der sich der heilige Einklang aller Wesen als tiefstes Geheimnis der Natur offenbaret?"*
>
> E. T. A. Hoffmann: Der goldne Topf. Stuttgart 1987, S. 130

Aus dem Leben eines Taugenichts (1826)

von Joseph von Eichendorff

Das berühmteste und beliebteste Werk des schlesischen Adligen JOSEPH VON EICHENDORFF (1788–1857) ist bis heute die heitere **märchenhafte Novelle** „Aus dem Leben eines Taugenichts", die der Dichter im Jahr 1822 begonnen und 1826 herausgegeben hatte. Der in preußischen Staatsdiensten tätige Autor schuf diese phantastische Lebensgeschichte eines naiven, unbekümmerten Müllersohnes während eines Aufenthaltes in einem Landhaus bei Danzig, das ihm von einem Gönner zur Verfügung gestellt worden war. In kaum einem anderen Werk der Romantik kommt die Grundstimmung einer Epoche so klar zum Ausdruck wie in Eichendorffs Erzählung.

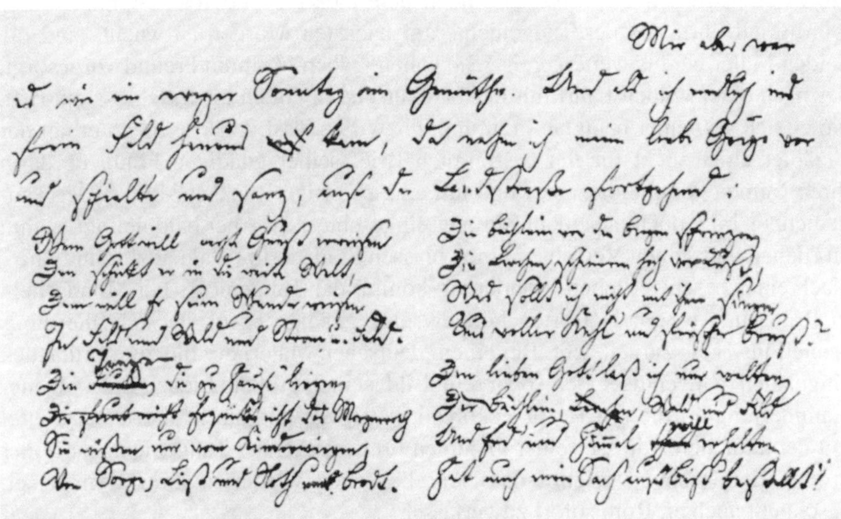

„Aus dem Leben eines Taugenichts": aus der Handschrift (1826)

1. Inhalt der Novelle

An einem schönen Frühlingsmorgen wird der Erzähler, der „Taugenichts" genannt wird, von seinem Vater, einem fleißigen Müller, auf die Straße gesetzt. Mit seiner Geige unter dem Arm zieht der Ausgestoßene fröhlich davon und wird bald von zwei adligen Damen im Reisewagen nach Wien mitgenommen, wo er als Gärtner in ihrem Schloss Arbeit findet.

Obwohl er mit Träumereien seine Tage verbringt, steigt er rasch zum Zolleinnehmer auf. Mit dem pingeligen Portier streitet er sich viel. Dagegen umschwärmt er die jüngere seiner Reisebegleiterinnen, die er als „gnädige Frau" bezeichnet, mit allerlei kleinen Aufmerksamkeiten. Der Taugenichts wird jedoch von der jungen Dame kaum beachtet, und als er sie eines Abends auf dem Balkon in Begleitung eines Offiziers erblickt, bricht er kurz entschlossen zu einer Reise nach Italien auf. Nach einer Auseinandersetzung mit einem kleinlichen Bauer gelangt der Erzähler in ein Dorf, wo er mit seiner Geige zum Tanz aufspielt und deshalb herzlich empfangen wird. In der hereinbrechenden Dämmerung überfallen den Musikanten zwei Räuber, die sich schließlich als die Maler Leonhard und Guido vorstellen und dem Taugenichts, den sie aus Wien kennen, ihre Begleitung nach Italien anbieten.

Die drei Künstler fahren mit der Postkutsche in die Lombardei und kehren in einem unordentlichen Wirtshaus ein, in dem sich ein buckliger Signore merkwürdig aufführt. Als der Taugenichts am nächsten Morgen aufwacht, sind die beiden Maler bereits weitergereist. Sie haben jedoch für ihren Freund vorgesorgt, der nach einer wilden Fahrt mit der Postkutsche in einem alten Schloss eintrifft, wo er sich von einer betagten Frau üppig bewirten lässt. Überraschend erhält der Erzähler einen nicht für ihn bestimmten Brief seiner gnädigen Frau, die darin ihren Namen Aurelie offenbart und um eine sofortige Rückkehr bittet. Der Taugenichts wird jedoch in seinem Zimmer eingeschlossen. Aber bald gelingt es ihm zu fliehen und seinen Verfolger, einen blassen Student, im Wald abzuschütteln.

Nach einer beschwerlichen Wanderung kommt der Taugenichts bei Mondschein in Rom an. Aus einem Garten hört er seine gnädige Frau, die sich allerdings schnell ins Haus zurückzieht. Bei einem deutschen Maler, der ihn zum Frühstück eingeladen hat, entdeckt er sogar ein Bild seiner großen Liebe. Eine Wiener Kammerjungfer, die mit Herrn Eckbrecht heftig streitet, steckt ihm einen Zettel mit der aktuellen Adresse seiner gnädigen Frau zu. Als der Taugenichts zu seiner großen Enttäuschung erfährt, dass Aurelie schon wieder in ihrer Heimat sei, beschließt auch er, Rom sofort zu verlassen.

Vor der Grenze zu Österreich begegnet er drei lebenslustigen Prager Studenten, die ebenfalls nach Wien reisen wollen. Während ihrer Fahrt mit dem Postschiff auf der Donau lernen sie einen Geistlichen und ein Mädchen kennen, die augenzwinkernd von Hochzeitsvorbereitungen auf dem Wiener Schloss erzählen.

Kaum hat der Taugenichts sein geliebtes Zollhäuschen betreten, wird er von seinem grimmigen Nachfolger aufgeschreckt. Umso freundlicher empfangen ihn aber Leonhard und Guido sowie seine gnädige Frau. Einige adrett gekleidete Dorfmädchen umtanzen den Heimkehrer. Dann hält Leonhard eine lustige Hochzeitsrede, mit der er auch bekundet, dass ihm der Taugenichts auf der Italienreise

große Dienste geleistet habe. Leonhard hatte nämlich seine Geliebte Flora, die Tochter der alten Gräfin, entführt, weil sie bereits einem anderen Mann versprochen war. Um ihren Verfolgern, darunter auch dem Signore, zu entkommen, hatte sich Flora für den Maler Guido ausgegeben.
Nun gesteht auch Aurelie, dass sie nur die Pflegetocher der alten Gräfin und in Wirklichkeit die Nichte des Portiers sei. Glücklich erkennt der Taugenichts, dass nun seiner standesgemäßen Hochzeit mit der bürgerlichen Waise nichts mehr im Wege steht. Die beiden bekommen sogar von Graf Leonhard ein kleines Schloss mit in ihre Ehe. Der zufriedene Taugenichts schmiedet bereits Pläne für seine Hochzeitsreise nach Italien.

2. Personenkonstellation

Die Hauptfigur

Während über die sozialen Hintergründe des Müllersohnes nur wenig berichtet wird, offenbaren sich doch umso deutlicher der Charakter und vor allem die Mentalität des Erzählers. Materielle Werte zählen für den Taugenichts nicht viel, obwohl in ihm doch eine kleine Sehnsucht nach häuslicher Geborgenheit schlummert.
Dafür dominieren spontane Entscheidungen und ein starkes Verlangen nach Freiheit und Ungebundenheit. In erstaunlicher Sorglosigkeit legt sich der Taugenichts immer dort zur Ruhe, wo ihn die Müdigkeit überkommt. Mit seiner Geige, seinem aufgeschlossenen Charakter und seiner Anspruchslosigkeit verschafft er sich überall Sympathien. Gleichzeitig wird er auch immer wieder verspottet. Dabei lässt er sich so sehr von seinem naiven Gottvertrauen leiten, dass er ohne Landkarte nach Rom und wieder zurück nach Wien gelangt.
Dadurch, dass der Taugenichts jegliches Nützlichkeitsdenken ablehnt und stattdessen ideelle Werte in den Vordergrund stellt, die ihm den Alltag in eine Traumwelt verwandeln, verkörpert er die von vielen Romantikern geforderte **Einheit von Poesie und Leben**. Der am Anfang der Novelle vorkommende Satz *„Mir war es wie ein ewiger Sonntag im Gemüte.“* könnte als Motto über der gesamten Lebensgeschichte des Taugenichts stehen.

Künstler und Philister

Der musikalische Taugenichts fühlt sich zu den Künstlern hingezogen, und aufgrund seines eigenen Talents kann er auch einfache Leute aus dem Volk, die ihn sonst eher hänseln, in Begeisterung versetzen. Mit den Malern Leonhard, Guido (bzw. Flora), Eckbrecht und dem deutschen Maler in Rom sowie mit den fröhlichen Prager Studenten verbindet den Erzähler eine Lebensauffassung, die dem romantischen Ideal einer **Poetisierung des Alltags** nahe kommt. Die Selbstverwirklichung durch künstlerische Betätigung und die Erschließung anderer Kulturen durch Reisen zählen für diese Personen zu den Voraussetzungen für ein sinnerfülltes Leben.

Allerdings ist der Taugenichts, der eher ziellos nach Italien wandert, seinen Künstlerkollegen intellektuell deutlich unterlegen. Dies zeigt sich vor allem in seinem Meditieren und Philosophieren, das über eine einfache Aufzählung schlichter „Lebensweisheiten" und gängiger Sprichwörter nicht hinauskommt.

An der Figur des Taugenichts demonstriert Eichendorff jedoch, dass die romantische Poesie aus dem Volk hervorgeht und auch im Volk lebt. Dabei wird der Wert der Kunst aber von vielen dumpfen Gemütern nicht erkannt. Immer wieder prallt der Erzähler mit stumpfsinnigen, beschränkten Kleinbürgern zusammen, die von den Romantikern verächtlich als **„Philister"** bezeichnet wurden. Der Müller, der Bauer oder der Portier in Wien sehen ihren Daseinszweck in ihrer täglichen Pflichterfüllung, die auch zu klaren zählbaren Erfolgen führt. Wer eine andere Lebensauffassung vertritt und sich dem Müßiggang hingibt, wird von diesen engstirnigen Menschen mit Misstrauen verfolgt. So ist es auch aufschlussreich, dass der Müller seinen Sohn, den er als „Taugenichts", also einen für die Gesellschaft wertlosen Menschen bezeichnet, aus seinem Haus jagt.

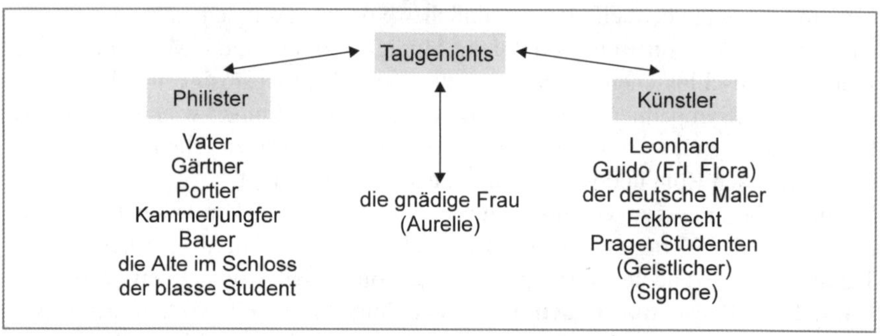

Dennoch bleibt festzuhalten, dass in Eichendorffs Novelle nur die Künstlernaturen ihre Erfüllung finden, die sich in phantastischen Wendungen des Schicksals und in der Harmonie mit der Natur niederschlägt, während die Philister über ein bescheidenes Lebensglück nicht hinausgelangen.

3. Zentrale Aspekte

Die romantische Naturauffassung

Obwohl der Taugenichts von Wien nach Rom reist, ändert sich die Landschaft kaum. Vielmehr spiegelt die Natur stets die seelische Stimmung des Erzählers wider. Auch der Wechsel von Heimat und Fremde veranschaulicht innere Bedürfnisse des Taugenichts, der sich zwar nach dem fernen Italien sehnt, aber auch von seinem beschaulichen, geordneten Leben in Wien träumt, sobald er sich davon sehr weit wegbewegt hat.
Ein ähnliches Spannungsverhältnis entfaltet der Rhythmus der Tages- und Jahreszeiten. Am Morgen bzw. im Frühling herrschen Aufbruchstimmung und Hoffnung auf eine Wende zum Positiven. Der Mittag und die Sommerhitze führen zur Trägheit des Menschen. Dagegen kündigt der anbrechende Abend die Erfüllung der Wünsche und somit eine innere Ruhe an. In der Nacht sowie in der Dunkelheit des Waldes überfallen den Taugenichts Existenzängste und die undurchsichtigen, bedrohlichen Ereignisse verwirren und verunsichern ihn am meisten. Die Landschaften, die Tages- und Jahreszeiten veranschaulichen also psychische Zustände des Taugenichts und drücken die Harmonie zwischen Mensch und Natur aus.

Eichendorffs Gesellschaftsbild

Im gesellschaftlichen Bereich bleiben für den katholischen Adligen Joseph von Eichendorff die **Standesgrenzen** unangetastet. Deshalb kann der Taugenichts von einer Verbindung mit seiner schönen „Gräfin" nur träumen, bis sich sein Irrtum aufklärt.
Doch in der Kunst spielen Standesunterschiede keine Rolle. Der Bürgerliche Taugenichts wird von den Adligen Leonhard und Flora als ihresgleichen respektiert. Im Genuss und in der Ausübung von Musik, Malerei und Poesie kommen sich Adel und Bürgertum näher. Die **Traditionen des idealisierten Mittelalters** (Troubadoure, Minnesang) sowie der Volkslieder werden als Grundlage einer romantischen Kunst angesehen. Außerdem versammeln sich die Künstler in Rom, der heiligen Stadt, wodurch die von den Romantikern erträumte Glaubenseinheit ohne Spaltung durch die Reformation symbolisiert wird.
Allerdings war sich Eichendorff bewusst, dass zwischen Anspruch und Wirklichkeit eine Kluft besteht, zumal die Kunst, wie die Novelle öfter verdeutlicht, weder in den Kreisen des Adels noch im Bürgertum vollständig integriert ist. Die Welt der Arbeit und das Traumreich der Poesie müssen erst noch miteinander versöhnt werden.

Mit **romantischer Ironie** verweist Eichendorff in seiner Novelle auf den Gegensatz zwischen Ideal und Realität. Vor allem die humorvolle Hochzeitsrede Leonhards macht den Taugenichts darauf aufmerksam, dass er in einem Roman „mitgespielt" habe. Das Ende der Handlung, das den mittellosen, ungeschickten Müllersohn in einen Schlossherrn verwandelt, verdeutlicht vollends den märchenhaften Charakter von Eichendorffs Erzählung.

4. Aufbau und Erzählperspektive

Die **Novelle**, die nach Goethes Definition *„eine unerhörte Begebenheit"* darstellt, ist eine Erzählform mit einem strengen Aufbau und weist daher Parallelen zum Drama auf. Bei Eichendorffs Werk, das in zehn Kapitel eingeteilt ist, drängt sich der Vergleich mit einem fünfaktigen Schauspiel geradezu auf. Nach jedem zweiten Kapitel bricht die Hauptfigur zu einem neuen Lebensabschnitt auf, sodass sich die Novelle in fünf wesentliche Etappen gliedern lässt:

1. Verlassen der Heimat, Leben in Wien (Kapitel 1/2)
2. Aufbruch nach Italien, Reise mit den Malern (Kapitel 3/4)
3. Aufenthalt in einem alten Schloss (Kapitel 5/6)
4. Turbulente Zeit in Rom (Kapitel 7/8)
5. Rückkehr nach Wien, Erfüllung des Lebensglücks (Kapitel 9/10).

Der Taugenichts, der von Natur aus dem Müßiggang und der Beschaulichkeit zuneigt, unternimmt die einzelnen Schritte jedoch nicht aus eigenem Antrieb, sondern reagiert jeweils auf Anstöße, die von außen auf ihn zukommen. Bezeichnenderweise bildet deshalb der Brief Aurelies, durch den der Taugenichts die Gewissheit erhält, dass er von seiner „Gräfin" erhört wurde, den **Wendepunkt** der Novelle. Bis das Happy-End erfolgt, unternimmt der Held noch einen Umweg nach Rom, wo er vergeblich seine Geliebte aufzuspüren versucht. Das tollpatschige Verhalten des Taugenichts, die zahlreichen clownesken Szenen sowie die Doppelhochzeit am Ende der Erzählung legen den Vergleich mit einer Komödie nahe.

Das gesamte Geschehen der Novelle wird aus der Sicht des Taugenichts dargestellt, der auch als **Ich-Erzähler** in Erscheinung tritt. Der Leser erfährt nur das, was die Titelfigur ihm nahe bringt. Nicht einmal der richtige Name des Erzählers wird mitgeteilt. Allerdings verheimlicht der Taugenichts keineswegs seine Niederlagen, vielmehr erscheinen seine Schilderungen aufgrund ihrer schonungslosen Offenheit und ihrer grenzenlosen Naivität als ein ehrliches Bekenntnis.

5. Funktion der Lieder

Als unmittelbarer Ausdruck der Künstlerexistenz können die Lieder in der Novelle gelten, die überwiegend von dem Taugenichts, aber auch von dem Maler Guido vorgetragen werden. Der Inhalt der Lieder gibt nicht nur die augenblicklichen Stimmungen der Sänger, sondern auch das Lebensideal eines romantischen Menschen wieder. So werden immer wieder die Natur, die Wanderlust, die Liebe oder das Gottvertrauen thematisiert. Sogar auf die Tradition der mittelalterlichen Minnelyrik greift der Taugenichts zurück, wenn er die Vorzüge seiner gnädigen Frau preist.
In formaler Hinsicht setzen die Lieder die Forderung der romantischen Theoretiker nach einer Vermischung der literarischen Gattungen um, denn die epische Form der Novelle wird dadurch mit dem lyrischen Element der Lieder bereichert.

6. Sprache

Die meist in einem schlichten Volksliedton gehaltenen Lieder passen gut zu der einfachen, aber klangvollen Sprachgestaltung Eichendorffs und veranschaulichen damit auch die naive, lebensfreudige Gemütsverfassung des Taugenichts. Eine Fülle an bildhaften Ausdrücken lassen die Beschreibungen von Orten und Personen trotz aller Stilisierung ganz lebendig erscheinen. Dieser Eindruck wird noch durch die gelegentliche Verwendung von umgangsprachlichen Redeweisen, Sprichwörtern oder Zitaten sowie die regelmäßige Einfügung von direkter Rede verstärkt.

> *In und um mein Häuschen sah alles noch so aus, wie ich es gestern verlassen hatte. Das Gärtchen war geplündert und wüst, im Zimmer drin lag noch das große Rechnungsbuch aufgeschlagen, meine Geige, die ich schon fast vergessen hatte, hing verstaubt an der Wand. Ein Morgenstrahl aber aus dem gegenüberstehenden Fenster fuhr gerade blitzend über die Saiten. Das gab einen rechten Klang in meinem Herzen. „Ja", sagt' ich, „komm nur her, du getreues Instrument! Unser Reich ist nicht von dieser Welt!"*
>
> Joseph von Eichendorff. Aus dem Leben eines Taugenichts. Stuttgart 1970, S. 24 f.

Sehnsucht (1834)
von Joseph von Eichendorff

Joseph von Eichendorffs **Gedicht** „Sehnsucht“ gilt als eines der Musterbeispiele romantischer Dichtkunst, sind doch in diesem Werk alle wesentlichen Motive dieser literarischen Epoche auf harmonische Weise vereint. Erst 1834 wurde das Gedicht in der Novelle „Dichter und ihre Gesellen“ veröffentlicht, später jedoch aus diesem Zusammenhang herausgelöst und in Eichendorffs Sammlung „Wanderlieder“ gesondert aufgenommen. Offenkundige Anspielungen auf Goethes Mignon-Lied („Kennst du das Land, wo die Zitronen blühn“) aus dessen Roman „Wilhelm Meisters Lehrjahre“ veranschaulichen die Italiensehnsucht vieler deutscher Dichter der damaligen Zeit und stellen somit auch eine Beziehung zu Eichendorffs eigener Erzählung „Aus dem Leben eines Taugenichts“ her.

Es schienen so golden die Sterne,
Am Fenster ich einsam stand
Und hörte aus weiter Ferne
Ein Posthorn im stillen Land.
Das Herz mir im Leib entbrennte,
Da hab ich mir heimlich gedacht:
Ach, wer da mitreisen könnte
In der prächtigen Sommernacht!

Zwei junge Gesellen gingen
Vorüber am Bergeshang,
Ich hörte im Wandern sie singen
Die stille Gegend entlang:
Von schwindelnden Felsenschlüften,
Wo die Wälder rauschen so sacht,
Von Quellen, die von den Klüften
Sich stürzen in die Waldesnacht.

Sie sangen von Marmorbildern,
Von Gärten, die überm Gestein
In dämmernden Lauben verwildern,
Palästen im Mondenschein,
Wo die Mädchen am Fenster lauschen,
Wann der Lauten Klang erwacht
Und die Brunnen verschlafen rauschen
In der prächtigen Sommernacht. –

Karl Otto Conrader (Hrsg.): Das Buch der Gedichte.
Frankfurt/M. 1987, S. 240

1. Inhalt des Gedichts

Verträumt steht das lyrische Ich am Fenster und schaut hinaus in die schöne stille Sommernacht. Der Klang eines Posthorns aus der Ferne erweckt in dem Betrachter die Sehnsucht nach einer Reise in die Welt hinaus. Dieser Wunsch wird noch verstärkt, als zwei vorbeikommende Gesellen in ihrem Lied die geheimnisvolle, verklärte Natur preisen. Die beiden Wanderer singen ebenso von rauschenden Wäldern, von plätschernden Brunnen und von verwilderten Gärten wie von andächtig zuhörenden Mädchen und vom Klang der Lauten.

2. Aufbau und Form

Das aus drei Strophen mit jeweils acht Versen bestehende Gedicht ist inhaltlich in zwei Teile gegliedert. Die Beobachtungen und Gefühle des am Fenster lauschenden Betrachters nehmen die ersten 12 Verse ein, während die zweite Hälfte des Gedichts (Vers 13–24) das Lied der wandernden Gesellen umfasst. Durch einen Doppelpunkt am Ende von Vers 12 wird diese Aufteilung belegt. Weil das Lied die Stimmung des lyrischen Ichs aufgreift und vertieft, behält das Gedicht seine formale Gestaltung bei. Die Strophen bestehen jeweils aus einem **doppelten Kreuzreim**, wobei ein Refrain am Ende der ersten und der dritten Strophe den Zusammenhalt gewährleistet. Obwohl der Rhythmus aus einem **unregelmäßigen Daktylus** gebildet wird, strahlt das gesamte Gedicht in Form und Inhalt eine harmonische Gleichmäßigkeit aus.

3. Sprache

Die inhaltliche Zweiteilung findet sich auch in der sprachlichen Darstellung wieder, denn die beiden Hälften des Gedichts leben von der Spannung zwischen **Vergangenheit** und **Gegenwart**. Außerdem erinnern die antiquierten Ausdrücke (entbrennt, V. 5; Felsenschlüfte, V. 13; sacht, V. 14) sowie die verkürzten umgangssprachlichen Wörter (hab' statt habe, V. 6; überm statt über dem, V. 18) an ein Volkslied.

Der Titel „Sehnsucht" spiegelt sich sprachlich in der konjunktivischen Wendung „könnte" (V. 7) und in dem wehmütigen Seufzer „Ach" (V. 7) wider, womit das lyrische Ich seine innigsten Wünsche bekundet. Mit lautmalerischen Begriffen (rauschen, V. 14; stürzen, V. 16; Klang, V. 22) und Personifikationen der Natur (erwacht, V. 21; verschlafen, V. 22) wird ein Kontrast zu der sonst vorherrschenden Stille geschaffen. Der wechselnde Gegensatz von Ruhe und Geräuschen (einsamer Betrachter – singende Wanderer, stilles Land – belebte Natur) offenbart die Harmonie zwischen Mensch und Kosmos. Der einsame Betrachter am Fenster wird durch seine Beobachtungen immer mehr in das Naturgeschehen einbezogen, bis das Lied der Gesellen zur Erweiterung seiner eigenen Erlebniswelt wird.

4. Zentrale Aspekte

Der romantische Mensch

Zunächst befindet sich das lyrische Ich in der häuslichen Enge seiner Existenz. Allerdings bewahrt es sich mit seinem Blick durch das Fenster den Kontakt zu der Welt. Der entfernte Klang eines Posthorns dient dann als Auslöser für die Darlegung eigener Sehnsüchte. Die romantische Wanderlust und auch bereits der Gedanke an eine Reise in die Ferne befreit den Menschen aus seiner begrenzten Umgebung und macht ihm so die Erfahrung von Gottes vollkommener Schöpfung zugänglich.

Die Perspektive weitet sich zunehmend. Mit optischen und akustischen Eindrücken, die sowohl die Erde als auch den Himmel mit seinen Sternen umfassen, wird der einzelne Mensch in eine Landschaft integriert, die sich durch die einzelnen Bilder des Liedes sogar noch vergrößert. Auch die zwei Gesellen sowie die von ihnen besungenen Mädchen am Fenster schließen das lyrische Ich in eine heimliche Gemeinschaft ein, die von der Poesie und der Musik erzeugt wird.

Ein schlichtes, alltägliches Posthornsignal genügt, um eine Abendstunde am Fenster zu einer **kosmischen Gefühlserfahrung** geraten zu lassen. **Poesie und Leben** ergänzen sich zur Vollkommenheit, wenn der Mensch bereit ist, sich der Kunst zu öffnen und seinen Gefühlen freien Lauf zu lassen. Mit seiner Sehnsucht gelingt es dem Menschen, eine harmonische freie Welt herzustellen, von der er durch seine Einsamkeit zunächst ausgeschlossen ist. Sowohl die Kunst als auch das Wandern reißen den Menschen aus seiner Alltäglichkeit heraus und verhelfen ihm zu einem Bewusstsein der Freiheit und Gottesnähe.

Natur und Seelenlandschaft

Zwischen der Realität (Erlebniswelt des lyrischen Ichs) und der Fiktion (Inhalt des Liedes) besteht eine enge Beziehung, die sich durch ähnliche Naturbilder offenbart. In beiden Bereichen fügt sich der Mensch in die Natur ein und lässt sich von ihren gleichmäßigen Geräuschen zu eigenen Gefühlsbekundungen und schöpferischen Leistungen (Lied) anregen.

In dem von den Gesellen vorgetragenen Lied kommen zwei Naturdarstellungen vor: Die von dem Menschen fast unberührte Landschaft (Felsen, Wälder, Quellen) wirkt trotz ihrer Bedrohlichkeit vertrauenerweckend, und die von dem Menschen gestaltete Umgebung (Gärten, Marmorbilder, Lauben) räumt den wuchernden Kräften der Natur den ihnen zustehenden Platz ein.
Die Natur spiegelt die Stimmungen des Menschen wider, und der Mensch erlebt die Natur als eine ihn anregende und befreiende Erscheinung. Die Sehnsucht des Menschen erfüllt sich durch die Natur und die Beschwörung von Landschaftsbildern.

Ludwig Richter: Bürgerstunde (Holzschnitt, 1861)

Biedermeier/Vormärz (1815–1848)

Nach den erfolgreichen Befreiungskriegen gegen Napoleon und der endgültigen Verbannung des französischen Kaisers setzte das deutsche Bürgertum auf eine politische Neuordnung Europas, die mehr Freiheiten und einen geeinten Nationalstaat mit einer konstitutionellen Monarchie herbeiführen sollte. Doch die Ergebnisse des **Wiener Kongresses** (1815) wurden zu einer Enttäuschung. Unter der Federführung des österreichischen Kanzlers, Fürst von Metternich, einigten sich die europäischen Staatsmänner auf eine Wiederherstellung der alten vorrevolutionären Ordnung **(Restauration).** Die Monarchien wurden gestärkt oder wiedereingeführt (Frankreich: Rückkehr der Bourbonen aus dem Exil, Ludwig XVIII), die versprochenen Verfassungen wurden nicht gewährt, und die Bürger erhielten auch keine größeren Mitspracherechte.
Auf die Freiheitsbestrebungen in verschiedenen Ländern (1821–1829 Freiheitskampf in Griechenland, 1830 Aufstand in Polen) reagierten die Fürsten gemeinsam mit hartem militärischen Vorgehen. Um liberale Forderungen in den einzelnen Fürstentümern besser abwehren zu können, erließ der Deutsche Bund 1819 die **Karlsbader Beschlüsse**, die eine strengere Pressezensur, das Verbot der freiheitlich gesinnten Burschenschaften, die Überwachung der Universitäten sowie Demagogenverfolgungen (d. h. die Bespitzelung und Verhaftung revolutionär denkender Bürger) vorsahen. Mit Ausweisungen, Amtsenthebungen (z. B. die Entlassung der Professoren in Göttingen, 1837) und dem Druckverbot von

angeblich gefährlichen Büchern wurden die Unterdrückungsmaßnahmen ergänzt. Während das Bürgertum in Reden und Schriften und bei großen liberalen Veranstaltungen (Wartburgfest 1817, Hambacher Fest 1832) vergeblich mehr politische Rechte beanspruchte, bekam es auf wirtschaftlichem Gebiet größere Entfaltungsmöglichkeiten. Die in Deutschland erst spät einsetzende Industrialisierung erlebte nach der Gründung des Deutschen Zollvereins (1834) und dem Bau der ersten Eisenbahnstrecken (ab 1835) einen erheblichen Aufschwung. Erfindungen, Entdeckungen und Fortschritte in den Naturwissenschaften und in der Technik trugen zu einer raschen Umgestaltung der bisherigen Produktionsweisen bei, sodass sich auch die Gesellschaft veränderte. Mit dem Proletariat bildete sich allmählich eine neue soziale Schicht heraus, die in den rasant wachsenden Städten im Elend lebte und wegen der Unzufriedenheit mit ihrer Lage zu einer Gefahr für die bestehende Ordnung wurde.
Aufgrund des wirtschaftlichen Erfolgs konnte sich dagegen das Bürgertum in behaglichen Verhältnissen einrichten. Dieses gesteigerte Selbstbewusstsein sowie die große Breitenwirkung kritischer Denker stellten die Autoritäten Staat und Kirche in Frage. Hatte der Philosoph G. W. F. HEGEL noch mit dem monarchischen Staatswesen Frieden geschlossen, gingen seine Schüler, die sogenannten Junghegelianer, mit den gesellschaftlichen Mächten hart ins Gericht. Während DAVID FRIEDRICH STRAUSS und LUDWIG FEUERBACH das in Dogmen erstarrte Christentum attackierten, setzte ARTHUR SCHOPENHAUER dem in weiten intellektuellen Kreisen vorherrschenden Idealismus sein pessimistisches Weltbild entgegen. Mit ihrem wissenschaftlichen Sozialismus prophezeiten KARL MARX und FRIEDRICH ENGELS („Das Kommunistische Manifest“ 1848) die baldige Revolution und die damit einhergehende Machtübernahme des Proletariats. Die Julirevolution 1830 in Frankreich zeigte erste Auswirkungen in Deutschland, bis schließlich 1848 Aufstände in Paris, Berlin und Wien losbrachen und die Regierungen zum Rücktritt zwangen. Die Hoffnungen auf eine Demokratisierung der vom Adel beherrschten Gesellschaft hatte sich vorerst erfüllt.
Auf die politische Entwicklung zwischen 1815 und 1848 antwortete die Literatur auf zweierlei Weise. Einige Dichter, die als Vertreter des **Biedermeier** bezeichnet werden, hielten sich aus dem Streit zwischen Adel und Bürgertum heraus und zogen sich in ein beschauliches Privatleben zurück. Eine andere Gruppe von Autoren mischte sich dagegen in den gesellschaftlichen Konflikt ein, indem sie sich sogar in ihren literarischen Werken mit aktuellen Problemen auseinandersetzte. Diese Repräsentanten des **Jungen Deutschland** (z. B. KARL GUTZKOW und HEINRICH LAUBE) sowie die Schriftsteller des **Vormärz** sahen ihre Aufgabe gerade darin, für Freiheit und Fortschritt ständig Partei zu ergreifen, auch wenn sie deshalb der Gefahr politischer Verfolgung ausgesetzt waren.

Literatur des Biedermeier

Dieser nach einer satirischen Romanfigur mit bescheidenen geistigen Fähigkeiten benannte Epochenbegriff umfasst Literaten, die sich politisch nicht betätigten, sondern sich vielmehr als **Sachwalter des klassisch-romantischen Erbes** verstanden. Den Unruhen der Gegenwart sollte ein auf zeitlosen Werten beruhendes humanistisches Menschenbild entgegengehalten werden. Dennoch konnten diese Dichter die Kämpfe ihrer Epoche nicht völlig ignorieren, und deshalb brachen immer wieder Zweifel an ihren eigenen Vorstellungen auf, die sich in schwermütigen Reflexionen und in der Darstellung innerlich zerrissener Personen offenbarten. Die konsequente Abkehr von der trostlosen politischen und sozialen Wirklichkeit fand spiegelbildlich ihren Niederschlag in der Beschreibung auswegloser Lebenssituationen.

In seinen Gedichten und Idyllen verband der Schwabe EDUARD MÖRIKE (1804–1875) romantisch-melancholische Stimmungsbilder mit klassischer Formgebung. Bereits sein früh veröffentlichter psychologisierender Roman „Maler Nolten“, der sich Goethes Bildungsroman „Wilhelm Meister“ zum Vorbild genommen hatte, schilderte eine sensible, gefährdete Künstlernatur. Mit seinem im Mittelalter angesiedelten heiter-grotesken Märchen „Das Stuttgarter Hutzelmännlein“ setzte Mörike die romantische **Tradition des Kunstmärchens** fort. Wie in seinem Roman stellte der Dichter auch in seiner formal ausgereiften Novelle „Mozart auf der Reise nach Prag“ einen kreativen Menschen in den Mittelpunkt, der im Zenit seines künstlerischen Schaffens steht, der aber auch nicht mehr lange zu leben hat.

Im Gegensatz zu dem protestantischen Pfarrer Mörike, der aus einer gutsituierten Bürgerfamilie kam, stammte die katholisch erzogene ANNETTE VON DROSTE-HÜLSHOFF (1797–1848) aus einem westfälischen Adelsgeschlecht. In ihren Gedichten und Balladen (z. B. „Der Knabe im Moor“, „Die Vergeltung“) vereinigte sich ihre **tiefe Religiosität** mit einer **mystischen Naturbetrachtung**. Das Rätselhafte und Unheimliche menschlicher Verhaltensweisen kommt auch in ihrer bekannten Kriminalnovelle „Die Judenbuche“ zum Ausdruck, wobei aber am Ende die Gerechtigkeit siegt.

Weltschmerz und Lebensüberdruss beherrschen ebenso die romantischen Gedichte des in Ungarn geborenen NIKOLAUS LENAU (1802–1850) wie die volkstümlichen Dramen des Österreichers FERDINAND RAIMUND (1790–1836). Mit deutlicher Kritik an den Verhältnissen seiner Zeit wartete JOHANN NESTROY (1801–1862) auf, der in seinen populären Stücken („Der böse Geist Lumpazivagabundus“, „Der Talisman“, „Der Zerrissene“) die zwiespältigen Gefühle seiner desorientierten Dramenfiguren auf unterhaltsame Weise vorführte.

Eine pessimistische Grundstimmung lässt der Wiener FRANZ GRILLPARZER (1791–1872) in seinen Werken erkennen, die in der Nachfolge GOETHES und der spanischen Klassiker CALDERON und LOPE DE VEGA die düstere Schicksalhaftigkeit menschlicher Existenz in vollendeten literarischen Formen veranschaulichten. Die der antiken Tragödie verpflichteten Schauspiele „Sappho“, „Des Meeres und der Liebe Wellen“ oder „Das goldene Vließ“ verdeutlichen ebenso wie die dunkel-visionären Dramen „Die Ahnfrau“ und „Die Jüdin von Toledo“, dass es für den Menschen weder Hoffnung noch Sicherheit gibt. Später widmete sich Grillparzer der Bearbeitung historischer Stoffe aus der Geschichte der Habsburger („König Ottokars Glück und Ende“, „Ein Bruderzwist in Habsburg“), womit vorahnend auf die Vergänglichkeit der Staatsordnung aufgrund zerstörerischer Leidenschaften hingewiesen wurde. Selbst die beiden komödienhaften Märchendramen „Der Traum ein Leben“ und „Weh dem, der lügt“ zeigen die Zweifelhaftigkeit menschlicher Handlungen.

Die Beschwörung einer **bürgerlich gesitteten Lebensweise** und einer erholsamen **Naturidylle** verleitete die Dichter des Biedermeier zu einer Flucht aus ihrer beengenden Wirklichkeit. Obwohl die Inhalte ihrer Werke oft in frühere Zeiten (Antike, Mittelalter) verlegt wurden, klangen immer wieder resignative Bewertungen zeitgenössischer Vorgänge an. Die politische Zurückhaltung ließ sich also nicht konsequent durchhalten.

Literatur des Vormärz

Die politisch unruhige Zeit, die zwischen zwei Revolutionen (1830 und 1848) verlief, wird wegen ihres Abschlusspunktes, der im März 1848 erfolgten Barrikadenkämpfe in Berlin und Wien, auch **Vormärz** genannt. Dieser Epoche werden Autoren zugeordnet, die mit kritischem Bewusstsein die autoritären Mächte Monarchie und Kirche ablehnten und stattdessen eine Republik mit einer parlamentarisch-demokratischen Verfassung anstrebten. Viele dieser Dichter, die teilweise einem schwärmerischen Fortschrittsglauben anhingen, sahen in den aus Frankreich nach Deutschland gelangten **revolutionären Ideen** sowie in dem von KARL MARX und FRIEDRICH ENGELS entwickelten wissenschaftlichen Sozialismus die Grundlage für eine gerechtere Gesellschaftsordnung. Da sie ihre Überzeugungen auch in ihrer Literatur vertraten, konnte es nicht ausbleiben, dass sie politisch verfolgt wurden und oftmals aus Deutschland fliehen mussten.
Der zum Protestantismus konvertierte Kaufmannssohn jüdischer Herkunft HEINRICH HEINE (1797–1856), der viele Jahre im Exil in Paris lebte, verkündete das Ende der „Kunstperiode", mit der er die unpolitische Literatur der Goethezeit bezeichnete, und setzte sich für die Verbreitung der **„Tendenzpoesie"** ein. Damit meinte er eine parteiische Dichtkunst, wie er sie selbst in seinen späten angriffslustigen Gedichten und in seinem lyrischen Reisebericht „Deutschland. Ein Wintermärchen" (1844) verwirklichte. Obwohl Heine als Romantiker begonnen hatte, wie seine erfolgreiche Gedichtsammlung „Buch der Lieder" belegt, verspottete er immer häufiger die romantische Poesie, die er als Helfer der reaktionären Fürsten betrachtete. Nicht nur in seinen Zeitungsartikeln und theoretischen Abhandlungen, sondern auch in seiner Lyrik und in seinen Reisebildern (z. B. „Die Harzreise") stellte er mit Ironie und Sarkasmus die politische und wirtschaftliche Rückständigkeit der deutschen Staaten bloß.
Auch Heines Kollege LUDWIG BÖRNE (1786–1837), der ebenfalls nach Frankreich emigriert war, sich jedoch ausschließlich dem Journalismus widmete, verglich in seinen „Briefen aus Paris" die französischen Fortschritte mit den erbärmlichen Verhältnissen in Deutschland.
Aufgrund seines polemischen Flugblattes „Der hessische Landbote" (1834) musste der Medizinstudent GEORG BÜCHNER (1813–1837) seine Heimat verlassen, weil er steckbrieflich gesucht wurde. In seinem Schauspiel „Dantons Tod" hatte das hoffnungsvolle literarische Talent, das im Alter von nur 24 Jahren an Typhus starb, eine Episode aus der Französischen Revolution dargestellt. Dabei war der Verfasser allerdings zu dem pessimistischen Urteil gekommen, dass die Handlungsfreiheit des Menschen *„unter dem gräßlichen Fatalismus der Geschichte"* leide und deshalb kaum noch vorhanden sei.

Dieser Hoffnungslosigkeit ist auch der Dichter Lenz in Büchners gleichnamiger Novelle ausgeliefert, denn die schizophrene Hauptfigur geht seelisch unrettbar zugrunde. Das sinnlose Leben wird auch in dem Lustspiel „Leonce und Lena" thematisiert, das sich gleichzeitig über die deutsche Kleinstaaterei lustig macht. Mit dem unvollendeten Drama „Woyzeck" griff Büchner einen historisch verbürgten Kriminalfall auf, wobei er am Beispiel eines armen Soldaten die Ausweglosigkeit der menschlichen Existenz verdeutlichte.
Dass auch Größe und Macht nicht vor einem gnadenlosen Untergang schützen, demonstrierte der Dramatiker CHRISTIAN DIETRICH GRABBE (1801–1836), der allerdings die Helden seiner Tragödie „Napoleon oder die hundert Tage" und „Hannibal" über die Niederungen kleinbürgerlicher Verzagtheit und alltäglichen Mittelmaßes heraushob.
Mit hoffnungsvollen, sozial engagierten Gedichten meldeten sich die Lyriker GEORG HERWEGH (1817–1875) und FERDINAND FREILIGRATH (1810–1876) zu Wort. Ihr vehementes Eintreten für Demokratie und Freiheit sowie für die Belange der notleidenden Arbeiterschaft mussten sie mit jahrelanger Verbannung aus Deutschland bezahlen.
Selbst der verharmlosende Titel „Unpolitische Lieder" konnte nicht verhindern, dass HOFFMANN VON FALLERSLEBEN (1798–1874) auf politischen Druck hin seine Professur aufgeben musste. Im Exil auf der damals noch zu England gehörenden Insel Helgoland schrieb der Dichter sein berühmtes „Deutschlandlied", dessen dritte Strophe heute als Text unserer Nationalhymne dient.
Wenn auch die zeitweilige Euphorie der Vormärz-Dichter angesichts der aussichtslosen politischen Verhältnisse in Deutschland manchmal durch resignative Töne eingeschränkt wurde, führten diese Schriftsteller doch neue Formen und Inhalte in die Literatur ein. Die kritische Beurteilung der gesellschaftlichen Gegebenheiten wurde oft aus der Perspektive der Geächteten und Entrechteten vorgenommen. Umgangssprachliche Wendungen und Dialektausdrücke wurden, wie bereits in der Sturm-und-Drang-Zeit, verstärkt eingesetzt. Freche, saloppe Verse mit ironischen Seitenhieben standen neben traditionellen Formen, und allgemeingültige Aussagen wurden mit tagespolitischen Urteilen verknüpft. Die wirklichkeitsorientierte Darstellungsweise bereitete den Boden für die europaweite Epoche des Realismus.

Am Turme (1842)
von Annette von Droste-Hülshoff

Ich steh auf hohem Balkone am Turm,
Umstrichen vom schreienden Stare,
Und laß gleich einer Mänade den Sturm
Mir wühlen im flatternden Haare;
O wilder Geselle, o toller Fant,
Ich möchte dich kräftig umschlingen
Und, Sehne an Sehne, zwei Schritte vom Rand
Auf Tod und Leben dann ringen!

Und drunten seh ich am Strand, so frisch
Wie spielende Doggen, die Wellen
Sich tummeln rings mit Geklaff und Gezisch
Und glänzende Flocken schnellen.
Oh, springen möcht ich hinein alsbald,
Recht in die tobende Meute,
Und jagen durch den korallenen Wald
Das Walroß, die lustige Beute!

Und drüben seh ich ein Wimpel wehn
so keck wie eine Standarte,
Seh auf und nieder den Kiel sich drehn
Von meiner luftigen Warte;
Oh, sitzen möchte ich im kämpfenden Schiff,
Das Steuerruder ergreifen
Und zischend über das brandende Riff
Wie eine Seemöwe streifen.

Wär ich ein Jäger auf freier Flur,
ein Stück nur von einem Soldaten,
Wär ich ein Mann doch mindestens nur,
so würde der Himmel mir raten;
Nun muß ich sitzen so fein und klar,
Gleich einem artigen Kinde,
Und darf nur heimlich lösen mein Haar
Und lassen es flattern im Winde!

Aus: Annette von Droste-Hülshoff: Werke und Briefe. 2 Bände. Leipzig 1976. Bd. 1, S. 353

Die aus Westfalen stammende Dichterin ANNETTE VON DROSTE-HÜLSHOFF (1797–1848) verbrachte gegen Ende ihres Lebens einige literarisch fruchtbare Jahre auf der Meersburg am Bodensee, denn dort war ihre Schwester mit dem Burgbesitzer verheiratet. In dieser Zeit intensivierte die Droste auch ihr Verhältnis zu dem wesentlich jüngeren Autor LEVIN SCHÜCKING, wobei von vornherein die Aussichtslosigkeit einer erfüllten Liebe feststand. Nach Schückings Abreise aus Meersburg verarbeitete die sensible Dichterin ihre teils innigen teils schmerzvollen Erfahrungen in mehreren gefühlvollen Gedichten. Im Frühjahr 1842 verfasste die Droste ihr bekenntnishaftes Werk „Am Turme", das die Situation einer Frau im 19. Jahrhundert eindrucksvoll beschreibt.

1. Inhalt des Gedichts

Auf dem hoch gelegenen Balkon eines Turmes steht die Dichterin und lässt ihr Haar wohlig vom Sturm umflattern. Voller Bewunderung beobachtet sie den Flug eines Stars, dem sie am liebsten in seinem Kräftemessen mit den Naturgewalten nacheifern würde. Das aufgewühlte Meer erweckt in ihr den Wunsch, sich in die Fluten zu stürzen und dem Walross nachzujagen. Dann erinnert ein im Wind sich drehender Wimpel die Dichterin an die Möglichkeit, mit einem Schiff über die unruhigen Wellen zu fahren.
Allerdings ist sich das lyrische Ich bewusst, dass einer Frau die Erfüllung solcher Wünsche versagt bleibt. Wehmütig stellt sich die Dichterin vor Augen, dass sie als Mann bessere Aussichten hätte. Sie bedauert ihr Schicksal, das sie zum passiven Zuschauen verurteilt.

2. Zentraler Aspekt: die Situation der Frau

Erst in der Schlussstrophe gibt sich das lyrische Ich als Frau zu erkennen, die darin ihre Benachteiligung gegenüber den Männern zum Ausdruck bringt. In den übrigen Strophen formuliert die Frau Wünsche, die im 19. Jahrhundert nur für Männer realisierbar waren. Einer Frau, besonders einer von gehobenem Stand, schrieb die Gesellschaft eine gesittete Zurückhaltung vor.
Dieser **Gegensatz der Geschlechter** kommt der Betrachterin während ihrer Träumereien auf dem Turm zum Bewusstsein. Ihre Klage über die ihrer Meinung nach ungerechte Rollenverteilung behält sie aber für sich. Anstatt sich gegen die **gesellschaftlichen Zwänge** aufzulehnen, fügt sich die Frau resignierend in ihr Schicksal. Sie weiß, dass die Erfüllung ihrer Sehnsüchte nur in ihrer Vorstellungswelt, aber nicht in der Wirklichkeit möglich ist.
Über die Kritik an starr festgelegten Normen geht die Dichterin nicht hinaus. Sie zeigt weder Wege zur Emanzipation der Frau auf noch lässt sie anklingen, wie eine gerechtere Gesellschaftsordnung herbeizuführen wäre. Die Frau ist ihrer Meinung nach an ihr eng begrenztes häusliches Dasein gebunden und hat sich mit dieser Situation abzufinden. Nur das Traumreich bleibt ihr zur Umsetzung unerfüllbarer Wünsche.

Die Rolle des aktiven Gestaltens in der Welt ist ganz dem Mann vorbehalten. Der Frau bleibt nur die Möglichkeit einer passiven Beobachterin, die mit Wehmut und Bedauern ihr unveränderliches Los beklagt.

3. Aufbau und Form

Die vier Strophen des Gedichts mit ihren jeweils acht Versen weisen einen **doppelten Kreuzreim** auf. Der Rhythmus, der die ungebändigten Naturgewalten imitiert, besteht aus einem **unregelmäßigen Daktylus**.
Mit dem Titel „Am Turme" wird der unverändert bleibende Standpunkt des lyrischen Ichs angegeben. Während die Dichterin an ihrem hohen Beobachtungsort verharrt, schweift ihr Blick umher, und ihre Wahrnehmungen lösen unerfüllbare Sehnsüchte aus. In den ersten drei Strophen steht jeweils am Anfang ein Sinneseindruck (Star, Wellen, Wimpel), der unmittelbar in die Beschreibung des Wunsches nach dem Ausleben eines unstillbaren Tatendrangs mündet. Die vierte Strophe wirft die Dichterin auf ihre Ausgangssituation zurück, denn die letzten acht Zeilen sind ganz dem resignativen Nachdenken über die Lebensbedingungen einer Frau gewidmet.

4. Sprache

Ein **Wechsel** von **Aussagesätzen** und **Ausrufen** gibt die Verbindung von Beobachtung und Wunschäußerung wieder. Alle Eindrücke und Sehnsüchte des lyrischen Ichs werden durch **aktive Verben** (ich möchte ringen, springen, ergreifen, streifen usw., Z. 8, 13, 22 und 24) vermittelt, wobei viele Formen umgangssprachlich verkürzt sind (ich steh, seh ich). Erst in der Schlussstrophe zeigt ein zweifacher Konjunktiv (wär ich) an, dass die geäußerten Vorstellungen nicht verwirklicht werden können.
Viele **Vergleiche** (gleich einer Mänade, wie spielende Doggen, wie eine Standarte, wie eine Seemöwe) veranschaulichen einerseits die verführerischen Naturelemente, machen aber andererseits der Betrachterin ihre gesellschaftlich festgelegte Gebundenheit (gleich einem artigen Kinde) schmerzlich bewusst. Dieser Gegensatz zwischen Idee und Wirklichkeit äußert sich auch in den **Redewendungen**, die Pflicht („muß ich") und Neigung („möchte ich") verdeutlichen.

Mozart auf der Reise nach Prag (1855)
von Eduard Mörike

Schon Jahre vor der Niederschrift seiner **Novelle** trug sich der schwäbische Dichter EDUARD MÖRIKE (1804–1875) mit dem Gedanken, seinem Musikidol WOLFGANG AMADEUS MOZART (1756–1791) ein literarisches Denkmal zu setzen. Mörikes Lieblingsoper „Don Giovanni" war jedoch für den Autor neben Erlebnissen eines höchsten Kunstgenusses auch mit schmerzvollen Erinnerungen an seinen Bruder August verbunden, der einst mit dem damals 20-jährigen Eduard in Stuttgart diese Oper gesehen hatte und zehn Tage später an einem Gehirnschlag gestorben war. So verging noch einige Zeit, bis Mörike 1853 mit der Ausarbeitung seiner **Künstlererzählung** begann. 1855 wurde das Werk in dem berühmten Stuttgarter Cotta-Verlag veröffentlicht, jedoch auf das folgende Jahr vordatiert, um damit an Mozarts hundertsten Geburtstag zu erinnern
Mörike schrieb seine Novelle, ohne umfangreiche Vorstudien betrieben zu haben. Er bezog sich hauptsächlich auf die 1847 erschienene „Kurze Biographie" über Mozart von A. Dubilicheff. Der Kern seiner Erzählung, Mozarts Raub einer Pomeranze (Orange), war Mörikes eigene Erfindung. Bereits zu Lebzeiten des Dichters wurde der kunstvolle Aufbau der Novelle gewürdigt, die in ihrer gesamten Anlage der Komposition eines Musikstückes nachgebildet war. Auch die Verbindung mehrerer Zeitebenen, wobei die Gegenwart der Biedermeierepoche Mörikes ebenso präsent war wie das untergegangene Rokokozeitalter Mozarts, wurde von den Kritikern gewürdigt. Als der eindrucksvollste Kunstgriff des Dichters wurde aber das Wechselspiel von unbekümmerter Lebenslust und schwermütiger Todesahnung bewertet, mit dem Mörike ein dialektisches Wesensmerkmal des genialen Künstlers Mozart herausstellte.

1. Inhalt der Novelle

Im Herbst 1787 fährt Mozart mit seiner Frau Konstanze nach Prag, um dort seine neue Oper „Don Juan" aufzuführen. Während der Rast in einem Wald an der böhmischen Grenze gerät der Komponist über die Natur ins Schwärmen, aber er klagt auch über die Schnelligkeit des Lebens. Die maßlose Lebenslust und die angegriffene Gesundheit Mozarts vermitteln dem Erzähler die *„Ahnung eines frühzeitigen Todes"*. Aus derselben Sorge heraus wünscht sich Konstanze, dass ihr Mann bald die Stelle eines Generalmusikdirektors beim König in Preußen antritt, was ihn von der umtriebigen Stadt Wien entfernen würde.

Die Mittagsrast legt das Ehepaar in einem Gasthof neben dem Schloss des Grafen von Schinzberg ein. Während Konstanze in einem Zimmer ausruht, macht Mozart einen Spaziergang in dem nahe gelegenen Schlossgarten. Unter einem Orangenbaum erinnert sich der Musiker an seine Kindheit, und plötzlich fällt ihm eine Apfelsine (Pomeranze) in die Hand, als er geistesabwesend mit der Frucht des Baumes spielt. Fasziniert von dem Duft, schneidet Mozart die Orange auseinander. Aber in diesem Augenblick erscheint der Gärtner, der diesen Vorfall sofort seiner Herrschaft melden will. Mozart gibt dem Angestellten ein eilig geschriebenes Billett mit und wird kurz darauf von der Gräfin, die von der Anwesenheit dieses berühmten Komponisten angenehm überrascht ist, ins Schloss eingeladen.

Inzwischen ist auch der Graf eingetroffen, der an diesem Tag die Verlobung seiner Nichte Eugenie mit einem Baron feiert. Zunächst ärgert sich der Schlossherr über den Orangendiebstahl, weil er den exotischen Baum als eine Überraschung für die Verlobten vorgesehen hat. Aber schließlich stimmt er zu, dass sein Sohn Max das Ehepaar Mozart bittet, das Fest mit ihnen zu begehen. Nach einer musikalischen Darbietung, an der sich Mozart mit den beiden Verlobten beteiligt, setzen sich die Gäste an die reich gedeckte Tafel. Während des Essens klärt der Komponist das peinliche Ereignis auf, das ihn an eine Italienreise mit seinem Vater im Frühjahr 1770 erinnert habe, als im Garten einer Villa am Meer einige ausgelassene Jungfrauen in Barken Orangen auf ihre Liebhaber geworfen hätten.

Zur Überraschung Eugenies tragen Diener den Pomeranzenbaum in den Saal, der als Geschenk der Frau von Sévigné vor langer Zeit von Versailles zu der Grafenfamilie gelangt ist. Nach heiteren und launischen Vergnügungen erzählt Konstanze eine Geschichte aus dem Leben ihres Mannes. Mozarts Beziehung zu der italienischen Sängerin Malerbi hatte Konstanzes Eifersucht hervorgerufen, auf die ihr Mann mit mehreren Aktionen der Wiedergutmachung reagiert hatte.

Zu später Stunde spielt Mozart auf dem Klavier Teile seiner neuen Oper vor. Nach den vergnüglichen Lustbarkeiten des Abends erfasst die Zuhörer nun ein Unbehagen und sogar ein Grausen, als der Komponist den Choral „Dein Lachen endet vor der Morgenröte!“ vorträgt. So deutlich wie sonst niemand empfindet Eugenie eine Vorahnung vom baldigen Tod dieses Genies, das sein Leben durch seinen aufwendigen Stil gefährdet. Lange nach Mitternacht begeben sich die Gäste des Grafen zur Ruhe.

Am nächsten Morgen setzen die Mozarts ihre Fahrt fort, zu deren Erleichterung sie von dem Grafen einen neuen Reisewagen geschenkt bekommen. Um das Andenken an Mozart auf immer zu bewahren, schließt Eugenie das Klavier ab. Als sie ein Liederheft wegräumen will, fällt ein Blatt heraus, auf dem ein böhmisches Volkslied geschrieben ist. Der melancholische Inhalt dieser düsteren Weise veranlasst Eugenie zu heißen Tränen.

2. Personenkonstellation

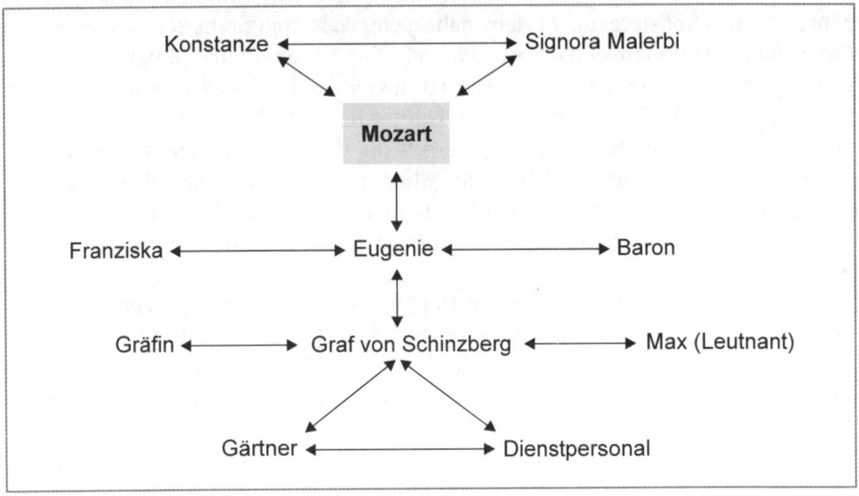

In allen Teilen der Novelle steht **Mozart im Mittelpunkt.** Selbst als der Erzähler den Spaziergang der Frauen im Schlossgarten schildert, erzählt Konstanze Anekdoten aus dem Leben ihres Mannes. Als Mozart in die Gesellschaft des Grafen eingeführt wird, entwickelt er sich sofort zur dominierenden Figur, die durch Erzählungen und musikalische Vorträge alle Anwesenden in ihren Bann zieht.

Die **drei Zeitebenen** Vergangenheit, Gegenwart und Zukunft sind durch Rückblenden und Vorgriffe untrennbar miteinander verbunden. Konstanzes Eifersucht auf die italienische Sängerin Malerbi wird ebenso wiederbelebt wie die Erinnerung an die Vorfahrin der gräflichen Familie, die von der Versailler Hofdame von Sévigné einst den Pomeranzenbaum überreicht bekommen hat. Für Eugenie, die Mozarts frühen Tod ahnt, spielt die Zukunft eine wichtige Rolle, denn anlässlich ihrer Verlobung mit dem musikinteressierten Baron erhält sie den Orangenbaum als Sinnbild der Hoffnung und Fruchtbarkeit. Mit ihrer Freundin Franziska, der Tochter einer freiherrlichen Familie, wetteifert sie um die Gunst Mozarts, der schließlich den beiden durch einen Kuss seine Zuneigung bekundet.

Die Familie des Grafen repräsentiert den Adel des **Ancien régime.** Sie bewohnt ein Schloss im italienischen Stil, pflegt die Künste und beschäftigt zur Bewältigung des Alltagslebens, zur Durchführung von Festen und zur Unterhaltung des schön angelegten Gartens ein zahlreiches Dienstpersonal. Darunter nimmt der Gärtner eine Sonderstellung ein, weil er durch seine Meldung von Mozarts Vergehen erst den Künstler mit der gräflichen Festgesellschaft zusammenführt.

Durch ihr rasches Handeln zeigt die Gräfin, dass die Musik Mozarts ihr viel bedeutet. Auch ihr Sohn Max, der als Leutnant vorgestellt wird, ist den Künsten gegenüber aufgeschlossen, was er mit seinem anspielungsreichen Gedicht unterstreicht.

Von allen Figuren aus Mörikes Novelle kommt aber Eugenie, die Nichte des Grafen, dem Komponisten am nächsten. Sie liebt und singt nicht nur seine Musik, sondern sie kann sich auch am besten in Mozarts Wesen vertiefen und erahnt deshalb dessen baldiges Ende. Mit dem Überreichen eines spontan komponierten Brautliedes hebt Mozart seine Seelenverwandtschaft mit Eugenie hervor.

3. Zentrale Aspekte

Biedermeierliche Idylle

Zwei Jahre vor der Französischen Revolution (1789) ereignet sich die Begebenheit, die Mörike zum Thema seiner Novelle gemacht hat, und dennoch ist von dem bevorstehenden Untergang der Adelsgesellschaft mit ihren vielen Privilegien kaum etwas zu spüren. Vielmehr verläuft die Begegnung des Künstlers mit der intakten Familie des Grafen in beschwingter Heiterkeit und fröhlicher Ausgelassenheit. Die Verlobung Eugenies mit dem Baron wird mit allem Prunk und künstlerischem Beiwerk gefeiert.

Fern von allen persönlichen Sorgen erlebt Mozart unter dem Pomeranzenbaum in einer Gartenlaube einen Moment äußerster **Selbstvergessenheit**. Bereits vor seiner Ankunft im Gasthof empfindet der Komponist das unbeschwerte Leben in der Natur, als er mit Konstanze in einem Wald spazieren geht. Genauso wie das Schloss mit seinem Garten und seiner eindrucksvollen Doppeltreppe wird auch der Tannenwald **realistisch**, ohne romantische Verklärung, beschrieben, was durch Mozarts gefühlvolle Feststellung ausgedrückt wird:

> *„Jetzt steht von ungefähr der Gimpel in einem ordinären Tannenwald an der böhmischen Grenze, verwundert und entzückt, daß solches Wesen irgend existiert, nicht etwa nur so una finzione di poeti ist, wie ihre Nymphen, Faune und dergleichen mehr, auch kein Komödienwald, nein aus dem Erdboden herausgewachsen, von Feuchtigkeit und Wärmelicht der Sonne großgezogen!"*
>
> Eduard Mörike: Werke in einem Band. München 1979, S. 912

Das Verlobungsfest ruft noch einmal die ganze Pracht und Lebensfreude des sorglosen Adels im **Rokoko-Zeitalter** hervor. Die höfischen Umgangsformen, die liebevoll gepflegten Traditionen und die kultivierten Kunstdarbietungen schaffen einen Rahmen, in dem sich Mozart wohl fühlt. Hier in dieser abgeschiedenen Welt kann er aus dem Stegreif komponieren und humorvoll erzählen. Der Duft der Pomeranzen, die Götterstatuen im Garten sowie der ruhig plätschernde Springbrunnen entführen Mozart in eine **paradiesähnliche Welt** ohne Bedrohung und Niedergang. Allerdings zerstört er auch mit seinem Vortrag der schaudererregenden Szenen aus seiner neuen Oper diese gutgelaunte Stimmung. Auch der Orangenbaum, der fast verwelkt war, weist auf den bevorstehenden Verfall der scheinbar so wohl geordneten Feudalgesellschaft mit ihren klaren Herrschaftsstrukturen.

In seinem Lieblingskomponisten Mozart hat Mörike das **Sinnbild des vollendeten Künstlertums** gesehen. Seine Novelle idealisiert jedoch den genialen Musiker nicht, sondern stellt sowohl die Vorzüge als auch die Schwächen Mozarts dar. Die maßlose Lebenslust, die Großmut sowie die freigiebige Verschwendung werden geradezu als Voraussetzung für diese einzigartige, überragende Künstlerexistenz gesehen.

Durch die scheinbar belanglose Handlung eines einzigen Tages aus Mozarts Leben verdeutlicht Mörike sowohl die Mentalität als auch das künstlerische Anliegen des berühmten Komponisten. Diese **Charakterstudie** Mozarts ergibt sich aus lockeren Plaudereien, heiteren Erzählungen und Anekdoten sowie aus einem stimmungsvollen Klavierspiel, mit dem Mozart dem Auditorium eine Ahnung seiner **ambivalenten Persönlichkeit** vermittelt. Das Beschwingte und Fröhliche seines Wesens ist untrennbar mit dem Dämonischen und Schwermütigen verbunden, sodass der frühe Tod dieses Menschen, der alles im Leben üppig auskostet, vorgezeichnet ist.

Der gesellige Mozart, der in großer Gesellschaft auflebt und auch viel von sich selbst preisgibt, braucht aber auch die Stille, in der er seine Werke schaffen kann. Unter dem Orangenbaum erlebt der Künstler einen Augenblick der **Inspiration**, bei dem in größter Leichtigkeit ein Tanzlied entsteht. In diesem Schöpfungsprozess wird für eine kurze Zeitspanne das verlorene Paradies zurückgeholt, in dem das Schöne in sich selbst ruht.

Aber auch während der Kutschfahrt sehnt sich der rastlose Künstler nach mehr Ruhe und Sorglosigkeit in seinem Leben, sodass die von seiner Frau ausgemalte Existenz als Generalmusikdirektor am preußischen Hof verlockend erscheint. Allerdings würde Mozart sich selbst untreu werden, wenn er sich auf diese Alternative einließe. In einer plötzlichen Eingebung erkennt deshalb Eugenie, dass Mozarts ungeheure Schaffenskraft und sein baldiger Tod aufs Engste miteinander verknüpft sind:

„Es ward ihr so gewiss, so ganz gewiss, daß dieser Mann sich schnell und unaufhaltsam in seiner eigenen Glut verzehre, daß er nur eine flüchtige Erscheinung auf der Erde sein könne, weil sie den Überfluß, der er verströmen würde, in Wahrheit nicht ertrüge."

Eduard Mörike: Werke in einem Band, a. a. O., S. 966

Dingsymbole

Einige wenige, fast unscheinbare Gegenstände erhalten in Mörikes Novelle eine so große Bedeutung, dass sie ganze Teile der Erzählung tragen und mit anderen in Beziehung setzen. Diese Dingsymbole verbinden vor allem die beiden Zeitebenen Gegenwart und Vergangenheit und offenbaren gleichzeitig wesentliche Charaktermerkmale Mozarts.

So erinnern die **Pomeranzen** im Schlossgarten an eine Episode aus Mozarts Jugendzeit, als er 1770 mit seinem Vater auf einer Italienreise weilte und dabei ein freudiges Fest in einem Garten unter südlichem Himmel erlebte. Wie in der Laube des Grafen überkam auch damals in Neapel den Komponisten die Eingebung zu einem Musikstück. Diese Erinnerung an das weit zurückliegende Pomeranzenspiel, das einer antiken Szenerie nachempfunden worden war, erklärt Mozarts „Sündenfall", den Orangenraub im „Paradies" des gräflichen Schlossgartens. Des weiteren veranlasst dieser Vorfall die Teilnahme Mozarts am Verlobungsfest, bei dem er beide Ereignisse in parodistischer Form erzählt. Auch der Leutnant Max spielt in seinem Gedicht, das er freilich verändern muss, nachdem die restlichen acht Orangen nicht mehr den von ihm beschworenen neun Musen entsprechen, auf ironische Weise auf diesen *„Frevel"* an, wobei der diebische Komponist sogar als *„Gott der Töne"* gerühmt wird.

Ein weiteres Dingsymbol stellt das **Salzfässchen** dar, das an einen Ehekonflikt Mozarts mit seiner Frau erinnert, die auf die italienische Sängerin Malerbi eifersüchtig war. Konstanze überlässt diese Salzbüchse, die sie selbst als *„Symbol der Häuslichkeit und Gastlichkeit"* bezeichnet, der Gräfin als Gastgeschenk. Zusätzliche Haus- und Gartengeräte, die Mozarts Verschwendungssucht bezeugen, weil der Komponist damals diese nutzlosen Dinge in einer unüberlegten spontanen Entscheidung zur Versöhnung seiner Ehefrau gekauft hat, werden als Souvenirs für Verehrer auf der Reise nach Prag mitgeführt.

Eine düstere Vorbedeutung kommt den **Spazierstöcken** zu, die Mozart aus Vergesslichkeit immer wieder liegen ließ, denn sie verweisen auf den labilen Gesundheitszustand des Musikers und auf sein baldiges Ende.

Ebenso offenbart sich der von dem Graf dem Künstler geschenkte **Reisewagen** als Todessymbol, von dem die Gräfin in ungewollter Doppeldeutigkeit sagt, dass sie ihn bald *„mit Kränzen um und um behangen"* wiedersehen möchte.

4. Aufbau der Novelle

Mehrere Interpreten haben darauf hingewiesen, dass Mörikes Novelle in ihrem Aufbau der **Struktur eines musikalischen Werkes** entspreche. In der „Ouvertüre", dem Gespräch Mozarts mit seiner Frau während der Kutschfahrt, klingen bereits alle wesentlichen Elemente der Erzählung an: das **Doppelwesen** des Komponisten, dessen Sorglosigkeit seiner finanziellen Lage widerspricht und dessen ungeschicktes Verschütten des Riechfläschchens in der Kutsche einerseits auf den selbstvergessenen Pomeranzenraub verweist und andererseits seine mangelhafte Lebensbewältigung illustriert.
Heitere und melancholische Szenen wechseln im Verlauf der Novelle ständig ab, bis der **Höhepunkt**, Mozarts Klavierspiel, erreicht ist, bei dem sich die Virtuosität des Meisters gleichzeitig mit seiner Todesahnung offenbart. Als sich Mozart ans Klavier setzt, löscht er die Kerzen der beiden Armleuchter, und es herrscht *„Totenstille"* im Saal. In dieser Szene verwandelt sich die heitere, leichte Welt des Diesseits in die grauenhafte Beschwörung des Jenseits.
Im Gegensatz dazu steht die Begebenheit im Schlossgarten, als der Diebstahl der Pomeranze in dem Komponisten ein gedankenverlorenes Glücksgefühl und gleichzeitig die Inspiration zu einem neuen Werk auslöst. Der Kontrast von künstlerischer Schaffenskraft und menschlichen Fehlern gehört ganz und gar zu Mozarts ambivalentem Charakter, in dem sich Leichtigkeit und Leichtsinn spielerisch vereinigen.
Der **Erzähler**, der nur einen Tag aus Mozarts Leben herausgreift, kennt die ganze Biographie des weltberühmten Künstlers. Deshalb setzt er dem Motto „Carpe diem!" (Nutze den Tag!), das seine Titelfigur verkörpert, am Ende die Mahnung „Memento mori!" (Bedenke, dass du sterben wirst!) entgegen.
Mörike hält in seiner Novelle die für die klassische Tragödie geltende Regel von den **drei Einheiten** ein. An einem Schauplatz entfaltet sich innerhalb eines Tages der Charakter des Künstlers Mozart, der in allen Teilen der Handlung im Mittelpunkt steht. Das gegenwärtige Geschehen wird durch Ereignisse aus der Vergangenheit bereichert, so dass Mozarts Persönlichkeit noch stärker zur Geltung gelangt. Auch die tragische Zukunft des Komponisten wird in der Vorahnung Eugenies vorweggenommen.
Durch Dingsymbole wie Pomeranzen, Pomeranzenbaum, Salzbüchse usw. werden die verschiedenen Zeitebenen miteinander verbunden. Mörike hat dadurch eine vielfältige und vielschichtige Charakterstudie Mozarts entworfen, die sich durch scheinbar belanglose Vorfälle zu einem eindrucksvollen Gesamtbild verdichtet.

5. Sprache

In einem **sachlichen Berichtsstil,** der genaue Daten und Zeitangaben (14. 9. 1787, elf Uhr morgens) aufweist, beginnt Mörikes Novelle, die jedoch bald auch sprachlich die **verspielte Rokoko-Welt** wiedererweckt. Kurze, prägnante Sätze wechseln mit anspielungsreichen, komplexen Konstruktionen, die durch antiquierte Ausdrücke und höfische Floskeln bereichert sind. Der heitere Plauderton Mozarts, der immer wieder Anekdoten und amüsante Erzählungen zum Besten gibt, kontrastiert mit düsteren Beschreibungen vom Klavierspiel des Komponisten sowie mit bedeutungsschweren, ahnungsvollen Analysen des Erzählers.
Diese von den Romantikern empfohlene **Vermischung der literarischen Gattungen** setzt Mörike um, damit sein Porträt Mozarts möglichst **authentisch** wirkt. In den in direkter Rede wiedergegebenen Gesprächen und Monologen offenbaren sich die Mentalität und die Lebensweise des Komponisten, der gelegentlich sogar in den Wiener Dialekt verfällt. Auch das lyrische Element kommt durch Gedichte, Lieder und ein launiges Terzett zur Geltung. Dabei beschließt ein symbolträchtiges böhmisches Volkslied die Novelle, die durch zahlreiche Metaphern, visionäre Sprachbilder und verschiedenartige Stilebenen das vielschichtige Wesen Mozarts wiederzugeben versucht.
Mit seinem ausgewogenen Zusammenspiel von epischen, dramatischen und lyrischen Teilen wirkt Mörikes Erzählung wie eine **Mozart-Oper,** die durch den Wechsel von Arien, Duetten und Rezitativen sowie durch die Verbindung von akustischen und optischen Reizen ein abwechslungsreiches Kunstwerk darstellt.

Lenz (1839)
von Georg Büchner

Mit seiner **Künstlernovelle** „Lenz" griff der angehende Arzt GEORG BÜCHNER eine wahre Begebenheit aus der Krankengeschichte eines Dichterkollegen auf, wobei er die literarische Darstellung dieser **psychiatrischen Studie** mit der Erläuterung seiner eigenen **Kunsttheorie** verband.
Am 20. Januar 1778 wanderte der arme und verwahrloste Repräsentant der Sturm-und-Drang-Epoche, JAKOB MICHAEL REINHOLD LENZ (1751–1792) über die Vogesen in das elsässische Gebirgsdorf Waldersbach, wo er bei dem Pfarrer Johann Friedrich Oberlin Aufnahme fand. Der Schweizer Christoph Kaufmann hatte Lenz einen Aufenthalt bei seinem pietistischen Freund empfohlen, weil er sich davon eine Besserung des seelisch angeschlagenen Dichters versprach. Weil sich aber der Gemütszustand von Lenz, der immer wieder Selbstmordversuche unternahm, bald verschlechterte, wurde der Gast zu einer Belastung für Oberlins Familie. Der Pfarrer veranlasste deshalb, dass Lenz am 8. Februar 1778 nach Straßburg gebracht wurde. Auf der Grundlage seiner Tagebuchaufzeichnungen verfasste dann Oberlin über diese Vorgänge einen Bericht, der jedoch erst nach dem Tod des Pastors gedruckt wurde.
Als Büchner im Winter 1831 sein Studium in Straßburg aufnahm, beschäftigte er sich eingehend mit der **Fallgeschichte des Dichters Lenz,** zumal zu derselben Zeit Ehrenfried Stoeber, mit dem sich Büchner anfreundete, eine umfangreiche Biografie über seinen ehemaligen Lehrer Oberlin sowie Mitteilungen und unbekannte Briefe des Dramatikers Lenz herausgegeben hatte. Aus diesen Veröffentlichungen ging überraschend hervor, dass Goethes Studienkollege Lenz zwei Jahre nach dem inzwischen berühmt gewordenen Freund Beziehungen zu dessen ehemaliger Geliebten, der Sesenheimer Pfarrerstochter Friederike Brion, aufgenommen hatte, die allerdings gescheitert waren. Es kam Büchner zugute, dass er in Straßburg Freunde und Schüler Oberlins persönlich befragen konnte, vor allem den Pastor Johann Jakob Jaeglé, den Vater seiner nunmehrigen Braut Wilhelmine.
Das Bild des **Stürmers und Drängers Lenz** war damals in der literarischen Öffentlichkeit von Goethes Autobiografie „Dichtung und Wahrheit" geprägt. Der Weimarer Dichterfürst hatte sich längst von seinem exzentrischen Kollegen losgesagt, so dass Lenz' Bedeutung mehr aufgrund dieser ehemaligen Freundschaft zu einer späteren Berühmtheit als wegen seines eigenen Werks wahrgenommen wurde. Stoebers Arbeiten trugen nun wesentlich dazu bei, diese Einschätzung zu

korrigieren und neben der psychisch interessanten Persönlichkeit Lenz auf dessen wertvolle Schauspiele (z. B. „Der Hofmeister", „Die Soldaten") und kunsttheoretische Abhandlungen aufmerksam zu machen.
Während seines zweiten Straßburger Aufenthaltes 1835 verwirklichte Büchner seinen Plan, *„Lenz zum Helden einer Novelle zu machen"*. In den zwei Jahren zuvor hatte Büchner sehr unter der Trennung von seiner Verlobten gelitten, sodass Freunde schon von einem eigenen „Lenzerlebnis" des Medizinstudenten sprachen. Zunächst hatte Büchner eine umfangreichere Darstellung von Lenz' Schicksal vorgeschwebt, in der sein Verhältnis zu Friederike Brion größeren Raum einnehmen sollte, bis er sich schließlich auf eine zeitlich eng begrenzte und dadurch konzentrierte Beschreibung dieses aufschlussreichen Krankheitsprozesses festlegte. Büchner übernahm jedoch nicht die naiv-frommen Erklärungsversuche Oberlins und Stoebers für Lenz' seelische Zerrüttung, sondern entwickelte in seiner Erzählung konsequent das Krankheitsbild einer **schizophrenen Psychose**. Mediziner und Psychiater lobten später dieses moderne Porträt eines in den Wahnsinn abgleitenden Menschen.
Erst zwei Jahre nach Büchners Tod ließ der Publizist und Dichter KARL GUTZKOW 1839 die als Fragment gehaltene Novelle „Lenz" veröffentlichen.

1. Inhalt der Novelle

An einem nasskalten, nebligen Tag wandert der geistesverwirrte Lenz über das Gebirge, um bei Pfarrer Oberlin in Waldbach für sich Hilfe zu suchen. Obwohl Lenz ständig unter Angstzuständen und Wahnsinnsanfällen zu leiden hat, übt die ländliche Umgebung mit ihrer Stille allmählich eine beruhigende Wirkung auf seinen Seelenzustand aus. Lenz zeichnet und liest viel, und schließlich hält er sogar die Sonntagspredigt in der Kirche. Aber er verstört auch die Einwohner, weil er öfter in dem kalten Dorfbrunnen badet. Als Lenz zu Oberlin volles Vertrauen gefasst hat, erzählt er ihm, wie er im Traum seine Mutter tot gesehen hat. Gespräche über Naturerlebnisse schließen sich diesem persönlichen Bekenntnis an.
Mit der Ankunft seines Bekannten Kaufmann verliert Lenz seine Ausgeglichenheit. Der Dichter lässt sich zwar auf die anregenden Diskussionen über die neue idealistische Literatur sowie über ästhetische Probleme ein, aber er reagiert auch äußerst widerwillig, als Kaufmann ihm Briefe seines Vaters überreicht, die Lenz zur Rückkehr auffordern.
Kaufmann reist nun mit Oberlin in die Schweiz, und der zurückgebliebene Lenz vertreibt sich seine Einsamkeit mit ausgiebigen Spaziergängen in den Bergen.

Während einer Übernachtung in einer Hütte wird Lenz von den epileptischen Anfällen eines todkranken Mädchens tief bewegt. Noch stärker beschäftigt ihn aber die Nachricht vom plötzlichen Tod dieses Kindes in Fouday. Als Büßender wandert er in jenes Dorf, um das Kind wiederaufzuerwecken. Dieser vergebliche Versuch veranlasst Lenz zu Gotteslästerungen, und er erfährt in sich die Kraft des Atheismus. Auf verwirrende Weise gesteht Lenz Frau Oberlin seine unerwiderte Liebe zu einer Frau namens Friederike, die er inzwischen für tot hält.
Als Oberlin nach seiner Rückkehr aus der Schweiz Lenz zum Gehorsam gegenüber seinem Vater auffordert, empfindet der immer unruhiger werdende Dichter heftige Schuldgefühle, die sich in schlaflosen Nächten, Selbstanklagen, Selbstmordversuchen und in mehrmaligen Besuchen am Grab des Kindes aus Fouday äußern. Eine *„schreckliche Leere"* und völlige Hoffnungslosigkeit lähmen die Energie von Oberlins Gast. Lenz führt sich aber dann wie ein Besessener auf, sodass die Mägde aus dem Haus fliehen. Er unternimmt fratzenhafte Verstellungen, schluchzt, schlägt seinen Kopf gegen die Wand und stürzt sich eines Abends aus dem Fenster.
Schließlich wird Lenz in einem Wagen nach Straßburg gebracht, wo er nach erneuten Selbstmordversuchen sein Leben als eine *„notwendige Last"* akzeptiert und ohne Angst, aber innerlich leer, vor sich hinvegetiert.

2. Personenkonstellation

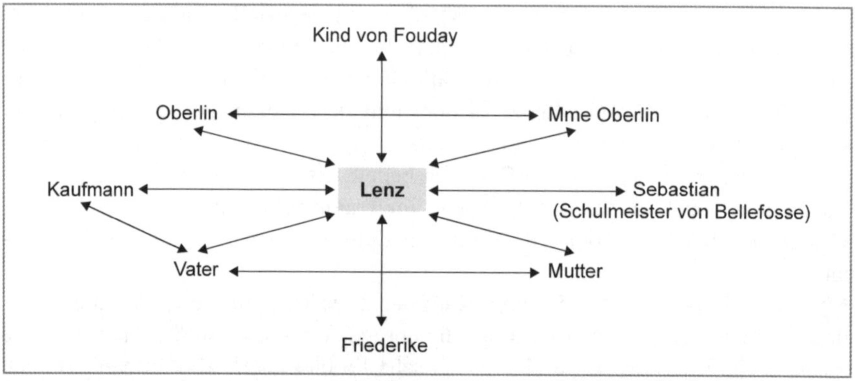

Eigentlich treten in Büchners Erzählung nur wenige Personen auf und diese scheinen auch nur den Rahmen um die Zentralfigur Lenz herum zu bilden. Dennoch spielen für Lenz' Psyche auch nicht anwesende Figuren (Vater, Mutter und

Friederike) eine entscheidende Rolle, weil die Erinnerung an sie bei dem labilen Dichter neue Krankheitsschübe auslösen. Während das Ehepaar Oberlin eher zur vorläufigen nervlichen Beruhigung seines Hausgastes beiträgt, führen Lenz' Begegnungen mit dem Schweizer Kaufmann sowie mit dem todkranken Kind aus Fouday zu einer wesentlichen Beschleunigung seiner seelischen Zerrüttung.

3. Zentrale Aspekte

Die Titelfigur

Mit seiner Novelle stellt Büchner das **Psychogramm** eines von Anfang an psychisch gestörten, hochsensiblen Künstlers vor. Einer der ersten Sätze, die sich auf die Hauptfigur selbst beziehen, macht den Leser auf die ungewöhnliche Befindlichkeit dieser zunehmend bindungslos werdenden Persönlichkeit aufmerksam: *„Müdigkeit spürte er keine, nur war es ihm manchmal unangenehm, daß er nicht auf dem Kopf gehen konnte."*

Im Verlauf der Novelle werden keine Ursachen für Lenz' Nervenkrise genannt, sondern lediglich Andeutungen gemacht und auslösende Momente für weitere Krankheitsschübe aufgezeigt. Zunächst scheint sich der stets unruhige Dichter in der familiären Geborgenheit bei Oberlin und in der friedlichen Landschaft des Steintals von seinen **Existenzängsten** zu erholen. Er versucht sich sogar durch den gemeinsamen Kirchgang, seine Predigt und die regelmäßige Bibellektüre in das pietistisch-fromme Alltagsleben des Gebirgsortes zu integrieren. Allerdings verschreckt er auch die pflichtbewussten Dorfbewohner durch sein rastloses Treiben, seine unheimliche Daseinsangst und seine merkwürdigen Verhaltensweisen. Zwei äußere Eingriffe verschärfen den Verlauf von **Lenz' innerem Zerfallsprozess.** Als der Schweizer Kaufmann den Dichter zum Gehorsam gegenüber seinem Vater und infolgedessen zu einer raschen Heimkehr auffordert, sieht Lenz seine neue Existenzform gefährdet. Lenz verliert vollends den Halt, als er, inzwischen von Oberlin allein gelassen, das Leiden des todkranken Mädchens in Fouday miterlebt und das bald darauf verstorbene Kind nicht mehr zum Leben erwecken kann.

Lenz wendet sich nun auch von Gott ab, nachdem er im Traum bereits den Verlust von zwei geliebten Frauen, den seiner Mutter und den seiner Verlobten Friederike, erfahren hat. Dieser Verlust wichtiger Bindungen bewirkt, dass sich Lenz am Ende der Novelle willenlos nach Straßburg abführen lässt, dort zwar noch mit den Leuten spricht, aber keine menschliche Anteilnahme mehr zeigt: *„Er tat Alles, wie es die Andern taten, es war aber eine entsetzliche Leere in ihm, er fühlte keine Angst mehr, kein Verlangen."*

Lenz' Kunsttheorie

In launiger, gelöster Stimmung (bevor Kaufmann seine Bitte äußert, Lenz solle seinem Vater gehorchen) legt Lenz sein Kunstverständnis in wenigen Sätzen dar. Büchner gibt dabei aber nicht die authentische Theorie des Stürmers und Drängers wieder, sondern unterschiebt seiner Figur eigene Vorstellungen.
Die **poetologischen Aussagen** der Dichter Lenz und Büchner, die sich außer auf die Literatur auch auf die Malerei beziehen, lassen sich in folgenden drei Punkten zusammenfassen:
- realistische Wiedergabe, bescheidene lebendige Nachahmung von Gottes Schöpfung
- eine Ästhetik, die nicht zwischen schön und hässlich unterscheidet, sondern *„die Möglichkeit des Daseins"* bewertet
- die ethische Aufgabe der Kunst, alle Werke mit mitempfindender Liebe zu gestalten.

Lenz grenzt sich bei seinen Ausführungen vom Idealismus ab, dem er vorwirft, die von Gott geschaffene vollkommene Natur noch übertreffen zu wollen. Als Musterbeispiele für seine Kunsttheorie erwähnt Lenz SHAKESPEARE, GOETHE und die Volkslieder, wobei er seine eigenen Schauspiele „Der Hofmeister" und „Die Soldaten" wenigstens als Versuche zur Umsetzung seiner Forderungen einschätzt.
In der Auseinandersetzung mit Kaufmann, der das klassische Kunstideal verteidigt, hebt Lenz noch die altdeutschen und die niederländischen Maler hervor, weil sich diese auf ein wirklichkeitsgetreues vertrautes Abbild der Natur beschränkt hatten.

Gesellschaft und Natur

Mit seinem Rückzug nach Waldbach versucht Lenz, sich den **Zwängen der Gesellschaft** zu entziehen. Obwohl der ängstliche Dichter in Oberlins Pfarrei eine intakte Familie vorfindet, die in Gottesfurcht und geregelter Häuslichkeit harmonisch zusammenlebt, kann er nicht verhindern, dass ihn seine **bedrückende Vergangenheit** einholt. Der Leser erfährt zwar nichts Genaues über Lenz' ehemalige Geliebte Friederike, aber er ahnt, dass diese Beziehung an gesellschaftlichen Ansprüchen gescheitert ist. Nachdem, wie Lenz glaubt, seine Mutter gestorben ist, stellt für ihn die geforderte Rückkehr zu seinem Vater eine umso größere Bedrohung dar.
Lenz spürt, dass er nur in einer **ländlichen Abgeschiedenheit** wie in diesem Vogesendorf Oberlins inneren Frieden findet, sodass er auch berechtigte Hoffnungen auf eine Heilung seines zerrütteten Gemütszustandes hegen kann. Wenn

Lenz auch die natürliche Menschlichkeit der Bergbewohner als sehr angenehm empfindet, entgeht ihm ihre verengte Denkweise nicht, die sich sogar in den wohlmeinenden naiven Ratschlägen des ansonsten fortschrittlich eingestellten Oberlin äußert.

Natursymbolik

Die raue, ungebändigte **Natur** spiegelt Lenz' unberechenbaren Seelenzustand wider. Das majestätische Gebirge mit seinen raschen Wetterumschwüngen offenbart jedoch auch die Macht Gottes, an die der Dichter zunächst mit seinem ganzen Wesen glaubt. Vor seiner Abkehr von dem Schöpfer erlebt Lenz auch immer wieder die Sonne, die mit ihren plötzlich hervorbrechenden Strahlen sein düsteres Innenleben erhellt.

Nach der körperlich empfundenen **Atheismus-Erfahrung** inmitten der Natur verdunkelt sich Lenz' Geisteszustand immer mehr. Gottes Ordnung gerät für ihn aus den Fugen und die Welt löst sich auf. Die Verdüsterung seines Gemüts gibt Lenz auch äußerlich zu erkennen, indem er sein Gesicht mit Asche beschmiert. Lenz' zunehmender Zerstörungsprozess zeigt sich immer häufiger in schlaflosen Nächten, und die Helligkeit des Tages wird von dem Wahnsinnigen nur noch als unerträglich empfunden.

Das allmähliche Verlöschen von Lenz' Bewusstsein spielt sich symbolträchtig in den **Naturerscheinungen** ab. Bei der Abreise des Dichters aus Waldbach tritt am Horizont noch einmal das Abendrot hervor. Aber dann entschwindet der letzte Lichtschein: *„Es wurde finster, je mehr sie sich Straßburg näherten."* Der folgende trübe, verregnete Morgen präsentiert nur noch einen völlig gleichgültigen Menschen, der mit sich und der Welt abgeschlossen hat

4. Aufbau

Wenn man Lenz' etappenweisen inneren Zerstörungsprozess betrachtet, kann man Büchners Erzählung in **drei Teile** gliedern. Den ruhenden Pol in der Mitte bildet dabei das **Kunstgespräch**, das trotz starker emotionaler Anteilnahme der Kontrahenten Lenz und Kaufmann in heiterer Atmosphäre verläuft. Die beiden Teile vor und nach dieser Diskussion unterscheiden sich deutlich durch das verschiedenartige Verhalten des gemütskranken Dichters. Erlebt Lenz **zu Beginn** noch **erfüllte Tage**, die er mit Lektüre, Mithilfe bei Oberlins Amtsgeschäften und Wanderungen verbringt und die ihm auch ruhige Nächte bereiten, herrschen **nach dem Tod des Kindes** in Fouday Orientierungslosigkeit und schließlich Langeweile vor. Die Nächte werden zur Qual und morgens bleibt Lenz lange in seinem Zimmer.

Durch diesen **dreigeteilten Aufbau**, der zunächst die Beruhigung von Lenz' Nervenleiden und nach der unbeschwerten Theoriedebatte, die letztmalig den Geisteszustand des Dichters in größter Klarheit offenbart, eine rasante Verschlechterung von Lenz' Verfassung darbietet, wird die Bezeichnung **Novelle** von der Struktur her gerechtfertigt. Eine „unerhörte Begebenheit", wie sie auf der inhaltlichen Ebene gefordert wird, stellt der Verfallsprozess des Dramatikers Lenz allemal dar. Ungewöhnlich ist nur, dass der „Höhepunkt", der eigentlich ein Spannungsmoment vorsehen sollte, in Büchners Erzählung von einer literarischen Diskussion ausgefüllt wird.
Die zu Beginn der Novelle angeführten Krankheitssymptome des Dichters entwickeln sich im Verlauf der Handlung zu einem klinischen Gesamtbild und enden mit einem unwiderruflichen Zerfall des Bewusstseins der Hauptfigur. Der scheinbar nach einer Fortsetzung verlangende Schlusssatz *„So lebte er hin."* verdeutlicht nur noch einmal die Endgültigkeit einer psychischen Zerstörung.

5. Sprache

In einem auffallenden Wechsel von langen, wohlgeformten Sätzen und stakkatoartigen, knappen Aufzählungen und Ellipsen gibt Büchner das bewegte Innenleben seiner Hauptfigur wieder.

> *„Das Wetter war milde geworden, er beschloß Oberlin zu begleiten, in's Gebirg. Auf der andern Seite, wo die Täler sich in die Ebne ausliefen, trennten sie sich. Er ging allein zurück. Er durchstrich das Gebirg in verschiedenen Richtungen, breite Flächen zogen sich in die Täler herab, wenig Wald, nichts als gewaltige Linien und weiter hinaus die weite rauchende Ebne, in der Luft ein gewaltiges Wehen, nirgends eine Spur von Menschen, als hie und da eine verlassene Hütte, wo die Hirten den Sommer zubrachten, an den Abhängen gelehnt."*
>
> Georg Büchner: Werke und Briefe. München 1979, S. 74

Kosmische Vorgänge und die Bewusstseinswelt des kranken Dichters sind eng miteinander verwoben, Naturerlebnisse und schwankende Gemütszustände stehen in Wechselwirkung. Umgangssprachliche Wendungen und direkte Rede kommen dabei ebenso vor wie literarisch anspruchsvolle Satzgebilde voller Metaphern.
Der **neutrale Erzähler** schildert die Vorgänge aus der Sicht eines außenstehenden Beobachters, der jedoch kaum über die Wahrnehmungsmöglichkeiten der Hauptfigur hinausgeht **(erlebte Rede)**.

Woyzeck (1837)
von Georg Büchner

Das von Georg Büchner hinterlassene und erst über 40 Jahre nach seinem Tod (1837) herausgegebene Schauspiel „Woyzeck“ ist Fragment geblieben. Bis heute streiten sich denn auch Germanisten darüber, wie eine mögliche Endfassung des in verschiedenen, schwer entzifferbaren Handschriften überlieferten Dramas ausgesehen hätte. Dennoch gehört „Woyzeck“ bis heute zu den meistgespielten Theaterstücken in Deutschland. Zahlreiche Dichter (vor allem BRECHT) und Komponisten (z. B. ALBAN BERG mit seiner Oper „Wozzeck“, 1923) ließen sich von Büchners Werk zu eigenen Produktionen anregen.
Den Stoff zu seiner **Sozialtragödie** fand der Arztsohn Georg Büchner in der Erlanger „Zeitschrift für die Staatsarzneikunde“, an der auch sein Vater mitarbeitete. In diesem medizinischen Fachblatt hatte der Königlich-Sächsische Hofrat Prof. Dr. Johann Christian August Clarus seine beiden Gutachten über den Kriminalfall des Perückenmachers JOHANN CHRISTIAN WOYZECK veröffentlicht.
Der 41-jährige Handwerkergeselle, der inzwischen arbeitslos und obdachlos war, erstach am 21. Juni 1821 in Leipzig seine Geliebte, die 46 Jahre alte Witwe Johanna Christiane Woost. Nachdem der Täter im Herbst desselben Jahres zum Tode verurteilt worden war, wurde das Verfahren erneut aufgenommen. Dabei ging es vor allem um die Frage, ob der Mörder, der vermutlich aus Eifersucht gehandelt hatte, aber auch seit längerem unter Depressionen, Halluzinationen und Verfolgungswahn litt, zur Tatzeit überhaupt zurechnungsfähig war.
Weil der Gerichtsarzt Clarus eine Schuldminderung aber ablehnte, wurde das ursprüngliche Urteil bestätigt, sodass Woyzeck am 27. August 1824 auf dem Leipziger Marktplatz durch das Schwert hingerichtet wurde.
Georg Büchner übernahm lediglich einige Äußerlichkeiten des Vorfalls für sein Schauspiel. Obwohl er seiner Hauptfigur sogar den Namen beließ, veränderte er jedoch das soziale Umfeld und auch die Persönlichkeit dieser Bühnengestalt. Büchners Woyzeck hat mit seiner Geliebten ein Kind, er lebt in Hessen und kann sich vor Arbeit kaum retten. Lediglich das Motiv der Eifersucht spielt auch bei Büchner eine wichtige Rolle, wobei aber die sonstigen Lebensverhältnisse Woyzecks genauso in Betracht gezogen werden müssen.

Eine Sozialtragödie

Ungewöhnlich für Büchners Zeit war die Tatsache, dass ein Vertreter der Unterschicht, der sich außerdem körperlich und seelisch in einem zerrütteten Zustand befindet, im Mittelpunkt eines literarisch anspruchsvollen Dramas stand. Solche **Milieustudien**, die sich mit sozialen Notlagen im beginnenden Industriezeitalter beschäftigten, wurden erst im Naturalismus, also rund fünfzig Jahre später, üblich. Die Handlungsweisen von Büchners Dramenfiguren werden aus ihrem jeweiligen sozialen Umfeld heraus erklärt, sodass mehr die ganze Gesellschaft als die schuldig gewordenen Individuen auf die Anklagebank gesetzt werden **(Sozialtragödie).**

1. Inhalt des Dramas

Während der 30-jährige Soldat Franz Woyzeck mit harter Arbeit seinen Lebensunterhalt verdient und außerdem von inneren Stimmen gepeinigt wird, lässt sich seine Geliebte Marie, mit der er einen kleinen Sohn hat, mit dem lebenslustigen Tambourmajor ein. Als Woyzeck wieder einmal bei Marie seinen Lohn abliefert, ertappt er seine Freundin bei der Betrachtung hübscher Ohrringe, die sie von ihrem neuen Liebhaber geschenkt bekommen hat.

Regelmäßig rasiert Woyzeck den Hauptmann, der ihm mangelnde Moral und eine gehetzte Lebensweise vorwirft. Woyzeck rechtfertigt sein Verhalten mit seiner Armut. Auch der Doktor, der mit Franz Woyzeck Experimente durchführt, macht seinem Patienten wegen seiner Leichtfertigkeit Vorhaltungen, gibt ihm jedoch eine Zulage, weil er ihn für einen medizinisch interessanten Fall hält.

Der misstrauische Woyzeck hat unterdessen beobachtet, wie der Tambourmajor Marie besucht hat. Diese streitet aber alles ab. Voller Unruhe begibt sich Woyzeck kurz darauf zu einem Wirtshaus, wo er seine Geliebte beim Tanz mit ihrem Verehrer vermutet. Als sich sein Verdacht bestätigt, klagt der verzweifelte Woyzeck über den unmoralischen Zustand der Welt. Bei einem erneuten Besuch im Wirtshaus kommt es zu einem Ringkampf, bei dem Woyzeck seinem Rivalen unterliegt.

Daraufhin kauft der Verlierer bei einem Juden ein Messer. Inzwischen sitzt die reumütige Marie zu Hause und liest in der Bibel die Geschichte von einer Ehebrecherin. Nachdem Woyzeck von dem Professor und dem Doktor einer Gruppe Studenten als wissenschaftliches Untersuchungsobjekt vorgestellt worden ist, holt er Marie zu einem letzten Spaziergang ab.

An einem Teich ersticht er seine ihm untreu gewordene Geliebte und läuft dann schnell weg, als einige Leute herankommen. Im Wirtshaus vergnügt sich Woy-

zeck beim Tanzen mit Käthe, die jedoch plötzlich an seiner Hand Blutflecken entdeckt. Der aufmerksam gewordene Wirt findet Blut auch an Woyzecks Ellbogen, sodass dieser verstört hinauseilt. Woyzeck sucht nun das Tatmesser, das ihn verraten könnte und wirft es, nachdem er es gefunden hat, weit in das Wasser des Teiches hinein. Wenig später wird Maries Leichnam gefunden und von einem Gerichtsdiener untersucht.
Woyzeck will mit seinem Söhnchen spielen, muss allerdings feststellen, dass sich sein Kind vor ihm fürchtet und zusammen mit dem Idioten Karl wegrennt.

2. Personenkonstellation

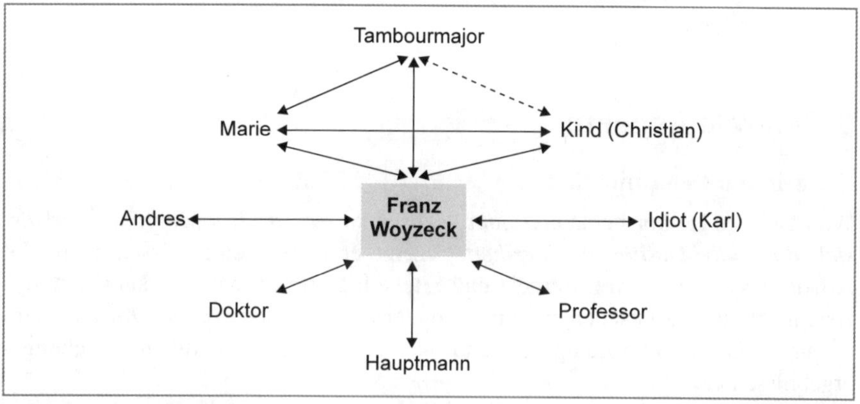

Der pflichtbewusste Soldat Franz Woyzeck sorgt für seine nicht legalisierte „Familie“, die er durch das plötzliche Auftreten seines Rivalen, des Tambourmajors, gefährdet sieht. Regelmäßig liefert er Marie, der Mutter seines unehelichen Söhnchens Christian, seinen hart erarbeiteten Lohn ab. Andres, sein Arbeitskamerad, versteht den ständig gehetzt erscheinenden Woyzeck ebenso wenig wie der Idiot, der ab und zu das Kind hütet. Mit dem Doktor, dem Professor und dem Hauptmann treten dem armen Soldaten ranghöhere Personen gegenüber, die sein materielles Elend nur für ihre egoistischen Interessen ausnutzen.

Die Titelfigur Woyzeck

Die Repräsentanten des wohlsituierten Bürgertums halten Woyzeck die gesellschaftlich anerkannten Werte vor, die der Füsilier auch für sich verinnerlicht hat. Um bald eine standesgemäße, von der Kirche abgesegnete Ehe mit Marie eingehen zu können, versucht Woyzeck durch die entwürdigende Mitarbeit an einem wissenschaftlichen Forschungsprojekt sein kärgliches Einkommen aufzubessern. Eingeengt durch diese Verpflichtungen, gelingt es ihm nicht, eine normale Beziehung zu seinen Mitmenschen zu entwickeln. Stattdessen erlebt er von Beginn des Dramas an **Existenzängste**, die von niemandem nachempfunden werden können. Der wegen des Experiments des Doktors einseitig ernährte und unter Wahnvorstellungen leidende einfache Soldat muss vielmehr mitansehen, wie ihm ein finanziell überlegener Tambourmajor seine Geliebte streitig macht. Da er diesem Herausforderer in einem Zweikampf unterliegt, hält er sich an die schwächere Marie, die ihm aus Habgier (Ohrringe) und Lebenslust treulos geworden ist. Aufgrund seiner **Armut** kann sich Woyzeck als Mordwaffe nur ein Messer leisten. Alle Demütigungen, die Woyzeck ertragen musste, werden an der Geliebten abreagiert, die ihrerseits ebenfalls aufgrund ihrer materiell dürftigen Lage gehandelt hat.

3. Zentrale Aspekte

Freiheit und Determination

Während der Doktor behauptet *„der Mensch ist frei, in dem Menschen verklärt sich die Individualität zur Freiheit.“,* zeigt er durch seine wissenschaftliche Arbeit, dass er selbst von Ehrgeiz und Eitelkeit getrieben wird. Er kann in Woyzeck nicht einen Menschen erkennen, sondern einen *„interessanten Kasus“,* dem er nur eine finanzielle Zulage gewährt, weil er ihm zu unerwarteten Forschungsergebnissen verhilft.

Ehrlicher verhält sich da schon Woyzeck, der freimütig zugibt, dass ihm immer wieder *„die Natur kommt“*. Jede der Dramenfiguren Büchners ist durch ihre **sozialen Bedingungen** festgelegt und hat deshalb auch keine Alternative. Maries Treuebruch begründet sich ebenso durch ihre Triebhaftigkeit wie das rohe sexuelle Verlangen des Tambourmajors. Marie bereut zwar ihre Verfehlung und versucht mit Hilfe der Bibel ihr schlechtes Gewissen zu beruhigen, aber sie genießt auch den Anblick ihrer glänzenden Ohrringe. Genauso wie der Doktor gegenüber Woyzeck bewundert der Gerichtsdiener beim Betrachten von Maries Leichnam den interessanten Fall: *„Ein guter Mord, ein echter Mord, ein schöner Mord.“* Moralische Wertungen nimmt außer dem Doktor auch der Hauptmann vor, der in Woyzeck trotz aller Sittenlosigkeit den guten Menschen sieht, aber gleichzeitig trägt er mit seinen Provokationen entscheidend zu Woyzecks Eifersuchtstat bei. Dass Woyzecks Mord an Marie als unausweichlich erscheint, dient als anschaulichster Beleg für Büchners These von der **Determiniertheit allen menschlichen Handelns.**

Büchners Gesellschaftskritik

Entsprechend dem Motto *„Friede den Hütten! Krieg den Palästen!"* seiner 1834 verfassten revolutionären Flugschrift „Der Hessische Landbote" ergreift Georg Büchner auch in seinem Drama Partei für die sozial Benachteiligten. Woyzecks Verbrechen wird nicht als individuelle Tat eines freien, berechnenden Menschen gewertet, sondern durch die *„erbärmliche Wirklichkeit"* erklärt. Auch Marie wird zum Opfer einer **ungerechten Gesellschaftsordnung.** Sie ist sich zwar bewusst, dass sie *„nur ein arm Weibsbild"* ist, aber sie orientiert sich in ihren Wünschen an den *„großen Madamen"*. Im Gegensatz zu den angesehenen, selbstsicheren Bürgern zweifeln die Vertreter der Unterschicht an ihren Taten und sind auch zur Reue fähig.

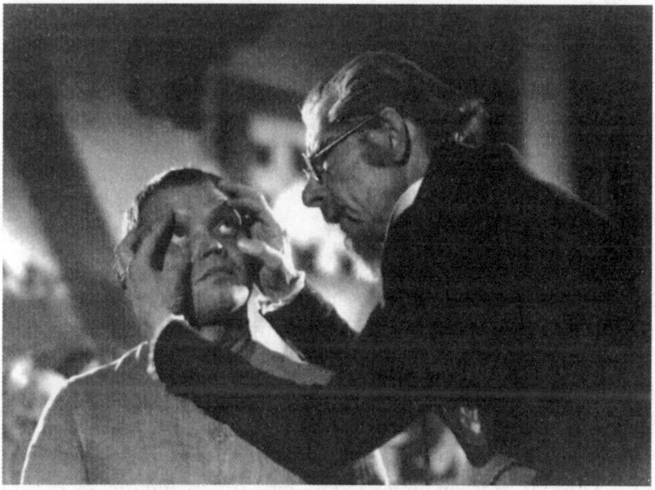

Kurt Meisel (Woyzeck) und Paul Henckels (Doktor) in Georg C. Klarens „Wozzeck"-Film von 1947

4. Aufbau

Büchner übernahm viele Einzelheiten der Dramentechnik des Sturm-und-Drang-Theaters: die **rasche Szenenfolge** gehört ebenso dazu wie die **häufige Veränderung des Schauplatzes**. Statt fünf regelmäßig eingeteilten Akten finden wir nur in sich geschlossene **Einzelszenen** vor, die allerdings durch bestimmte Motive (Ausbeutung, Abhängigkeit, Wahnsinn, Eitelkeit usw.) und metaphorische Vorausdeutungen *(„Kann die Todsünde so schön sein?" – „Was der Mond rot aufgeht. Wie ein blutig Eisen.")* zusammengehalten werden.

Die vielen in die Handlung eingestreuten Volkslieder, Märchen, Rätsel, Zählreime und Bibelzitate veranschaulichen das soziale Milieu der Unterschicht. Woyzeck und Marie beherrschen durch ihre Anwesenheit die einzelnen Szenen, auch wenn sie nur als Opfer dargestellt werden. Im ständigen Wechsel werden die Erlebniswelt Woyzecks und die seiner Geliebten vorgeführt. Woyzeck steht jedoch zu Beginn wie am Ende als gesellschaftlich isolierter Einzelgänger da.
Die wichtigste Neuerung gegenüber der Theatertradition besteht jedoch darin, dass Büchner in seinem Drama die Ständeklausel aufgehoben und in einer Tragödie einen einfachen Menschen des unteren Standes, der zuvor nur in einem Lustspiel hätte auftreten dürfen, zu seinem Helden gemacht hat.
Der Hauptmann, der Doktor und der Professor tragen keine individuellen Namen, sondern werden mit ihren Berufsbezeichnungen genannt. Somit können sie als Repräsentanten der institutionalisierten Mächte Militär und Wissenschaft gelten. Alle drei Figuren treten zwar für Moral und Freiheit ein, aber sie entlarven sich durch ihr unmenschliches Verhalten gegenüber Woyzeck als Unterdrücker und Ausbeuter. Stellenweise zeigt ihr Verhalten karikaturistische Züge, wodurch Büchner ihre Selbstgefälligkeit bloßstellt.

5. Sprache

Die gesellschaftliche Erstarrung zwischen Ober- und Unterschicht kommt besonders in der Sprache zur Geltung. Während Hauptmann, Doktor und Professor ihre Überlegenheit durch Imperative, Vorwürfe und entsprechende Anredeformen (Er, du) zum Ausdruck bringen, reagiert Woyzeck unterwürfig mit Satzfragmenten, Rechtfertigungen und militärisch knappen Zustimmungen.
Obwohl alle Dramenfiguren eine **mundartlich gefärbte Sprache** verwenden, die Büchner in seiner Heimat Hessen angesiedelt hat, unterscheidet sich ihre jeweilige Redeweise durch ihre Wortwahl. Der Doktor und der Professor durchsetzen ihre Ausführungen mit zahlreichen wissenschaftlichen Begriffen und Fremdwörtern, wobei sie nur gelegentlich in den Dialekt verfallen. Woyzeck hingegen fällt durch eine stark von der Mundart geprägte, aber auch bildhafte Umgangssprache auf, die aufgrund ihrer vielen Wiederholungen, Gedankensprünge und Ellipsen einen verworrenen, ruhelosen Eindruck macht. Weniger kreativ erscheint Marie, deren Ausdrucksweise von Sprichwörtern und weitverbreiteten Redewendungen dominiert wird. Mit derben Wörtern und einer angeberischen Kraftsprache macht der Tambourmajor auf sich aufmerksam.

Die schlesischen Weber (1844)
von Heinrich Heine

Im düstern Auge keine Träne,
Sie sitzen am Webstuhl und fletschen die Zähne:
Deutschland, wir weben dein Leichentuch,
Wir weben hinein den dreifachen Fluch –
Wir weben, wir weben!

Ein Fluch dem Gotte, zu dem wir gebeten
In Winterskälte und Hungersnöten;
Wir haben vergebens gehofft und geharrt,
Er hat uns geäfft und gefoppt und genarrt –
Wir weben, wir weben!

Ein Fluch dem König, dem König der Reichen,
Den unser Elend nicht konnte erweichen,
Der den letzten Groschen von uns erpreßt
Und uns wie Hunde erschießen läßt –
Wir weben, wir weben!

Ein Fluch dem falschen Vaterlande,
Wo nur gedeihen Schmach und Schande,
Wo jede Blume früh geknickt,
Wo Fäulnis und Moder den Wurm erquickt –
Wir weben, wir weben!

Das Schiffchen fliegt, der Webstuhl kracht,
Wir weben emsig Tag und Nacht –
Altdeutschland, wir weben dein Leichentuch,
Wir weben hinein den dreifachen Fluch,
Wir weben, wir weben!

Heinrich Heine: Werke in 4 Bänden. Frankfurt/M. 1968, Bd. 1, S. 269

Im Juni 1844 begannen aus Hunger, Not und Verzweiflung die verarmten Weber in den schlesischen Dörfern Peterswaldau und Langenbielau einen Aufstand gegen den Fabrikanten Zwanziger, von dem sie sich ausgenützt und zu schlecht bezahlt fühlten. Als die Erhebung immer gewalttätiger wurde, griff das preußische Militär ein und schlug die Revolte blutig nieder.
Dieses Vorkommnis regte manche Dichter zu einer politisch-literarischen Gestaltung an. Vor allem GERHART HAUPTMANNS 1892 geschriebenes Drama „Die Weber" wurde weit über Deutschland hinaus bekannt und erinnerte an die tragische Episode in der preußischen Geschichte. Unmittelbarer als Hauptmann reagierten FERDINAND FREILIGRATH und HEINRICH HEINE auf den gewaltsamen Vorfall in der schlesischen Provinz, indem sie ein Gedicht über den **Weberaufstand** schrieben.

HEINRICH HEINE (1797–1856) veröffentlichte bereits am 10. Juli 1844 unter dem Titel „Die armen Weber" sein mitfühlendes lyrisches Werk in der von KARL MARX herausgegebenen Zeitschrift „Vorwärts". Aufgrund seiner enormen Wirkung wurde das Gedicht kurze Zeit später als einzelnes Flugblatt in ganz Preußen verbreitet, was ihm, besonders wegen seiner eingängigen Form und seines emotionalen Inhalts, zu einer großen Popularität verhalf.
Nachdem HEINE zunächst Gedichte in romantischer Tradition verfasst hatte – sehr bekannt wurde seine Sammlung „Buch der Lieder" –, befasste er sich zu Beginn der 40er Jahre zunehmend mit politischen Themen. Die daraus hervorgegangenen **Zeitgedichte** griffen aktuelle Geschehnisse in Deutschland auf und übten in leidenschaftlicher Form Kritik an den rückständigen gesellschaftlichen Verhältnissen in den deutschen Fürstentümern. Neben FREILIGRATH, HERWEGH und HOFFMANN VON FALLERSLEBEN gehörte damit HEINRICH HEINE zu den eifrigsten Befürwortern einer Neuorientierung der Lyrik, die nicht nur die Natur verklären oder die Liebe verherrlichen, sondern sich in die Tagespolitik einmischen sollte. Mit dieser **Tendenzpoesie** grenzten sich die Autoren des Vormärz deutlich gegen ihre Kollegen ab, denen sie vorwarfen, mit ihren unpolitischen Gedichten die bestehenden ungerechten Machtverhältnisse nur zu stabilisieren.

1. Inhalt des Gedichts

Nach der blutigen Niederschlagung ihres Aufstandes sitzen die Weber voller Verbitterung an ihren Webstühlen und fluchen während der Arbeit vor sich hin. Sie vertrauen weder Gott, von dem sie sich verlassen fühlen, noch dem König, der sich nicht um die Armen in seinem Reich kümmert. Ebenso verwünschen sie ihr Vaterland, weil es keine Hoffnung auf Besserung bietet. Wütend und enttäuscht gehen die Weber ihrer Arbeit nach. Sie weben das Leichentuch für Deutschland, das sie mit ihrem dreifachen Fluch versehen.

2. Zentraler Aspekt: die Tendenzpoesie

In seinem aggressiv-emotionalen Gedicht stellt HEINE die schlesischen Weber als völlig desillusionierte, verhärtete Menschen dar, die weder von der Religion noch von der Politik etwas Verheißungsvolles für die Linderung ihrer Not erwarten. Die Arbeiter kündigen sowohl Gott als auch ihrem Landesvater, dem König, ihre Gefolgschaft auf. Auch der Dienst für das Vaterland hat für sie keinen hohen Stellenwert mehr.

Das Bewusstsein, dass sie in ihrem Land auf sich allein gestellt sind und keine Hilfe von außen erwarten können, hat die Weber verbittert. Sie sehen den Sinn ihres Daseins nur noch in ihrer Arbeit, in der sie ihre Wut auf die trostlose gesellschaftliche Lage ausleben können. Dabei haben sie aber inzwischen wichtige Einsichten gewonnen, denn sie durchschauen die politischen und religiösen Zusammenhänge. Den König halten sie für einen Repräsentanten der Reichen, der die Armen in seinem Staat mit harten, auch militärischen Maßnahmen unterdrückt.

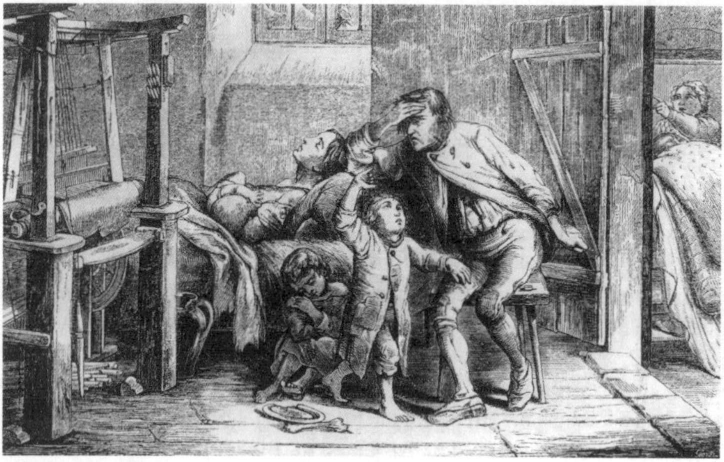

Weberelend, Holzschnitt von Kubitz aus den 40er Jahren

HEINE zeigt sich in diesem Gedicht als überzeugter Anhänger der **Frühsozialisten**. Die Einflüsse von LUDWIG FEUERBACH und KARL MARX, den der Dichter 1843 persönlich kennen gelernt hatte, sind unverkennbar. Die **Religion** wertet HEINE als eine **Illusion**, die von den Herrschern eingesetzt wird, um das Volk stillzuhalten, denn die Aussicht auf ein besseres Leben im Jenseits soll die Arbeiter von ihrer unzureichenden Situation ablenken. Auch die **Vaterlandsliebe** wird von den Fürsten als ein **Instrument** für ihre **Herrschaftssicherung** missbraucht. Der Staat selbst offenbart sich als eine rigorose Klassengesellschaft, in der den Reichen alles gehört und den Armen nicht einmal das Nötigste zu einem bescheidenen Leben bleibt.
In seinem ebenfalls im Jahr 1844 geschriebenen Gedichtzyklus „Deutschland. Ein Wintermärchen" beschreibt HEINE in allgemeiner Form seine politischen Wünsche: Er tritt darin für eine gerechte Gesellschaftsordnung ein, die nur in der Form einer Republik ihren angemessenen Ausdruck finden kann.

Der Dichter ergreift eindeutig Partei für die unterdrückten Weber und wendet sich gegen den preußischen König und die Privilegien der oberen Stände. Das politische **Tendenzgedicht** will die Leser direkt ansprechen, ihnen die hoffnungslose Lage der ausgebeuteten Arbeiter vor Augen halten und sie zu einer klaren Stellungnahme auffordern.

3. Aufbau und Form

In fünf Strophen zu je fünf Versen wird der im Jahre1844 bestehende materielle und psychische Zustand der schlesischen Weber unmittelbar nach der Niederschlagung ihrer Erhebung wiedergegeben. Der Übergang von der zunächst beobachtenden Sie-Form zu der identifizierenden **Wir-Form** verdeutlicht, wie sich der Dichter für die geschundenen Arbeiter in Preußen einsetzt und sich mit ihnen identifiziert.

Die jeweils **doppelten Paarreime** und der **unregelmäßige Rhythmus** der einzelnen Verse lassen die aufgewühlte Stimmung der Weber erkennen. Ebenfalls dienen das mehrfach wiederholte Wort *„Fluch"* sowie der in jeder Strophe am Ende wiederkehrende **Refrain** in Stabreimform *(„Wir weben, wir weben!")* dazu, den Zorn einer politisch missbrauchten Gesellschaftsschicht zu veranschaulichen.

Die erste und die letzte Strophe bilden den äußeren Rahmen des Gedichts, weil sie die Situation der Weber in allgemeiner Form darlegen, während die drei mittleren Strophen die Denkweise der Arbeiter in Einzelheiten wiedergeben. Dabei wird in jeder der Strophen 2 bis 4 mit einem der **drei „heiligen" Werte** Preußens (Gott – König – Vaterland) abgerechnet, wobei schließlich klar zum Ausdruck kommt, dass sich die Weber als soziale Schicht aus dem preußischen Staat ausgegrenzt fühlen.

4. Sprache

Aufgrund der zahlreichen verschiedenartigen rhetorischen Figuren erweist sich Heines Gedicht als ein eindringliches Beispiel klangvoller **Agitationslyrik**. Die dreifache **Anapher** „ein Fluch dem …" verbindet die mittleren Strophen zu einer Einheit, was durch die vielen Relativsätze noch unterstrichen wird.

Mehrere **Metaphern** (Blume, Fäulnis, Wurm usw.), **Superlative** („den letzten Groschen", jede Blume), **Alliterationen** (wir weben, gehofft und geharrt, Schmach und Schande usw.) und **Vergleiche** („wie Hunde") bringen dem Leser die verzweifelte Situation der Weber emotional nahe, sodass er sich zu einem eigenen Urteil herausgefordert fühlen muss.

Die **Anrede** „Deutschland“ in der ersten Strophe wandelt sich am Ende zu der Bezeichnung „Altdeutschland“, wodurch auf den geschichtlich notwendigen Untergang der überholten Gesellschaftsordnung und auf eine erhoffte Neuerung zugunsten der Arbeiter vorausgedeutet wird. Vorerst können die Weber aber nur ihren dreifachen Fluch ausdrücken, den sie auch durch ihre Arbeit am Webstuhl dokumentieren und somit im allgemeinen Bewusstsein halten. Durch den **Gegensatz** wir/uns/unser – dein wird auf die Entfremdung zwischen Volk und Staat aufmerksam gemacht, was auf eine baldige Revolution schließen lässt. Erst dann könnte eine freie und gerechte Gesellschaft geschaffen werden, die die heruntergekommenen Werte erneuert und die Einstellung der Weber gegenüber ihrem Staat positiv verändert.

Das Gedicht, das vier Jahre vor dem Ausbruch der Revolution von 1848 entstanden ist, beschreibt anschaulich die unruhige vorrevolutionäre Atmosphäre breiter Schichten und hat sich damit als ein prophetischer Ausblick auf die deutsche Geschichte erwiesen, auch wenn die Revolution nicht die Hoffnungen der deutschen Frühsozialisten wie MARX, ENGELS und HEINE erfüllt hat.

Angler am Fluss, ein Aquarell von Gottfried Keller (1819 – 1890), der sich vor seiner literarischen Laufbahn als Maler versucht hatte.

Realismus (1840–1900)

Mit ihrem Bemühen, die alten gesellschaftlichen Zustände wiederherzustellen, waren die deutschen Fürsten 1848 endgültig gescheitert. Die **Revolution** in Berlin und Wien, aber auch in anderen Städten, sorgte für das Ende der absolutistischen Monarchien. Nach allgemeinen, freien Wahlen traten Abgeordnete, die vor allem aus dem **Bürgertum** kamen, in der **Frankfurter Paulskirche** zu einer Nationalversammlung zusammen, wo sie eine Verfassung für einen einheitlichen deutschen Nationalstaat ausarbeiteten. Als aber der preußische König Friedrich Wilhelm IV die ihm angebotene Kaiserkrone ablehnte, musste der Plan für einen deutschen Bundesstaat mit einer konstitutionellen Monarchie aufgegeben werden. Inzwischen hatten auch Truppen in Preußen und Österreich die revolutionären Zustände endgültig überwunden.

Doch die politische Entwicklung in Europa, vor allem die staatliche Einigung Italiens (1860), gab den deutschen Liberalen und Nationalisten wieder Auftrieb. Insbesondere der gewaltige wirtschaftliche Aufschwung verstärkte bei dem zu Geld und Ansehen gekommenen Bürgertum den Wunsch nach einem deutschen Einheitsstaat, der einen schnelleren Warentransport und einen besseren Handel ermöglichen sollte. Nach den erfolgreichen Kriegen der Preußen gegen Österreich (1866) und Frankreich (1870) wurde 1871 das **Deutsche Kaiserreich** aus

gerufen, das unter der Vorherrschaft Preußens die kleinen und mittleren Staaten Deutschlands zu einem Nationalstaat von oben zusammenschloss, der aber viele Anliegen der Abgeordneten aus der Frankfurter Paulskirche nicht berücksichtigte.
Von nun an bewirkte das **Maschinenzeitalter,** das in den deutschen Fürstentümern in den 30-er Jahren allmählich eingesetzt hatte, rasante Umgestaltungen in der Gesellschaft. Zahlreiche Fabriken wurden von dynamischen Unternehmern (z. B. Krupp, Siemens) erstellt, die viele Arbeitskräfte vom Land anzogen, wodurch die Städte sehr schnell wuchsen. Die Arbeiterschaft (Proletariat) entwickelte sich zu einer zahlenmäßig großen Schicht mit zunehmendem Klassenbewusstsein, sodass die bürgerlichen Grundbesitzer bald die Gefahr der sozialen Sprengkraft dieser in Elendsquartieren hausenden Menschen erkannten. Deshalb versuchten Reformer die **soziale Frage** durch verschiedene praktische Vorschläge zu lösen, während die Sozialisten wie KARL MARX und FRIEDRICH ENGELS den einzigen Ausweg in einer Revolution und einer danach aufzubauenden kommunistischen (klassenlosen) Gesellschaft sahen.
Obwohl der Adel nach wie vor die wichtigsten Einrichtungen des Staates sowie die mächtige Armee beherrschte, demonstrierte das aufstrebende Bürgertum sein gestiegenes Selbstbewusstsein im Parlament, aber auch in den Bereichen der Wirtschaft und in der Kunstszene: Prächtige Villen in der Hauptstadt Berlin und in anderen Städten zeigten der Öffentlichkeit den Reichtum der bürgerlichen Traditionsfamilien und der vielen Neureichen.
In dieser **Gründerzeit,** die von den zahlreichen Errungenschaften der Naturwissenschaft und der Technik vorangetrieben wurde, gewannen Besitz und Geld (Fabrikanten, Bankiers usw.) immer mehr an Einfluss. Orientierte sich die Industrie ausschließlich an den Gegebenheiten dieser Welt, so ließ bald der **Materialismus** der Philosophen LUDWIG FEUERBACH und ERNST HAECKEL nur noch das Irdische als das einzig Maßgebende gelten. Infolgedessen gab es eine radikale Abkehr von jeglicher Metaphysik. Die Religion, vor allem das Christentum, wurde einer schonungslosen Kritik unterzogen, wobei der ehemalige Theologe DAVID FRIEDRICH STRAUSS den Wunderglauben als unnatürlich verwarf und aus dem Leben Jesu nur noch das gelten ließ, was einer Überprüfung durch die Vernunft standhalten konnte. Auch in der Geschichtsschreibung hielten sich die großen Historiker des 19. Jahrhunderts (z. B. Leopold von Ranke, Theodor Mommsen, Jacob Burckhardt) nur noch an die Fakten und die durch Dokumente bezeugten Ereignisse.
Noch radikaler empfahlen die **Positivisten** (AUGUSTE COMTE), sich lediglich mit dem Sichtbaren und Erkennbaren auseinanderzusetzen. Der Philosoph FRIEDRICH NIETZSCHE trat für eine „Umwertung aller Werte“ ein, wobei er die völlige Über-

windung der Traditionen (**Nihilismus**) für richtig hielt und als neues Ideal den von allen Zwängen befreiten „Übermenschen" befürwortete. Schon CHARLES DARWIN hatte mit seiner **Evolutionstheorie** das Bild des Menschen, der sich über Jahrmillionen aus dem Tierreich heraushob und sich im „Kampf ums Dasein" seinen Platz in der Natur erst sichern musste, grundlegend verändert.
In der **Literatur** fanden diese geistigen Strömungen nach und nach ihren Niederschlag, denn die Dichter schworen zunehmend dem weit verbreiteten Idealismus ab und wandten sich der **Wirklichkeit** zu. Die französischen Vorbilder, die großen Romanciers STENDHAL, FLAUBERT und BALZAC, hatten den Weg aufgezeigt, wie die Lebensverhältnisse der Menschen in literarischen Werken zu analysieren sind. Die Menschen sollten nicht mehr heroisiert, sondern als reale Wesen in ihrem gesellschaftlichen Umfeld dargestellt werden. Dabei kam dem Alltäglichen ein ebenso hoher Stellenwert zu wie dem Besonderen, und das Hässliche hatte gleichrangig neben dem Schönen zu stehen.
Diese Forderungen wurden aber von den deutschen Realisten nur teilweise umgesetzt. Nach 1848 mischten sie sich kaum noch in die Politik ein und nahmen gesellschaftliche Veränderungen nur in gewissem Umfang wahr. So spielte das Proletariat in den Romanen und Novellen kaum eine Rolle, während Individuen aus allen Schichten des Bürgertums sowie Adlige umso zahlreicher vertreten waren, weshalb diese Epoche auch als **Bürgerlicher Realismus** bezeichnet wird. Soziale Konflikte wurden von den Autoren in ihren Werken durch Humor gemildert. In vielen populären **historischen Romanen,** in denen die Vergangenheit verherrlicht wurde, wurde die Sehnsucht nach nationaler Identität wachgehalten. Der den Werdegang einzelner Individuen nachzeichnende **Entwicklungsroman** pries die bürgerlichen Tugenden wie Fleiß, Ordnung und Sparsamkeit. Erst gegen Ende des Jahrhunderts rückte der deutsche **Gesellschaftsroman** (Fontane) auch die Widersprüche der Gesellschaftsordnung im Kaiserreich in den Mittelpunkt der Betrachtung, wobei aber immer noch der optimistische, vorbildhafte Einzelmensch hervorgehoben wurde.
Im **Drama** wurden zunächst noch eher soziale Konflikte dargestellt, bis nach der politischen Einigung Deutschlands immer häufiger historische Stoffe die ruhmreiche deutsche oder germanische Vergangenheit (z. B. Hebbels „Nibelungen" oder Richard Wagners Opern) aufleben ließen. Erst die Naturalisten verwirklichten die programmatische Forderung nach einer ungeschminkten Wiedergabe gesellschaftlicher Probleme.
Auch die **Lyrik** verzichtete nach und nach auf die Gestaltung politischer Themen und besann sich wieder mehr auf die Traditionen des idealistischen Zeitalters. Das subjektive Erlebnisgedicht des Realismus war zwar sachlicher und

nüchterner als die lyrischen Werke der Romantik und der Biedermeierzeit, aber es schuf ebenso eine stimmungsvolle Atmosphäre, indem die harmonische Natur und das auf sich selbst bezogene Individuum glorifiziert wurden.
Am ehesten stand der Dramatiker FRIEDRICH HEBBEL (1813–1863) dem Idealismus nahe, denn als Schüler Hegels sah er die Tragik seiner Dramengestalten in dem unerbittlich waltenden Schicksal, dem der einzelne Mensch hilflos ausgeliefert ist. Neben seinen Trauerspielen mit biblischen und antiken Stoffen („Judith", „Herodes und Mariamne", „Gyges und sein Ring") zeigte Hebbel auch in seinem Bürgerlichen Trauerspiel „Maria Magdalena" und in der Staatstragödie „Agnes Bernauer" den Untergang seiner aufrichtigen Hauptfiguren, die dem Weltgesetz zum Opfer fallen.
Die ehemals beliebten Schauspiele OTTO LUDWIGS sind heute weitgehend vergessen. Lediglich seine Novelle „Zwischen Himmel und Erde", die einen unversöhnlichen Familienstreit schildert, wird noch ab und zu gelesen.
Die **Prosa** des Realismus wurde entscheidend von drei großen Schweizer Erzählern geprägt:
Der Pfarrer JEREMIAS GOTTHELF (1797–1854) beschrieb in seinen sprachlich urwüchsigen Bauernromanen „Uli der Knecht" und „Uli der Pächter" den Aufstieg eines tugendhaften Landburschen zu einer allseits anerkannten Persönlichkeit. Mit seiner Novelle „Die schwarze Spinne" veranschaulichte er das unheimliche Wirken dämonischer Mächte.
Durch historische Quellenstudien fand CONRAD FERDINAND MEYER (1825–1898) die Inhalte seiner meisterhaften Novellen („Das Amulett", „Der Heilige", „Gustav Adolfs Page") und seines Graubündener Freiheitsromans „Jürg Jenatsch". Private und historische Vorgänge sind in seinen spannenden Werken auf tragische Weise verknüpft.
Beeinflusst von Ludwig Feuerbachs Religionskritik, schrieb der Züricher GOTTFRIED KELLER (1819–1890) den Bildungsroman „Der grüne Heinrich", der von dem zähen Ringen eines atheistischen Malers um seinen Platz in der Gesellschaft erzählt. Mit viel Humor zeichnet Keller in seiner Novellensammlung „Die Leute von Seldwyla" die liebenswerten Schwächen einer kleinstädtischen Bevölkerung nach. Zu den mustergültigen Beispielen von großer Novellenkunst zählen heute noch die viel beachteten „Kleider machen Leute" sowie „Romeo und Julia auf dem Dorfe", in denen der Dichter auf unterschiedliche Art Gesellschaftskritik übt.
Eng mit seiner böhmischen Heimat verbunden, verfasste ADALBERT STIFTER (1805–1868) in seinen „Studien" und in dem Erzählband „Bunte Steine" Porträts von Menschen, die stark in der Natur verwurzelt sind. Auch die Hauptfigur in

dem bedeutenden Entwicklungsroman „Der Nachsommer“ gelangt durch seine Forschungen in der Welt der Pflanzen und Mineralien zu einer inneren Ausgeglichenheit.
Der aus dem norddeutschen Husum stammende THEODOR STORM (1817–1888) erzeugte in seinen zahlreichen Naturgedichten und Novellen („Immensee“, „Hans und Heinz Kirch“, „Pole Poppenspäler“, „Aquis submersus“) melancholische Stimmungen. Nur selten kann der darin geschilderte herbe Menschentypus seiner harten Bestimmung entgehen. Auch der tüchtige Deichgraf Hauke Haien in Storms Meistererzählung „Der Schimmelreiter“ scheitert am Ende an dem übermächtigen Walten der Natur. Wie Keller und Meyer verwendet auch Storm häufig die **Rahmenerzählung,** bei der die Handlung in einen äußeren Erzählrahmen eingefügt ist.
Kauzige Typen und schrullige Einzelgänger bevölkern die Romanwelt von WILHELM RAABE (1831–1910). Der ironische Erzähler macht aber deutlich, wie seine Figuren trotz aller erlebten Widrigkeiten ihre Hoffnung auf Freiheit und Liebe bewahrt haben. Außer dem Frühwerk „Die Chronik der Sperlingsgasse“, einem liebevollen Stimmungsbild einer Berliner Straße, sowie den Romanen „Der Hungerpastor“, „Abu Telfan“ und „Der Schüdderump“ gehört auch die Geschichtserzählung „Die schwarze Galeere“, eine Episode aus dem Befreiungskampf der Niederlande, zu dem Bestand der bis heute lebendigen Prosa Raabes.
Die zu ihrer Zeit sehr geschätzten Realisten GUSTAV FREYTAG, FRITZ REUTER, VIKTOR VON SCHEFFEL, MARIE EBNER-ESCHENBACH und LUDWIG ANZENGRUBER werden dagegen nur noch in der Literaturgeschichte rühmend erwähnt. Bei Kindern und Jugendlichen steht aber immer noch der begabte Zeichner und humoristische Dichter WILHELM BUSCH (1832–1908) hoch im Kurs. Nicht nur seine Versgeschichte „Max und Moritz“, sondern auch andere Erzählungen in gereimter Form wie etwa „Die fromme Helene“ legen die hinterhältige Bosheit und Verschlagenheit der Menschen bloß.
Der einer französischen Hugenottenfamilie aus Neuruppin entstammende THEODOR FONTANE (1819–1898) kam erst spät, nach vielen Jahren als Journalist und Kriegsberichterstatter, zur Literatur. Doch in wenigen Jahren schuf er mit seinen volkstümlichen Balladen („Die Brücke am Tay“, „John Maynard“, „Herr von Ribbeck“), seinen „Wanderungen durch die Mark Brandenburg“ und seinen Romanen ein umfangreiches Werk, das auch heutzutage noch sehr geschätzt wird. Zu dem Repertoire der bekanntesten Schullektüren zählt seit Jahrzehnten die Kriminalerzählung „Unterm Birnbaum“. In seinen Gesellschaftsromanen „Schach von Wuthenow“, „Irrungen, Wirrungen“ und „Frau Jenny Treibel“ beschreibt Fontane das Ambiente der Berliner Gesellschaft im kaiserlichen Deutschland, in dem sich Adlige, Bürgerliche, Neureiche und Dienstboten um

einen angemessenen Status streiten. Während der Eheroman „Effi Briest“ das tragische Los einer unglücklichen Frau schildert, strahlt die Hauptfigur des Alterswerks „Der Stechlin“, ein pensionierter Major, eine aus viel Lebenserfahrung gewonnene Heiterkeit und Weisheit aus.
Fast alle großen realistischen Romanciers schrieben auch **Gedichte,** die sich aber trotz gemeinsamer Programmatik („Nachahmung der Natur“) deutlich unterscheiden. **Historische Themen** (Meyer, Fontanes Balladen) kommen dabei genauso vor wie lebensbejahende und schwermütige Charakterbilder oder **stimmungsvolle Naturbeschreibungen**. In ernsten und humorvollen Reimen werden Lebensweisheiten wiedergegeben, aber auch Gegenstände aus dem Alltagsleben nüchtern dargestellt. Viele realistische Dichter waren auch talentierte Zeichner oder Maler (Keller, Meyer, Raabe) und Karikaturisten (Busch), die ihr literarisches Werk durch diese künstlerischen Zeugnisse bereicherten.

Frau Jenny Treibel (1891)
von Theodor Fontane

Als eine literarische Studie des Bürgertums im Deutschen Kaiserreich wurde Theodor Fontanes **realistischer Gesellschaftsroman** „Frau Jenny Treibel“ oft eingeschätzt. In der Tat hatte der Autor, der sein Werk in zwei Etappen (Winter 1887/88 und 1891) niederschrieb, zahlreiche Anregungen aus seiner unmittelbaren Umgebung erhalten.
Fontane hatte Anfang der 60er Jahre selbst in der Nähe seines Romanschauplatzes, in der Alten Jakobstraße in Berlin, gewohnt. Seine Schwester Jenny Sommerfeldt, eine reich gewordene Apothekersfrau, pflegte regen Umgang mit einer Fabrikantenfamilie, die in der Schlesischen Straße zwei großartige Villen mit prächtigen Gartenanlagen sowie eine gut gehende Fabrik besaß. Für Fontane diente der erfolgreiche, umgängliche Unternehmer als Vorbild für seinen Kommerzienrat Treibel. Wie die Romanfigur war auch der reale Fabrikant mit einer ehrgeizigen, aus ärmeren Verhältnissen stammenden Frau verheiratet, mit der er drei Söhne hatte, wobei die beiden älteren eher unselbständig veranlagt waren. Der älteste Sohn des Unternehmers, der in einer eigenen Villa wohnte, stand unter dem Einfluss seiner akkuraten, strebsamen Gattin, die aus einer ehrwürdigen hanseatischen Kaufmannsfamilie kam.
Die gesellschaftliche Klasse der **Bourgeoisie** hatte Fontane in seinem Roman in zwei unterschiedliche Schichten eingeteilt, die sich den Bereichen **Besitz und Bildung** zuordnen lassen. Dabei wurden der Fabrikantenfamilie Treibel die bescheideneren Lebensverhältnisse des Professorenhaushalts Schmidt gegenübergestellt. Für die Darstellung dieses Milieus verarbeitete der Dichter Informationen und Vorlagen aus seiner eigenen Familie. So gab Fontane seiner Romanfigur Wilibald Schmidt Wesenszüge von sich selbst, während er dessen Tochter Corinna weitgehend nach seiner eigenen Tochter Martha formte.
Durch diese Konstellation ergriff Fontane also auch Partei zugunsten der Professorenfamilie, wogegen er die Umgebung der Treibels in ein kritisches, ja sogar spöttisches Licht setzte.

1. Inhalt des Romans

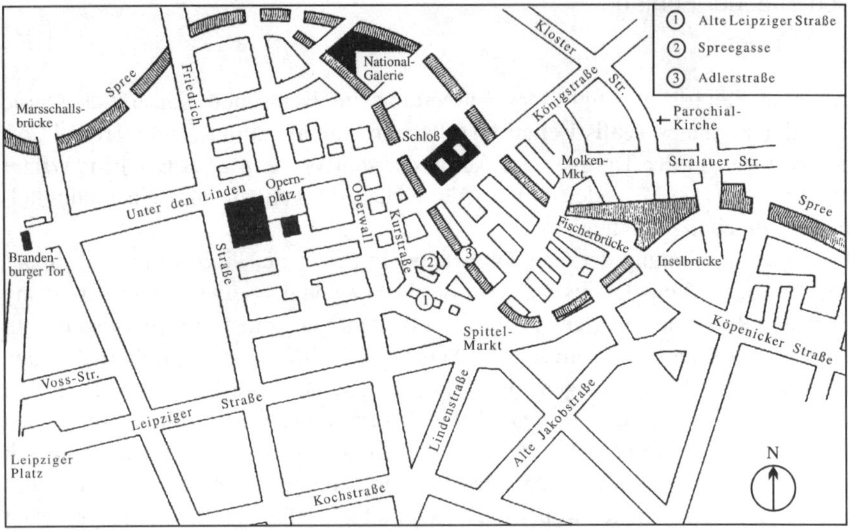

Ende Mai fährt die korpulente Kommerzienrätin Jenny Treibel in einem Landauer bei Schmidts in der Berliner **Adlerstraße** vor: Weil sie einen Geschäftspartner ihres Sohnes Otto, Mister Nelson aus Liverpool, zu Besuch erwartet, lädt sie die Englisch sprechende Corinna, die Tochter ihres Jugendfreundes Professor Wilibald Schmidt, in ihre Villa ein. Die Treibels besitzen eine Fabrik, in der Berliner Blau hergestellt wird, auf einem großen Gelände in der **Köpenicker Straße,** wo sich auch ihr stattliches Wohnhaus befindet. Dennoch zeigt sich die aus kleinbürgerlichen Verhältnissen stammende Jenny, eine geborene Bürstenbinder, mit ihrer Situation nicht zufrieden.

Zu dem Diner in der Treibelschen Villa treffen Corinna und ihr Vetter Marcell Wedderkopp zu Fuß ein, während die anderen Gäste mit der Kutsche ankommen. Der Kommerzienrat hat auch die Hofdamen Majorin von Ziegenhals und Fräulein Edwine von Bomst eingeladen, weil er sich von ihnen Vorteile für seinen Wahlkampf in der ländlichen Gegend Teupitz-Zossen erhofft. Sein Wahlhelfer, Leutnant Vogelsang, verscherzt ihm dagegen durch eine ungeschickte Tischrede bereits die Gunst seiner Gäste. Das gelungene Essen und die vornehmen Gespräche heben aber bald wieder die Stimmung. Mit dem Klavierspiel des ehemaligen Opernsängers Adolar Krola und dem sentimentalen Liedervortrag der Hausherrin wird die Soiree beschlossen.

Auf dem Nachhauseweg macht aber Marcell seiner Kusine Corinna Vorhaltungen, weil sie Leopold, den noch unverheirateten zweiten Sohn der Treibels, den Kopf verdreht habe, während sie angeregt mit dem amüsanten Mister Nelson geplaudert hat. Nach einer ersten Rechtfertigung gibt Corinna zu, dass es ihr Ziel sei, den reichen Leopold zu heiraten, denn auch sie habe einen *„Hang zum Wohlleben"*.

An demselben Abend findet bei Wilibald Schmidt das traditionelle Kränzchen der *„sieben Waisen Griechenlands"* statt, zu dem er wie immer seine Kollegen vom Großen-Kurfürsten-Gymnasium eingeladen hat. Die nicht ganz vollständige Runde diskutiert leidenschaftlich über Schliemanns Ausgrabungen in Griechenland, während sie von Schmidts Haushälterin, der Witwe Schmolke, gut versorgt wird. Nachdem sich die Gäste verabschiedet haben, bittet Marcell seinen Onkel noch um eine Unterredung, bei der er besorgt mitteilt, dass seine Heiratspläne mit Corinna wohl scheitern werden. Der ironische Schmidt spricht seinem Neffen jedoch Mut zu, denn er kann sich nicht vorstellen, dass die ehrgeizige Jenny, mit der er selbst einmal verlobt war, einer Hochzeit ihres Leopold mit einer Schmidt zustimmen werde.

Im Hause Treibel versucht inzwischen Ottos Frau Helene, ihre Schwiegermutter Jenny zu einer Einladung ihrer jüngeren Hamburger Schwester Hildegard zu bewegen. Doch die Kommerzienrätin lehnt dieses Ansinnen energisch ab, weil sie dahinter einen Plan Helenes vermutet, Hildegard mit Leopold zu verheiraten.

Auch Leopold bekommt bald die Macht seiner Mutter zu spüren. Sie hat nämlich einen Kellner in **Treptow,** wohin ihr Sohn jeden Morgen reitet, beauftragt, Leopold nicht mehr als eine Tasse Kaffee zu servieren. Bald nehmen die Verstimmungen bei den Treibels noch mehr zu, weil Vogelsangs Wahlfeldzug für den Fabrikanten in den Zeitungen ungünstig besprochen wird.

Eine Landpartie nach **Halensee** soll daher für Aufheiterungen sorgen. Doch bei einem Spaziergang gesteht Jenny ihrem Jugendfreund Schmidt, dass sie in der Ehe mit dem prosaischen Treibel nicht glücklich geworden sei. Provoziert von einer Voraussage Corinnas, dass er bald Hildegard heiraten werde, gesteht Leopold der forschen Professorentochter seine Liebe. Corinna weiß jedoch, dass es sehr schwer sein wird, das Einverständnis der Kommerzienrätin zu einer Verbindung mit Leopold zu bekommen. Auch die fürsorgliche Haushälterin Schmolke, der Corinna sofort nach ihrer Heimkehr ihr Geheimnis anvertraut, glaubt nicht, dass diese Liebesgeschichte gut gehen wird. Sie hält ohnehin eine Ehe Corinnas mit ihrem Vetter Marcell für geeigneter.

Am späten Abend nach der Landpartie informiert Leopold seine Mutter noch über die Verlobung mit Corinna. Die Kommerzienrätin, die fast in Ohnmacht fällt, billigt diesen Schritt ihres Sohnes keineswegs. Als Jenny von ihrem Ehe-

mann in dieser Angelegenheit nicht unterstützt wird, schreibt sie sofort einen Einladungsbrief an die Hamburgerin Hildegard Munk. Deren Schwester Helene zeigt sich über diese Entwicklung höchst erfreut.
Jennys Besuch bei Schmidt bringt aber einen Rückschlag. Corinna, die jeden Tag von ihrem Verlobten einen Brief erhält, aber nie von ihm besucht wird, verteidigt ihre Liebesbeziehung. Nach einigen Wochen spürt sie aber, dass sich Leopold nicht stark genug gegen seine Mutter wehrt. Resigniert entschließt sie sich deshalb, ihre Hoffnungen auf einen gesellschaftlichen Aufstieg aufzugeben. Ihr Vater informiert sogleich Marcell über diese Wendung, der auch bald seiner Kusine einen versöhnlichen Brief schreibt. Bei einem Gespräch kommen sich Corinna und Marcell rasch näher, so dass zwei Tage darauf ihre Verlobung in den Berliner Zeitungen bekannt gegeben wird. Als Treibel seiner Frau diese Nachricht vorliest, wirft sie ihm einen triumphierenden Blick zu.
Am 28. Juli feiert Corinna im Englischen Haus ihre Hochzeit, zu der sie auch großmütig die Treibels eingeladen hat. In ausgelassener Stimmung sind bald alle Feindseligkeiten vergessen. Kaum hat das frisch vermählte Paar seine Hochzeitsreise nach Verona und Mykene angetreten, bittet der Brautvater Adolar Krola, Jennys Lieblingslied „Wo sich Herz zum Herzen findt“ vorzutragen.

2. Personenkonstellation

Mit den Treibels und den Schmidts stellt Fontane **zwei unterschiedliche Schichten des Bürgertums** dar, die sich ganz wesentlich bezüglich des Besitzes und der Bildung unterscheiden. Aber auch in der Lebensgestaltung, in der Wohnungseinrichtung und in der Zusammensetzung des Personals und der jeweiligen Gäste gibt es erhebliche Differenzen.
Beide Familien sind durch ihre äußerlich **patriarchalische Struktur** gekennzeichnet, wobei in beiden Haushalten die Frauen eine dominierende Rolle spielen. Die zwei Familienväter Treibel und Schmidt ähneln sich in ihrem leutseligen, humorvollen Wesen. Dagegen führen die zwei Frauen Jenny Treibel und Corinna Schmidt einen erbitterten Kampf um den gesellschaftlichen Aufstieg. Die aus dem Kleinbürgertum kommende Jenny, eine geborene Bürstenbinder, will auf der Basis des bisher Erreichten noch höher hinauf, während Corinna durch die angestrebte Heirat mit Leopold erst die von Jenny schon erreichte Stufe ersteigen will. In diesem Konflikt entscheidet sich die Kommerzienrätin für das aus ihrer Sicht kleinere Übel: Lieber verheiratet sie ihren jüngsten Sohn mit einer weiteren Hamburgerin, nämlich Helenes Schwester Hildegard, als den sozialen Aufstieg einer Lehrertochter zu ermöglichen.

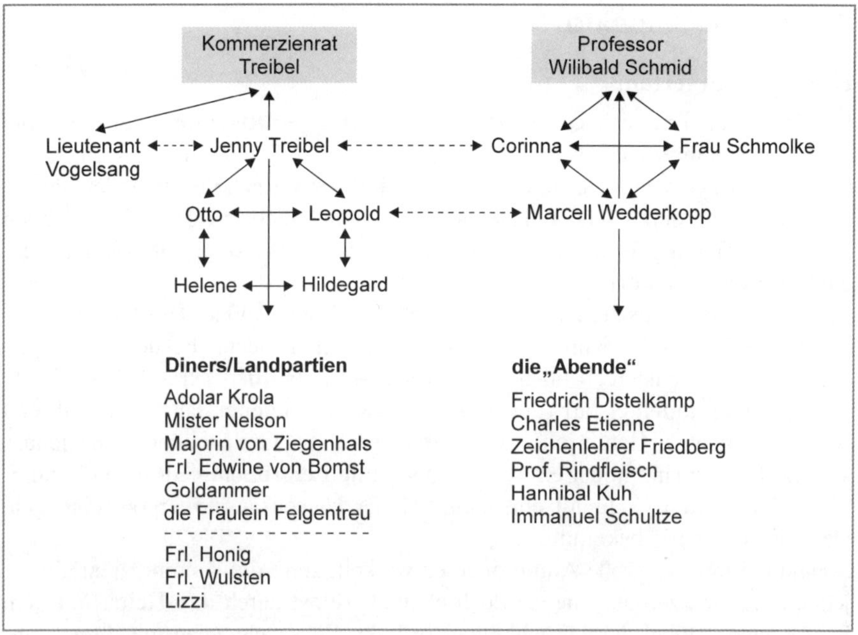

Im Gegensatz zu dem Kommerzienrat, der mit Hilfe seines Wahlkämpfers Vogelsang zu politischer Macht gelangen möchte und deshalb auch Verbindungen zum Adel knüpft, beschränkt sich Professor Schmidt ganz auf Kontakte zu Personen seines Standes. Seine Herrenrunde besteht aus Gymnasiallehrern, die zwar über gesellschaftliche Vorgänge diskutieren, sich aber aus der Politik heraushalten. Lediglich zu seiner Jugendfreundin Jenny unterhält Schmidt eine lockere Beziehung, ohne sich Illusionen hinzugeben. Trotz seiner geringeren finanziellen Möglichkeiten fühlt er sich den Treibels nicht unterlegen, weil er innere Werte und eine solide Bildung für wichtiger hält als die allein auf Geld beruhende soziale Stellung der Treibels.

Wie es die tüchtige, lebenskluge Haushälterin Rosalie Schmolke voraussieht, heiratet Corinna am Ende doch ihren Vetter Marcell Wedderkopp, der aufgrund seines Berufes (Gymnasial-Oberlehrer) und seiner Interessen (Archäologie) auch besser zu den Schmidts passt als der unselbständige, passive Leopold Treibel. Die beiden sozialen Schichten des Bürgertums bleiben dadurch klar getrennt, zumal sich auch Leopold durch die arrangierte Heirat mit der Kaufmannstochter Hildegard Munk weiterhin in seinen gesellschaftlichen Kreisen bewegt.

3. Zentrale Aspekte

Das Besitzbürgertum

Die Treibels definieren sich in erster Linie durch ihren **Reichtum,** der durch die guten Erträge ihrer chemischen Fabrik zustande kam. Standesgemäß wohnen die beiden Familien von Vater und ältestem Sohn in zwei nahe beieinander liegenden Villen, die durch schöne Terrassen und parkähnlich angelegte Gärten noch besser zur Geltung kommen. Selbstverständlich werden zur Fortbewegung elegante Kutschen benutzt.
Zu den Abendgesellschaften werden ranghohe Gäste (Adlige, Hofdamen, angesehene Militärs) oder Künstler (Adolar Krola) eingeladen, die den jeweiligen Diners erst den entsprechenden Status verleihen. Aber der Verlauf dieser Feste ist in **Konventionen** erstarrt, sodass sich der Kommerzienrat langweilt, während seine sentimentale Gattin jedes Mal durch ihren seichten rituellen Kunstgenuss auflebt. Da niemand in der erlesenen Runde Englisch spricht, lädt man die rangniedrigere Corinna Schmidt ein, damit Mister Nelson aus Liverpool eine gute Gesprächspartnerin bekommt.
Sobald Corinna zu große Ambitionen entwickelt, zeigt die Kommerzienrätin ihr jedoch die Grenzen auf, die sie doch ehemals selbst durch ihre Heirat mit dem Fabrikanten Treibel durchbrochen hat. In ihren Eifersüchteleien mit ihrer Hamburger Verwandtschaft offenbart die Aufsteigerin Jenny Treibel einen Minderwertigkeitskomplex, können sich doch die hanseatischen Munks auf eine ehrwürdige Familientradition berufen, die den Treibels fehlt,
Dennoch legt Kommerzienrat Treibel großen Wert auf seine **Familienehre,** weshalb er die abfälligen Kommentare der Zeitungen über seine Kandidatur in Teupitz-Zossen verärgert zur Kenntnis nimmt. Wie seine ehrgeizige Frau hofft auch der kaisertreue Unternehmer auf ein weiteres Vorankommen, das sich vor allem in einem besseren Titel ausdrücken sollte. Das *„Höhere"* strebt Jenny auch in der Kunst an, wobei sie sich durch ihr rührseliges Lied aber selbst entlarvt. Dass sie das Gesagte bzw. Gesungene nicht aufrichtig vertritt, zeigt sie durch die Verhinderung der Heirat zwischen Corinna und Leopold. Macht, Ansehen und Besitz sind der standesbewussten Kommerzienrätin wichtiger als die von ihr viel gepriesenen Tugenden. Gegenüber ihrem Jugendfreund Schmidt gibt sie sogar zu, dass sie in ihrer Ehe das Glück nicht gefunden habe. Aber ihre Reden stimmen mit ihrem Handeln nicht überein, weshalb ihre Äußerungen nur als **hohles Pathos** und **Heuchelei** angesehen werden können.

Wahre Bildung und Herzlichkeit sind in dieser Schicht der Bourgeoisie nicht anzutreffen. Sinnbildlich verkörpert sich dieser Mangel in dem verbitterten Wesen der Gesellschafterin Honig, deren süßer Name mit ihrem herben Charakter kontrastiert. Auch Jennys kleinliche Schwiegertochter Helene sowie ihre phlegmatischen Söhne empfinden kaum Lebensfreude, sodass die politischen Aktivitäten des Kommerzienrats als eine Flucht aus einem freudlosen Alltag zu interpretieren sind.

Das Bildungsbürgertum

Im Gegensatz zu dem aufgesetzten inhaltsleeren Bildungsstreben der Treibels wird im Hause Schmidt noch **wahre Bildung** gepflegt. Die Lektüre der Klassiker, das Erlernen von Fremdsprachen, aber auch die gepflegte Konversation mit Sprachwitz und Ironie gehören zum Alltag der Schmidts. Dass die **Vorliebe für die Antike** nicht nur vordergründig, sondern ein Herzensbedürfnis ist, zeigt Corinnas und Marcells Hochzeitsreise nach Italien und Griechenland.

Zwar leben die Schmidts viel bescheidener als die Treibels, verstehen aber dennoch das Leben zu genießen. Bei den „Abenden" des Professors werden preisgünstige, aber schmackhafte Spezialitäten der Region (z. B. Oderbruchkrebse) gereicht. Die Diskussionen der Gymnasiallehrer verlaufen lebhaft, ja manchmal sogar leidenschaftlich, wobei, wie der Titel *„Die sieben Waisen Griechenlands"* und die als *„Schmidtiana"* bezeichneten Anekdoten verdeutlichen, die **Selbstironie** und der **Humor** nicht zu kurz kommen. Außerdem verfügt Wilibald Schmidt über eine gute Beobachtungsgabe und eine ausgezeichnete Menschenkenntnis, wodurch er schon recht früh gewisse Entwicklungen erahnt.

Auch seine Tochter Corinna ist schlagfertig und selbstbewusst. Sie täuscht sich zwar in Leopold, als sie ein angenehmeres Leben im Wohlstand wünscht, aber sie bringt auch die Kraft auf, Irrtümer zu korrigieren. Im Streitgespräch mit der Kommerzienrätin geht sie als eindeutige Siegerin hervor, denn sie kann besser argumentieren.

Mit beiden Beinen im Leben steht die Haushälterin Schmolke, die nicht nur, wie das Treibelsche Personal, Aufträge ohne Widerrede ausführt, sondern mit klarem Verstand die Geschicke der Schmidts mitbestimmt. Standesgrenzen spielen für die Schmidts keine große Rolle, weshalb sich Corinna in ihrem Liebeskummer auch der Witwe Schmolke anvertrauen kann. **Moralische Größe** zeigt Corinna bei ihrer Hochzeit mit Marcell, zu der sie auch die Treibels einlädt, obwohl sie genügend Gründe hätte, ihnen gegenüber nachtragend zu sein. Vater und Tochter Schmidt gelingt es, ihre auf klassische Bildung gegründete **Humanität** auch in die Tat umzusetzen.

Fontanes Gesellschaftskritik

Geld und Besitz korrumpieren das Bürgertum, das sich im Wilhelminischen Kaiserreich dem Adel anzupassen versucht und sich deshalb der Lächerlichkeit aussetzt. Diesen Mechanismus verspottet Fontane am Beispiel der Fabrikantenfamilie Treibel, deren **Widersprüche** bereits in ihrem Milieu offenbar werden. Unmittelbar neben ihrer Villa mit der parkähnlichen Anlage, in der ein plätschernder Springbrunnen steht und sich ein exotischer Kakadu aufhält, befindet sich die Fabrik mit ihren hässlichen Schornsteinen, aus denen immer wieder der Qualm zu der Villa hin getrieben wird.

So wie ein Stockwerk auf das Wohngebäude aufgesetzt ist, wirken auch die „Ideale" der Kommerzienrätin unecht und gekünstelt. Jennys Schwärmerei für *„die poetische Welt"* entlarvt sich als leeres Bekenntnis, das der Wirklichkeit nicht standhält. Auch die Gespräche im Hause Treibel drehen sich um Belanglosigkeiten. Statt einem lebendigen Gedankenaustausch greift Langeweile um sich. Wenn der Bourgeoisie auch wirkliche innere Werte abgehen, so erstrebt sie doch mit Eifer und Eitelkeit eine **soziale Anerkennung,** die durch Titel, Orden und positive Zeitungsmeldungen dokumentiert wird. Deshalb steckt auch in Jennys verlogenem Lebensmotto ein Körnchen Wahrheit: *„Wissen und Klugheit und überhaupt das Höhere – darauf kommt es an."* Für die Verheiratung ihres Sohnes kommt es Jenny nicht auf Leopolds Lebensglück, sondern nur auf eine standesgemäße Verbindung an.

Der größte Kritiker der Treibels ist Professor Schmidt, der weitgehend Fontanes Positionen vertritt. Als prophetischer Analytiker durchschaut er die Schwächen der Unternehmerfamilie. Trotz seiner Spottlust gibt er sich aber versöhnlich und feiert gemeinsam mit den Treibels die Hochzeit seiner Tochter Corinna, wobei er wenigstens als einen kleinen Racheakt Jennys Lieblingslied *„profaniert"*. Als aber zuvor Corinnas Verlobung mit Leopold von der Kommerzienrätin nicht anerkannt wurde, verwünschte er die Bourgeoisie und rief überraschend aus: *„Corinna, wenn ich nicht Professor wäre, so würde ich am Ende Sozialdemokrat."* Diese **Sympathiebekundung mit der Arbeiterschaft,** die durch die positive Darstellung der Proletarierin Schmolke verstärkt wird, gibt auch Fontanes Standpunkt am Ende seines Lebens wieder, als der Dichter in der Arbeiterschaft zunehmend eine soziale Klasse mit historischem Auftrag sah, die sowohl den Adel als auch die Bourgeoisie überwinden würde.

3. Aufbau des Romans

Der in 16 Kapitel eingeteilte Fontane-Roman kontrastiert immer wieder die beiden Lebenswelten der Schmidts und der Treibels. Sowohl die Lebensgewohnheiten als auch die Wohnungseinrichtungen werden einander gegenübergestellt und dabei so genau und **realistisch** beschrieben, dass sich der Leser eine klare Vorstellung von den verschiedenen **Milieus** machen kann.
Das erste Kapitel, eine sorgfältig ausgearbeitete **Exposition,** schlägt die wesentlichen Themen des Romans an: Leopolds mögliche Verheiratung, Corinnas Zukunftsträume sowie die gespannte Beziehung zwischen Wilibald Schmidt und seiner Jugendfreundin Jenny. Langsam entfaltet sich ein Liebesverhältnis zwischen Corinna und Leopold, das etwa in der Mitte des Romans (zehntes Kapitel) mit einem Kuss und einem Treueschwur seinen **Höhepunkt** findet, bis eine mögliche Heirat durch die Strategie der Kommerzienrätin endgültig verhindert ist. Mit einem **scheinbaren Happy-End** schließt der Roman, indem die Schmidts und die Treibels friedlich bei Corinnas und Marcells Hochzeitsfeier vereint sind, als ob nie eine Missstimmung vorgekommen wäre. Jede Romanfigur gibt sich am Ende zufrieden, denn die Dinge haben sich in einer gesellschaftlich akzeptablen Richtung entwickelt. Wie Frau Schmolke immer gesagt hat, passt die lebenslustige Corinna besser zu ihrem gebildeten Vetter Marcell Wedderkopp, und Leopold kann mit Hildegard eine Ehe eingehen, die die Zustimmung der Kommerzienrätin findet. So endet der Roman fast so harmonisch, wie er begonnen hat.
Wie der **Untertitel** von Fontanes Werk („Wo sich Herz zum Herzen findt") andeutet, spielt das Lied, das Wilibald Schmidt einst für Jenny gedichtet hat, eine wichtige Rolle. Deshalb wird der vollständige Gesangstext auch zweimal wiedergegeben. Allerdings drückt die kitschige Schlusszeile die ganze Widersprüchlichkeit der Kommerzienrätin aus, denn als es zu einer Liebesbeziehung zwischen ihrem Sohn und Corinna Schmidt kommt, sorgt gerade sie durch ihren energischen Eingriff dafür, dass sich die beiden Herzen nicht finden. In der Person Jenny Treibels offenbart sich auch das zwiespältige Wesen der Bourgeoisie, weshalb Fontane die Kommerzienrätin zur **Titelträgerin** seines Berliner Gesellschaftsromans gemacht hat.
Der **allwissende Erzähler** schildert die Ereignisse jeweils aus der Sicht der handelnden Personen, ohne dabei Wertungen vorzunehmen. Seine neutrale Position wird jedoch durch subtile Sympathiebekundungen aufgeweicht. Bereits die teilweise exaltierte Namensgebung für einzelne Personen (z. B. Adolar Krola, Vogelsang, Ziegenhals, Edwine von Bomst) verrät seine ironische Spottlust. Aber noch mehr gibt er Jenny Treibels sentimentale Aktivitäten durch seine

leicht übertreibende Darstellung der Lächerlichkeit preis. Es wird deutlich, dass sich der Erzähler mehr zu der einfacheren, ungekünstelten Umgebung der Schmidts mit ihrer bodenständigen Haushälterin Schmolke hingezogen fühlt.

4. Sprache

In einer anspruchsvollen, abwechslungsreichen Sprache mit teilweise komplexem Satzbau gibt der Erzähler das Romangeschehen wieder. Viele Dialoge und Zitate veranschaulichen die **Mentalität** der einzelnen Figuren, deren **Redeweise** deutlich unterschieden wird.
Am auffallendsten sprechen Frau Schmolke, die im Berliner Dialekt ihre Lebensweisheiten zum Besten gibt, und Mister Nelson, der sein drolliges Deutsch mit vielen englischen Redewendungen garniert. Militärisch knapp und hölzern drückt sich Leutnant Vogelsang aus, während Professor Schmidt sprachlich hervorragend differenzieren kann. In dieser Hinsicht kommt Corinna fast ihrem Vater gleich, denn auch sie kann ironisch und schlagfertig mit anderen umgehen. Dagegen verfügen die Treibels nur über wenig Wortwitz. Die Kommerzienrätin wirkt durch ihre pathetische Sprache sogar unnatürlich.
Fontanes Roman ist auch deshalb ein Meisterwerk des Realismus, weil sein Personal durch die unterschiedliche Ausdrucksweise genau charakterisiert wird.

Effi Briest (1895)

von Theodor Fontane

Die preußische Adelsgesellschaft kurz vor der Jahrhundertwende ist in Konventionen erstarrt und trägt deshalb sogar barbarische Züge. Dieses schonungslose Porträt zeichnet Theodor Fontane in seinem **gesellschaftskritischen realistischen Roman** „Effi Briest“, der zwischen 1890 und 1895 entstanden ist.

Den Stoff zu seinem Werk entnahm Fontane einer wahren Begebenheit, die in den 80er Jahren ein großes Aufsehen erregt hatte. Freifrau Elisabeth von Plotho war als jüngstes von fünf Kindern frei und ungezwungen auf dem elterlichen Gut Zerben bei Parey an der Elbe aufgewachsen. Im Alter von 17 Jahren wurde sie von dem fünf Jahre älteren Offizier Armand Léon von Ardenne umworben, der bei den Ziethen-Husaren in Rathenow stationiert war. Zunächst lehnte Elisabeth eine Verbindung mit dem sehr musikalischen, aber ernsten Bewerber ab, bis sie schließlich auf gutes Zureden ihrer Mutter (ihr Vater war zehn Jahre zuvor gestorben) im Februar 1871 die Verlobung einging, der am 1. Januar 1873 die Hochzeit in Zerben folgte.

Elisabeths Mutter richtete für das Ehepaar eine Wohnung in Berlin ein, doch bald startete ihr Schwiegersohn eine militärische Karriere, die mehrere Umzüge erforderte. In Düsseldorf lernte Elisabeth, die inzwischen zwei Kinder zur Welt gebracht hatte, den unglücklich verheirateten Amtsrichter Emil Hartwich kennen, mit dem sie eine lange währende Korrespondenz aufnahm. 1884 wurde Ardenne ins Kriegsministerium nach Berlin berufen, aber Elisabeth setzte ihre Liebesaffäre fort und traf sich 1886 mit ihrem Liebhaber, während ihr Ehemann im Manöver war. Nach seiner Rückkehr öffnete der misstrauische Ardenne mit einem Nachschlüssel eine Kassette seiner Frau, in der er die belastenden Briefe vorfand. Am 27. 11. 1886 duellierte sich der in seiner Ehre verletzte Ardenne mit seinem ehemaligen Freund Hartwich, der kurz danach an den Folgen seiner Verletzungen starb.

Am 15. 03. 1887 wurde die Ehe der Ardennes geschieden, wobei die Kinder dem Vater zugesprochen wurden.

Nach einer kurzen Festungshaft brachte es Ardenne noch bis zum Generalleutnant. Er starb 1919 in Berlin, während seine geschiedene Frau, die sich mit Krankenpflege beschäftigt hatte, bis 1952 in Lindau am Bodensee lebte.

Fontane übernahm von dieser **Ehebruchsgeschichte** nur die äußere Struktur, während er den Schauplatz verlegte und auch die näheren Umstände veränderte. Selbst die Namen seiner Romanfiguren unterzog er einem häufigen Wechsel, wie die nachgelassenen Manuskripte bezeugen. Was aber von Anfang an Bestand hatte, war Fontanes unbestechliche Kritik an der Berliner Gesellschaftsordnung des ausgehenden 19. Jahrhunderts. Der **preußische Ehrenkodex** widersprach seiner Meinung nach einem humanen Menschenbild, denn die herrschenden sozialen Normen hatten die Adligen zu Marionetten einer gefühllosen Ständegesellschaft gemacht.

1. Inhalt des Romans

In einem Herrenhaus zu Hohen-Cremmen wohnt die Adelsfamilie Briest mit ihrer einzigen Tochter Effi. Völlig überraschend erfährt die lebenslustige 17-jährige, dass der ehemalige Verehrer ihrer Mutter, Baron Geert von Innstetten, um ihre Hand angehalten habe. Nach kurzer Bedenkzeit willigt Effi in die sofortige Verlobung ein. Für einige Wochen bleibt die Braut noch in ihrem Elternhaus, während der Bräutigam seine Tätigkeit als Landrat im Kreis Kessin in Hinterpommern fortsetzt.

In ausgelassener Stimmung fährt Effi mit ihrer Mutter nach Berlin, um ihre Aussteuer einzukaufen. Das dortige Zusammentreffen mit ihrem Vetter Dagobert von Briest, der seine Verwandten in Cafés und Museen begleitet, beschert einige glückliche Tage. Obwohl Effi jeden Tag von Innstetten einen Brief erhält und ihren zukünftigen Ehemann verehrt, macht ihr der näher rückende Hochzeitstag (3. Oktober) Sorgen. Frau von Briest weist zwar darauf hin, dass Innstetten ein „Mann von Prinzipien" sei, aber gerade deshalb gesteht Effi: *„ich fürchte mich vor ihm."*

Unmittelbar nach ihrer Heirat tritt der Baron mit seiner jungen Frau eine Hochzeitsreise nach Italien an, wo die beiden zahlreiche Galerien und Museen besuchen. Mitte November kehrt das Paar nach Berlin zurück, um kurz darauf in Kessin einzutreffen. Das von dem Landrat bewohnte Fachwerkhaus wirkt auf die sensible Effi sogleich unheimlich, zumal sie in der ersten Nacht ein Spukerlebnis hat. Es wird erzählt, dass ein toter Chinese, dessen Bild noch in dem Haus hängt, immer wieder nachts erscheine. Dazu kommt, dass sich Effi einsam fühlt, denn die Besuche bei den Adligen und Honoratioren der Umgebung langweilen sie. Lediglich der Hund Rollo kann die junge Gattin etwas aufheitern. Schließlich findet sie auch Kontakt zu dem aufgeschlossenen Apotheker Alonzo Gieshübler, der sie bald zu einem Hauskonzert mit der extravaganten Künstlerin Marietta Trippelli einlädt, mit der Effi eine Brieffreundschaft eingeht.

Im Winter ist der Badeort Kessin wie ausgestorben, so dass Effi, die sich in ihrer Wohnung immer noch nicht wohl fühlt und nach wie vor Heimweh hat, wegziehen will. Auf dem Silvesterball wird ihr mitgeteilt, dass bald der neue Landwehrbezirkskommandeur Major von Crampas, *„ein Damenmann"*, seinen Dienst antreten werde. Effis Situation verbessert sich, als sie auf dem Dünenkirchhof die vereinsamte Haushälterin Roswitha trifft, die sich für sie als Glücksgriff erweist. Am 3. Juli kommt ihre Tochter Annie auf die Welt, ein Ereignis, das von den Briests in Hohen-Cremmen, wo Mutter und Tochter den Sommer verbringen dürfen, mit Begeisterung aufgenommen wird.

Nach ihrer Rückkehr nach Kessin verfällt Effi bald dem Charme des Majors Crampas, der zunächst mit dem Ehepaar Innstetten tägliche Ausritte unternimmt, bis er schließlich Effi allein begleitet, weil der Baron mit Amtsgeschäften überlastet ist. Bei italienischen Abenden, einer gemeinsamen Theateraufführung (bezeichnender Titel „Der Schritt vom Wege"!) und einer Schlittenpartie kommen sich Crampas und Effi noch näher. Obwohl Innstetten seine Frau vor dem verführerischen Major, den er noch aus seiner Militärzeit kennt, gewarnt hat, kann sich Effi der Versuchung nicht entziehen. Sie reagiert verlegen, als der Landrat von einer Dienstreise zurückkehrt und seine Frau mit *„Argwohn"* betrachtet.

Innstettens Berufung ins Ministerium nach Berlin kommt ihr wie gerufen, um mit ihrer schuldbeladenen Vergangenheit Schluss zu machen. Sie schreibt einen Abschiedsbrief an Crampas und fährt in die Reichshauptstadt, um eine Wohnung für einen neuen Lebensabschnitt zu suchen. Sie täuscht sogar eine Krankheit vor, damit sie Kessin nicht wiedersehen muss.

Doch auch in Berlin gewinnt Effi nur teilweise ihre Heiterkeit zurück. Sie freut sich zwar auf ihre neue Wohnung in der Keithstraße, aber sie empfindet auch immer wieder starke Gewissensbisse. Eine Sommerreise mit ihrem Mann auf die Insel Rügen führt sie zu dem Dorf Crampas, so dass sie erschrocken nach Kopenhagen weiterreist. Da Effi auch nach dem Urlaub von *„Beängstigungen"* nicht mehr loskommt, schickt sie ihr Arzt Rummschüttel zur Kur nach Bad Ems.

Sechs Jahre sind seit dem Wegzug aus Kessin vergangen, da geschieht das von Effi stets Befürchtete. Als die kleine Annie auf der Treppe stürzt, sucht das Dienstpersonal in Effis Nähtisch nach einer Binde. Dabei fällt ein Briefpaket heraus, auf das Innstetten aufmerksam wird. Der Baron stellt fest, dass es Briefe des Majors Crampas an seine Frau sind, die eindeutig Effis Ehebruch dokumentieren. Mit dem Geheimrat Wüllersdorf fährt er nach kurzer Beratung nach Kessin, um dort Crampas zum Duell zu fordern. Innstetten tötet seinen Rivalen in den Dünen und fährt nachdenklich, aber im Bewusstsein, richtig gehandelt zu haben, nach Berlin zurück. Dort veranlasst er alle weiteren Schritte.

In einem Brief ihrer Mutter wird Effi über das Vorgefallene informiert. Die schuldbewusste Baronin bricht ihre Kur in Ems ab und richtet sich schließlich in einer kleinen Berliner Wohnung ein, weil ihre Eltern aus Gründen der Ehre eine Aufnahme in Hohen-Cremmen verweigern.

Zusammen mit der treuen Roswitha verbringt Effi drei Jahre in tiefer Verbitterung. Eines Tages sieht sie zufällig ihre Tochter in einer Pferdebahn. Daraufhin bittet sie Innstettens Vorgesetzte, ihr ein Treffen mit Annie zu vermitteln. Doch diese Begegnung verläuft enttäuschend, weil Annie nur einsilbig antwortet. In einem Selbstgespräch verflucht Effi ihren Exgatten.
Eine starke Nervenkrise Effis veranlasst ihren Arzt Rummschüttel, nach Hohen-Cremmen zu schreiben. Verständnisvoll nehmen die Briests ihre kranke Tochter wieder in ihr Haus auf, wo sie sich bald etwas erholt. Auch Baron von Innstetten empfindet seit der Trennung von seiner Frau nur eine innere Leere, obwohl er inzwischen zum Ministerialdirektor ernannt worden ist. Auf einen Brief Roswithas hin lässt er aus Mitleid Effi den so sehr vermissten Hund Rollo zukommen.
Effis Gesundheitszustand ist doch ernster als vermutet. Nach einem letzten Gespräch mit ihrer Mutter, in dem sie Innstetten alles verzeiht und seine Handlungsweise akzeptiert, stirbt Effi. Ihrem Wunsch gemäß steht auf ihrer Grabplatte nur der Name Effi Briest.

2. Personenkonstellation

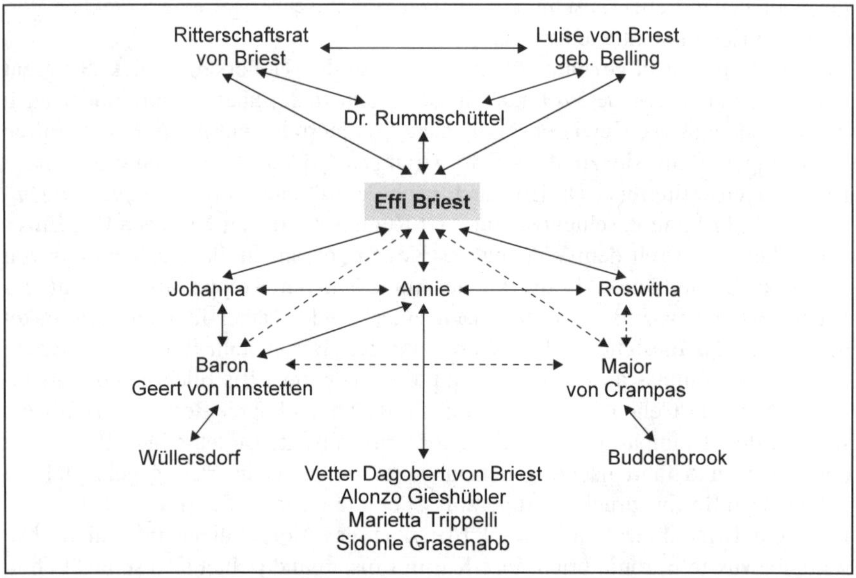

Für Effi hat ihr Elternhaus in Hohen-Cremmen eine zentrale Bedeutung. Nur dort hat sie sich wirklich glücklich gefühlt. Das Herrenhaus mit seinem Garten ist sowohl der Ausgangs- als auch der Endpunkt des Romans. Im Gegensatz zu den übrigen Romanfiguren zeigen am ehesten der Ritterschaftsrat von Briest und seine Frau Luise Verständnis für Effis Schicksal. Allerdings bedarf es dazu erst der Vermittlung des frei und human denkenden Arztes Dr. Rummschüttel.
Weil die noch junge Effi die wahre Liebe bei ihrem korrekten Gatten Geert von Innstetten vermisst, wendet sie sich dem leidenschaftlichen Verführer Major von Crampas zu, bei dem sie jedoch auch keine Erfüllung findet. Deshalb ist es umso tragischer, als ihr Mann sechs Jahre nach dieser Liebesgeschichte den Major zum Duell fordert. Die beiden jeweiligen Sekundanten, Geheimrat Wüllersdorf und Crampas' Freund Buddenbrook, halten wie die beiden Duellanten diese blutige Auseinandersetzung für unausweichlich.
In diesen **Ehrenhandel** werden alle anderen Personen mit hineingezogen. Effis Tochter Annie wird dem Baron zugesprochen, der nur eine (für Effi ernüchternde) Begegnung zwischen Mutter und Kind zulässt. Die beiden Haushälterinnen Johanna und Roswitha, die sich gegenseitig die Schuld an diesem **Ehedrama** zuschieben, ergreifen Partei für den Baron bzw. für Effi und führen die getrennten Haushalte.

Die weiteren Romanfiguren gehören für Effi bald nur noch der Vergangenheit an. Mit ihrem Vetter Dagobert hat sie kurz vor ihrer Hochzeit ihre letzten unbeschwerten Tage in Berlin verbracht. Der Apotheker Alonzo Gieshübler und die exzentrische Künstlerin Marietta Trippelli haben ihr die harte Zeit in Kessin erleichtert. Für diese von Spukgeschichten und engstirniger Denkweise belasteten zwei Jahre steht stellvertretend Sidonie Grasenabb, die alle gesellschaftlichen Veranstaltungen mit ihren streng moralischen Kommentaren begleitet. Zahlreiche Nebenfiguren, vor allem Effis Bezugspersonen aus ihrer Heimat, die Kessiner Honoratioren und das Dienstpersonal bereichern Fontanes Roman.

3. Zentrale Aspekte

Der preußische Adel

Aus Fontanes Sicht ist die preußische Adelsschicht in ihren eigenen **starren Normen** gefangen. Eine korrekte Verhaltensweise zählt mehr als jede vom Gefühl beeinflusste Tat. Deshalb gilt der lebenslustige Major von Crampas auch als Außenseiter, weil er andere Werte setzt: *„Überhaupt, ohne Leichtsinn ist das ganze Leben keinen Schuss Pulver wert.“* Auf Effi wirkt dieser Mann umso verlockender, als sie ein Leben jenseits der „Prinzipien“ sucht, wie sie es von ihrem tugendhaften, charakterfesten Ehemann gewohnt ist. Bereits in ihrer Kindheit hat Effi bei ihren toleranten Eltern ein freudigeres, unbefangeneres Dasein kennen gelernt, als es in der distanzierten, kühlen Kessiner Gesellschaft und später in den Berliner Adelskreisen vorherrscht.

Aber trotz dieser Unterschiede sind sich alle Adlige in diesem Roman über die Richtigkeit von Innstettens Vorgehen einig. Der beschuldigte Crampas erkennt sofort den Anspruch des Barons auf ein **Duell** an, und auch die Briests werfen ihrem Schwiegersohn keine Unrechtmäßigkeit vor. Nach der Ermordung seines Rivalen denkt Innstetten zwar über Alternativen seines Handelns nach, aber er kommt zu dem Schluss: *„Schuld verlangt Sühne, das hat einen Sinn.“* Mit seinem Duell hat der Landrat eine sechs Jahre alte Tat bestraft, seine **Ehre** wiederhergestellt, aber auch seine Familie und sein häusliches Glück zerstört.

Dabei hat Innstetten ohne Hass oder Rachegefühl getötet. Er hat, wie es sein Sekundant Wüllersdorf ausdrückt, einem *„Götzendienst“* gehuldigt. Der brutale kaltblütige Duellmord findet aber das Verständnis der höheren Gesellschaft, denn Innstetten muss dadurch keine Nachteile in Kauf nehmen, sondern kann vielmehr eine beachtliche Karriere machen. Selbst Effi bescheinigt ihm auf ihrem Totenbett ein ehrenwertes Motiv, wenn auch mit einer Einschränkung: *„Denn er hatte viel Gutes in seiner Natur und war so edel, wie jemand sein kann, der ohne rechte Liebe ist.“* In solchen Sätzen und in einer Bemerkung von Effis Begleiterin in Ems, der Geheimrätin Zwicker, die in einem Brief von dem *„Duellunsinn“* schreibt, offenbart sich Fontanes Kritik an den **barbarischen Lebensregeln** des Adels, die zwar auf einer langen Tradition beruhen, aber auch zeitlich völlig überholt sind.

Die Titelfigur Effi Briest

Die „Heldin“ des Romans ist eine Vertreterin und zugleich auch ein **Opfer** der preußischen Adelsgesellschaft. Von früh an hat sie gelernt, den Regeln und Gepflogenheiten ihres Standes unbedingt Folge zu leisten. Mit der Bewerbung des Barons von Innstetten geht ihre unbeschwerte Kindheit abrupt zu Ende, aber sie akzeptiert die von ihren Eltern befürwortete Ehe mit dem um Jahre älteren Landrat, den sie zwar achtet, aber nicht liebt. Bereits auf der Hochzeitsreise werden die großen Charakterunterschiede zwischen Effi und Innstetten offenbar.

In ihrer neuen Umgebung in Kessin findet die vitale Effi keinen Anschluss. Die unheimliche Spukgeschichte in dem Haus des Landrats bewirkt zudem, dass sie sich nicht heimisch fühlt. Nicht einmal die Geburt ihrer Tochter verschafft ihr die Erfüllung, die sie bei ihrem peniblen, aber emotional armen Ehemann vergeblich

sucht. Aus Abenteuerlust und jugendlichem Leichtsinn verfällt sie den Verführungskünsten des Majors von Crampas, den sie nicht einmal liebt. Schon früh weist Innstetten auf die **Charakterschwäche** hin, die Effi zum Verhängnis wird: *„aber Festigkeit ist nicht eben deine Spezialität"*. Effi selbst legt vor ihrer Heirat ein erstaunliches Bekenntnis ab, dessen Folgen ihr dabei wohl nicht klar sein dürften: *„Ich bin nicht so sehr für das, was man eine Musterehe nennt."*
Widerstandslos nimmt Effi die Verfügungen ihres Ehemannes hin, denn auch sie hat den **Ehrenkodex** des preußischen Adels verinnerlicht. Sie weiß, dass sie gegen die guten Sitten verstoßen hat und fühlt sich auch deshalb schuldig. Ihre Ohnmacht und ihre spätere Krankheit sind Reaktionen auf den (zu erwartenden) gesellschaftlichen **Skandal,** den sie mit ihrem Ehebruch verursacht hat. Sie ist sich bewusst, dass sie mit der nun ans Tageslicht gekommenen Verfehlung aus einer früheren Zeit alles verloren hat: ihre Familie, ihre soziale Stellung und selbst die Zuneigung ihrer Eltern. Ohne zu jammern, beginnt sie ein neues Leben, das für sie jedoch nur ein langes Siechtum darstellt.
Nur einmal hadert sie mit ihrem Schicksal, als sie nach längerer Zeit ihre Tochter Annie wieder sprechen kann, zu der sie allerdings keine Beziehung mehr herzustellen vermag.
Wütend verflucht sie in einem Monolog den Baron, dessen Strafmaß sie als ungerecht empfindet. Die einzelnen Anklagepunkte nimmt sie aber auf ihrem Sterbebett zurück, indem sie dem Baron von Innstetten großmütig verzeiht. Mit ihrem frühen Tod erfüllt sich Effi Briests **Tragik,** die darin besteht, dass die Ansprüche der Gesellschaft sie überfordert haben, zumal sie in einem Stadium der Unreife zu leidenschaftlich gehandelt hat, anstatt den Konventionen zu folgen, die sie jedoch nicht zufriedenstellen konnten.

4. Aufbau des Romans

Der in 36 Kapitel eingeteilte Roman lässt sich durch seine präzise Zeiteinteilung in verschiedene Etappen gliedern, die damit einen biographischen Abriss der Titelfigur ergeben.

Effi Briests Lebensstationen

1. Hohen-Cremmen: 17 Jahre
   (glückliche Kindheit, Innstettens Werbung, Hochzeit)
2. Kessin: 2 Jahre
   (getrübtes Eheleben, Geburt Annies, Liebesaffäre mit Crampas)
3. Berlin: 6 + 3 Jahre
   (schuldbewusster Neubeginn, Kur – Trennung: Krankheit, Vereinsamung, Begegnung mit Annie)
4. Hohen-Cremmen: 1 Jahr
   (Genesung, erneute Krise, Tod)

Die Handlung des Romans wird **chronologisch** wiedergegeben. Nur durch gelegentliche Dialoge (Effis Gespräch mit ihrer Mutter, 36. Kapitel) und Monologe (Innstettens Nachdenken über sein Duell, 29. Kapitel) erfolgt ein Rückblick auf das Geschehen. Allerdings werden die verhängnisvollen Begebenheiten (Effis Ehebruch und Innstettens Trennung) durch **symbolische Aktionen** vorbereitet. So bleibt vor Effis Affäre der Schlitten im morastigen Untergrund stecken, und der Baron träumt, dass Crampas mit seiner Frau versunken sei. Auch Frau von Paddens Bemerkung über Major von Crampas *(„Hochmut kommt vor dem Fall.“)* sowie das Motiv des gescheiterten Schiffes (im 20. Kapitel) und das Selbstgespräch der Ehebrecherin *(„Effi, du bist verloren.“)* deuten auf das grausame Ende voraus.
Effis Leben in Kessin nimmt den größten Teil im Roman (6.–21. Kapitel) ein, und auch das 28. Kapitel (Duell) spielt wieder in dieser Gegend Pommerns. Bezeichnenderweise tritt Crampas zum ersten Mal im 13. Kapitel auf. Etwa in der Mitte des Romans (20. Kapitel) verfällt Effi den Verführungskünsten des Majors, was weitreichende und ungeahnte Folgen hat.
Die einzelnen **Handlungsorte** (Herrenhaus Hohen-Cremmen, Kessin, Berliner Wohnungen in der Keithstraße und in der Königgrätzer Straße sowie die verschiedenen Reisestationen) sind nicht nur genauestens beschrieben, sondern sind auch geographisch nachweisbar. Auch die Personen werden detailliert geschildert, wodurch ein wichtiges **Stilmittel des Realismus** angewendet wurde.
Durch einige **Leitmotive** (der tote Chinese, Reeperbahn, Reisen, der Hund Rollo) wird der inhaltliche Zusammenhang noch verdichtet. Der identische Schauplatz (Hohen-Cremmen) am Anfang und am Ende des Romans sorgt vollends dafür, dass der klare Aufbau in der äußeren Geschlossenheit der Handlung zum Ausdruck kommt.

5. Erzählhaltung und Sprache

Sachlich und nüchtern wird das Romangeschehen wiedergegeben. Der **neutrale Erzähler** stellt die Ereignisse dar, ohne für eine Seite Partei zu ergreifen. Gelegentlich fällt aber doch auf, dass er manche Vorfälle, besonders Innstettens Duellforderung, **ironisiert,** wobei er die Kritik an den einzelnen gesellschaftlichen Zuständen jeweils von verschiedenen Personen (z. B. Wüllersdorf, Sophie von Zwicker oder Effis Eltern) üben lässt.

Der Schwerpunkt liegt weniger auf der Darbietung der Handlung als vielmehr auf der Vergegenwärtigung der **Denkweise und Gefühle** der Romanfiguren. Es werden sogar einzelne interessante Episoden (Hochzeitsfeier, Hochzeitsreise, Effis Ehebruch) sehr kurz abgehandelt oder ausgeblendet. Dagegen nehmen **Gespräche,** aus denen die Sichtweise und Motive der Personen hervorgehen, einen breiten Raum ein.

Durch die Dialoge und die dabei offenbar werdende **Sprechart** werden die Romanfiguren charakterisiert. Während das Dienstpersonal eine vom Dialekt gefärbte Umgangssprache verwendet, pflegen die Adligen eine von höflichen Floskeln beherrschte **Konversationssprache,** ohne besonders geistreich zu wirken. Typisch ist dabei die resignative Grundhaltung von Effis Vater, der problemorientierte Unterhaltungen mit seinem wie ein Leitmotiv wirkenden Standardsatz *„Das ist ein zu weites Feld."* öfter abbricht. Eine wirkliche Erörterung der Schuldfrage kommt auf diese Weise nicht zustande.

Abseits (1848)
von Theodor Storm

Es ist so still; die Heide liegt
Im warmen Mittagssonnenstrahle,
Ein rosenroter Schimmer fliegt
Um ihre alten Gräbermale;
Die Kräuter blühn; der Heideduft
Steigt in die blaue Sommerluft.

Laufkäfer hasten durchs Gesträuch
In ihren goldnen Panzerröckchen.
Die Bienen hängen Zweig um Zweig
Sich an der Edelheide Glöckchen,
Die Vögel schwirren aus dem Kraut –
Die Luft ist voller Lerchenlaut.

Ein halbverfallen, niedrig Haus
Steht einsam hier und sonnbeschienen,
Der Kätner lehnt zur Tür hinaus,
Behaglich blinzelnd nach den Bienen;
Sein Junge auf dem Stein davor
Schnitzt Pfeifen sich aus Kälberrohr.

Kaum zittert durch die Mittagsruh
Ein Schlag der Dorfuhr, der entfernten;
Dem Alten fällt die Wimper zu,
Er träumt von seinen Honigernten.
– Kein Klang der aufgeregten Zeit
Drang noch in diese Einsamkeit.

Aus: Karl Otto Conrady (Hrsg.): Das Buch der Gedichte. Frankfurt/M. 1987, S. 296

Den weitaus größten Teil seines Lebens hat der Norddeutsche Theodor Storm (1817–1888) in seiner Heimatstadt Husum, der *„grauen Stadt am Meer"*, verbracht. Deshalb prägten auch die Nordsee, die Marsch und die flache Heidelandschaft die meisten seiner Gedichte. Zum Studium ging der junge Storm nach Lübeck, Kiel und Berlin, um gleich danach (1843) als Rechtsanwalt nach Husum zurückzukehren.

Das Jahr 1848 rüttelte den unpolitischen, in bürgerlicher Behaglichkeit lebenden Dichter auf, weil in den Herzogtümern Schleswig und Holstein die Revolution mit einer Volkserhebung gegen das Königreich Dänemark einher ging, das diese Gebiete seiner Herrschaft einverleiben wollte. Dem sich immer stärker für die Unabhängigkeit der beiden Fürstentümer engagierenden Theodor Storm wurde 1852 sein Anwaltspatent entzogen, sodass der Husumer Advokat in den preußischen Staatsdienst eintrat und nach Potsdam und schließlich nach Heiligenstadt übersiedelte. Erst 1864 zog Storm wieder in seine Vaterstadt, nachdem Preußen und Österreich die Dänen in einem Krieg besiegt und Schleswig und Holstein unter sich aufgeteilt hatten,

Das Gedicht „Abseits“, das um das Jahr 1848 entstand, ist nicht nur eine Reverenz Storms an seine Heimat, sondern spiegelt auch die politischen Vorgänge jener Zeit wider. Die Örtlichkeit kann sogar genau bestimmt werden, denn der junge Rechtsanwalt soll bei einem Spaziergang in dem nordöstlich von Husum gelegenen Dorf Schwesing einen Kätner namens Heidbur gesehen haben, dessen scheinbar idyllisches Leben ihn sofort faszinierte.

Storms **realistisches Naturgedicht** thematisiert die Spannung zwischen einer nüchtern beschriebenen beschaulichen Landschaftsidylle und einer politisch dramatischen Umbruchszeit. Die Wiedergabe der verschiedenen Eindrücke erfolgt im Stil eines objektiv registrierenden Betrachters, der sich von der Ruhe der Heide ganz gefangen nehmen lässt und sich am Ende doch noch der *„aufgeregten Zeit“* bewusst wird.

1. Inhalt des Gedichts

Der an einem warmen Sommertag um die Mittagszeit über die Heide gehende Beobachter bemerkt zunächst die kräftige rote Farbe und den Kräuterduft der still daliegenden Landschaft. Dann schweift sein Blick über die von Käfern, Bienen und Vögeln belebte Tierwelt. Plötzlich sieht er ein halb verfallenes niedriges Haus, an dem ein Kätner (Besitzer eines kleinen Bauernhauses) aus der Tür herauslehnt, der sowohl nach den Bienen als auch nach seinem Pfeifen schnitzenden Jungen schaut. Der Glockenton der fernen Dorfuhr kann nicht verhindern, dass der alte Mann einschläft und von seinen Honigernten träumt. Dafür denkt auf einmal der Beobachter wieder an die umtriebige Zeit, die aber noch nicht in diese einsame Gegend vorgedrungen ist.

2. Zentrale Aspekte

Idylle und Unruhe

Der Dichter schildert eine friedliche Heidelandschaft, die durch ihre angenehmen Gerüche, ihre lieblichen Geräusche und ihre lebhaften Farben stark auf ihn einwirkt. Tiere, Pflanzen und Menschen scheinen in inniger **Harmonie** miteinander verbunden zu sein. Selbst das ärmliche Haus des alten Kätners ist in diese Natur

perfekt eingefügt. Vater und Sohn beschäftigen sich mit Dingen, die ihnen diese stille Welt zur Verfügung stellt. Während der Alte eine Imkerei betreibt, fertigt der auf einem Stein sitzende Junge Pfeifen aus Kälberrohr an.
Die Mittagssonne an diesem warmen Sommertag verursacht eine **behagliche Trägheit,** der sich bald der Kätner völlig überlässt. Gleichzeitig entfalten die Käfer, Bienen und Vögel sowie der Sohn des Kätners emsige, aber **stille Aktivitäten.**
Obwohl sich der Betrachter seinen angenehmen Eindrücken hingibt, die er mit allen seinen Sinnen aufnimmt, registriert er auch mahnende Zeichen der **Vergänglichkeit und Unruhe,** die er jedoch kaum an sich heranlässt. Weder die alten Grabmale noch der zitternde Schlag der Dorfuhr können ihn beunruhigen. Erst am Ende reißt ihn ein kurzer Gedanke an die **bewegte Zeit** aus seinem selbstvergessenen Genießen dieser in sich ruhenden Natur.

Realistisches Genrebild

In einem Brief an seine Eltern schrieb Theodor Storm am 7. 5. 1854: *„Wie glücklich wäre ich, könnte ich so recht in und mit der Natur leben."* Sein Gedicht scheint wie eine poetische Verwirklichung dieses Wunsches. Die Schönheiten eines **naturverbundenen Lebens** werden in diesem lyrischen Naturbild in klaren, knappen Wahrnehmungen wiedergegeben. Dabei verdeutlicht Storm durch den **Titel,** dass diese Idylle nur *„abseits"* von den politischen Umwälzungen seiner eigenen Epoche möglich sein kann. Die letzten zwei Zeilen des Gedichts klingen wie ein Trost, dass die Wirkungen der *„aufgeregten Zeit"* (V. 23) dieser friedlichen stimmungsvollen Landschaft nichts anhaben können.
Den möglichen Zerstörungen durch politische Ereignisse wird in diesem Gedicht das zufriedene Dasein bescheidener Menschen gegenübergestellt, denen die Natur alles gibt, was sie zu einem glücklichen Leben brauchen. Der Wandel durch die Zeit wird hier als selbstverständlich vorausgesetzt, denn der Tod *(„Gräbermale",* V. 4) und der Verfall *(„ein halbverfallen niedrig Haus",* V. 13) gehören ebenso zur Natur wie die verschiedenen Erscheinungen und Bewegungen der Lebewesen.
Wenn auch zwei Naturphänomene durch Diminutive *(„Panzerröckchen"* der Käfer und *„Glöckchen"* der Edelheide, V. 8 und 10) verniedlicht werden, herrscht doch eher eine nüchterne, ruhig registrierende Betrachtungsweise vor. Die einzelnen Wahrnehmungen durch Auge, Nase und Ohr werden ohne erkennbare Gefühlsregungen zur Kenntnis genommen. Die ganze Heide mit ihren Pflanzen, Tieren und Menschen wirkt wie ein idyllisches Foto **(Genrebild),** in dem die einzelnen Teile harmonisch aufeinander bezogen sind.

3. Form und Aufbau

Das aus vier Strophen zu je sechs Versen bestehende Gedicht ist in regelmäßigen **vierhebigen Jamben** geschrieben. In jeder Strophe folgt auf einen Kreuzreim (abab) ein abschließender Paarreim (cc).
Als ein äußeres Gliederungsmerkmal fallen die beiden **Gedankenstriche** auf, die jeweils kurz vor dem Ende der zweiten und vierten Strophe stehen. Während nach dem ersten Gedankenstrich die Lebhaftigkeit der Natur zusammenfassend ausgedrückt wird, leitet der zweite Gedankenstrich zur Aufgeregtheit der Zeit über und grenzt dadurch die ganze Idylle der im Gedicht geschilderten Natur gegen die bewegte politische Aktualität ab.
Sowohl im formalen als auch im inhaltlichen Bereich zeigen sich die vier Strophen als in sich geschlossene Einheiten. Dabei ergibt sich folgende thematische Gliederung:

1. Strophe: Pflanzen (Farben und Düfte der Heide)
2. Strophe: Tiere (Käfer, Bienen, Vögel)
3. Strophe: Menschen (Kätner und sein Sohn)
4. Strophe: Ruhe und Unruhe.

Jeder Abschnitt des Gedichts beschreibt also einen bestimmten Aspekt der Heidelandschaft, wobei die einzelnen Strophen durch **Motivverbindungen** miteinander verzahnt sind: So umschwirren die Tiere (2. Strophe) die Pflanzen (1. Strophe), und der Mensch (3. Strophe) kümmert sich um die Bienen (3. und 4. Strophe). Die beiden Zeitbegriffe *„Mittagssonnenstrahle"* und *„Mittagsruh"* geben dem ganzen Naturgedicht einen **Rahmen** und dokumentieren gleichzeitig, dass es sich um eine **Momentaufnahme einer Naturidylle** handelt, in die die Menschen harmonisch eingebunden sind.
Aber die Zeit bringt auch Bewegung in diesen paradiesartigen Zustand. Nach dem fast geräuschlosen Beginn *(„Es ist so still")* werden im weiteren Verlauf immer mehr Geräusche hörbar, bis schließlich am Ende der Gedanke an eine unruhige Gegenwart bedrohlich in diesen ausgeglichenen Naturkreislauf eindringt. Damit ist eine beinahe **zeitlose Situation** durch die **Zeitlichkeit** eingeholt. Dennoch verweist das ganze Gedicht auf die heile, friedliche Natur als einen Ruhepunkt des durch die politischen Umstände gefährdeten Menschen.

4. Sprache

Die verschiedenen Eindrücke dieser friedvollen Heidelandschaft werden durch kurze, aneinandergefügte Hauptsätze **(Parataxe)** vermittelt. Allerdings werden die ganzen Sinneswahrnehmungen nicht nur einfach aufgezählt, sondern durch zahlreiche Adjektive näher bestimmt und verschönert. Mehrere **Verben,** die teilweise lautmalerische Funktion haben (hasten, schwirren, zittern), bringen einerseits Bewegung in dieses stille Leben, verstärken andererseits aber auch den gemächlichen Lebensrhythmus (hängen, stehen, blinzeln, zufallen).
Ein starker Kontrast kommt durch die beiden **Zeitebenen** zustande. Während die Naturvorgänge in der Gegenwart (Präsens) dargeboten werden, wird die bedrohliche Außenwelt durch eine Form der Vergangenheit (Präteritum: *„drang")* gekennzeichnet, die auch Gültigkeit für die Zukunft *(„noch")* haben soll.
Der klare, einfache Sprachstil, der fast ohne poetische Bildersprache auskommt, macht Storms Gedicht zu einem **realistischen Werk,** in dem knappe, sachliche Beschreibungen vorherrschen und romantische Gefühle keinen Platz haben.

Schwüle (1882)
von Conrad Ferdinand Meyer

Trüb verglomm der schwüle Sommertag,
Dumpf und traurig tönt mein Ruderschlag –
Sterne, Sterne – Abend ist es ja –
Sterne, warum seid ihr noch nicht da?

Bleich das Leben! Bleich der Felsenhang!
Schilf, was flüsterst du so frech und bang?
Fern der Himmel und die Tiefe nah –
Sterne, warum seid ihr noch nicht da?

Eine liebe, liebe Stimme ruft
Mich beständig aus der Wassergruft –
Weg, Gespenst, das oft ich winken sah!
Sterne, Sterne, seid ihr nicht mehr da?

Endlich, endlich durch das Dunkel bricht –
Es war Zeit! – ein schwaches Flimmerlicht –
Denn ich wußte nicht wie mir geschah.
Sterne, Sterne, bleibt mir immer nah!

Aus: Karl Otto Conrady (Hrsg.): Das Buch der Gedichte. Frankfurt/M. 1987, S. 302

Obwohl der Schweizer CONRAD FERDINAND MEYER (1825-1898) seinen literarischen Ruhm hauptsächlich seinen berühmten Novellen zu verdanken hat, kommt auch seinen Gedichten, die eine Vielzahl von Motiven und Formen aufweisen, eine große Bedeutung zu. Waren zuvor immer wieder einzelne Gedichte und Balladen in verschiedenen Zeitungen und Zeitschriften erschienen, so entschloss sich der Dichter 1882, sein lyrisches Werk zu ordnen und in einem eigenen Band herauszugeben. Schließlich teilte er 191 ausgewählte Gedichte in neun Kapitel ein, wobei „Schwüle“ der zweiten Abteilung „Stunde“ zugewiesen wurde. Neben typischen realistischen Werken enthält Meyers Dichtung auch ganz modern anmutende, symbolistische Beispiele, die bereits auf die Lyrik von MALLARMÉ oder RILKE vorausdeuten.

Durch das **Motiv des ruhig gleitenden Bootes** steht das Gedicht „Schwüle“ in enger inhaltlicher Verbindung mit den Gedichten „Im Spätboot“, „Lethe“, „Eingelegte Ruder“ oder „Die toten Freunde“, die ebenfalls zu Meyers lyrischen Meisterwerken zählen und durch die darin beschworene **Todessehnsucht** auf die Biographie des Dichters verweisen.

Von Kindheit an war der Tod ein vertrauter Begleiter in Meyers Leben. Im Alter von 15 Jahren verlor der Junge seinen Vater, und 1856 verübte die Mutter, die wie Meyers Großvater dem Wahnsinn verfallen war, Selbstmord, indem sie sich wegen religiöser Selbstvorwürfe ertränkte. Zeit seines Lebens litt der anfällige

Dichter an Krankheiten, die ihn immer wieder zu Kuraufenthalten zwangen. Seine Furcht vor geistiger Umnachtung veranlasste ihn, erst spät zu heiraten (1875). Aber 1887 brach die so lange befürchtete Nervenkrise endgültig aus, sodass Meyer in eine Heilanstalt eingeliefert werden musste. Seine letzten Jahre verbrachte der melancholische Autor lethargisch und zurückgezogen im Kreis seiner Familie am Zürichsee.

1. Inhalt des Gedichts

Am Ende eines schwülen Sommertags rudert der schwermütige Dichter auf einem See und sehnt die Sterne herbei. Das Leben kommt ihm verblasst vor. Aber auch der ihm nahe Fels und das ihn umgebende Schilf schenken ihm keine Geborgenheit. Während ihm der Himmel sehr fern scheint, fühlt er sich der Tiefe, aus der ihm eine liebe Stimme zuruft, umso näher. Doch verschreckt will er dieses *„Gespenst“* aus dem Wasser verscheuchen. Erleichtert nimmt er wahr, wie das erste Flimmern der Sterne aus der Dunkelheit dringt. Das Erscheinen der dringend herbeigewünschten Sterne beruhigt den Ruderer.

2. Zentrale Aspekte

Todessehnsucht und Erfüllung

Wie in dem motivgleichen Gedicht „Im Spätboot“ erscheint auch in „Schwüle“ die Bootsfahrt als **Symbol** für die Vorbereitung auf den **Tod.** Im Dienste dieses Themas stehen fast alle in dem Gedicht erwähnten Erscheinungen und Verhaltensweisen. So ist z. B. der warme Sommertag zu Ende gegangen, und der Ruderer strebt den hoffentlich bald auftauchenden Sternen zu, denen er immer nahe sein will. Das lyrische Ich hat mit seinem Leben abgeschlossen *(„Bleich das Leben!“,* V. 5), selbst verschiedene Naturphänomene bedeuten ihm nichts mehr. Die Stimmung des sich neigenden trüben Tages hat sich auf seine Psyche übertragen, die *„dumpf und traurig“* (V. 2) ist.
Als Anspielung auf den Freitod seiner Mutter führt Meyer in der dritten Strophe eine Tote ein, die dem Ruderer mit *„lieber Stimme“* (V. 9) immer wieder *„aus der Wassergruft“* (V. 10) zuruft. Aber das lyrische Ich, das diese Mahnung ständig als eine ihn abschreckende Bedrohung *(„Gespenst“,* V. 11) empfand, wünscht sich einen friedlicheren Tod. Das ruhige Dahingleiten auf dem Wasser und das bange Warten auf die Sterne verheißen ihm eine größere **Erfüllung,** die bald unvermittelt eintritt *(„endlich“ – „Flimmerlicht“ – „Denn ich wußte nicht*

wie mir geschah."). Mit dem energischen Einschub *„Es war Zeit!"* (V. 14) am Ende des Gedichts erklärt der Ruderer sein grundsätzliches Einverständnis mit dem sanften Ende seines Lebens, das erst durch das *„Dunkel"* (V. 13) hindurch musste, bevor es das Licht und die Sterne erreichen konnte.
Ohne dass dies eigens erwähnt wird, bezieht sich Meyer in seinem Gedicht auf die **griechische Mythologie,** wo der Steuermann Charon die Verstorbenen auf seinem Totenschiff in die Unterwelt begleitet. Die letzte Fahrt des Ruderers symbolisiert das erwünschte Hinübergleiten vom Leben in den Tod, der zunächst ängstlich erwartet und schließlich zufrieden begrüßt wird.

Naturbild: symbolischer Realismus

Trotz aller symbolischer Bedeutung werden die einzelnen Erscheinungen der Natur sachlich, konkret und klar dargestellt. Felsen, Schilf und Wasser umgeben den Ruderer, der diese Dinge nur noch matt wahrnimmt, weil er dem diesseitigen Leben bereits den Rücken gekehrt hat. Deshalb erhalten auch die Tageszeiten einen symbolischen Sinn: Mit dem trüben Sommertag geht auch die Lebensmitte des lyrischen Ichs zu Ende, und der bereits eingekehrte Abend leitet die letzten Momente seines Lebensabends ein.
Über dem Gewässer liegt eine beängstigende Stille, die durch den *„dumpfen"* Ruderschlag kaum noch durchbrochen werden kann. Den blassen, kaum noch wahrnehmbaren Farben und der Dunkelheit wird am Ende ein schwaches Licht entgegengesetzt, das dem Ruderer aber umso größere Hoffnung vermittelt. Je unscheinbarer die äußeren Naturphänomene werden, desto mehr erwacht das **Innenleben** des lyrischen Ichs, das zunächst noch mit der Natur in Kontakt (Flüstern des Schilfs, liebe Stimme aus der Wassergruft) kommt, bis es endlich in dem schwachen Flimmerlicht aufgeht.
Während sich der Ruderer immer mehr aus der Natur entfernt, nähert er sich den Sternen und erweitert dadurch seine bisherige Welt zu einer größeren **kosmischen Ordnung,** in der auch er voller Zufriedenheit seinen Platz findet.

3. Form und Aufbau

Der regelmäßige **fünfhebige Trochäus** veranschaulicht die ruhige Bootsfahrt des Ruderers, der seine innere Unruhe durch abrupte Ausrufe und ängstliche Fragen zum Ausdruck bringt. Jede Strophe besteht aus zwei **Paarreimen** (aabb), wobei sich jeweils der dritte und vierte Vers in allen **vier Strophen** reimen. Es wechseln nicht einmal männliche und weibliche Endreime miteinander ab, sondern es zieht ein stumpfer (männlicher) Endreim durch alle Verszeilen, wodurch eine fast monotone, melancholische Atmosphäre entsteht.

Der **Titel** des Gedichts („Schwüle“) erscheint gleich im ersten Vers als Adjektiv wieder und bezeichnet neben der Gesamtbeurteilung des Tages auch auf symbolische Weise den schwermütigen Seelenzustand des Ruderers. So wie ein schwüler Tag oft auch ein Gewitter nach sich zieht, kündigt der *„schwüle Sommertag“* im Gedicht eine entscheidende Wendung im Leben des lyrischen Ichs an.
Der **inhaltliche Aufbau** der vier Strophen zeichnet die innere Entwicklung des Ruderers nach:
1. Strophe: Ende des schwülen Sommertags – Melancholie
2. Strophe: Entschwinden der Natur – Todessehnsucht
3. Strophe: Ruf aus der Wassergruft – Ablehnung des Freitods
4. Strophe: Erscheinen des Flimmerlichts – Erleichterung, Erfüllung.

Die düstere Ausgangssituation des lyrischen Ichs verwandelt sich über Stadien der Verängstigung in eine Erfüllung, die es von Anfang an gewünscht und schließlich erreicht hat. Auch der variierte Refrain der vier Strophen macht diesen psychischen Prozess deutlich. Die Sterne sind von Beginn an das erstrebte Ziel, das zunächst nicht einmal sichtbar und am Ende ganz nahe ist. Dabei geschieht diese Wunscherfüllung so unverhofft schnell, dass sie das lyrische Ich noch gar nicht ganz nachvollzogen hat.
C. F. Meyer hat seine Lyrik zwar als Spielerei abgetan, die kaum etwas von seinem Inneren preisgeben würde, aber das Gedicht „Schwüle“ ermöglicht doch Einblicke in Meyers seelische Verfassung. Es erweist sich als ein Werk mit typisch realistischen Merkmalen, führt aber auch bereits über den Realismus hinaus.

4. Sprache

C. F. Meyers Gedicht ist durch seine poetische Sprache einerseits der literarischen Tradition verpflichtet, mutet andererseits aber wegen der vielen elliptischen Sätze (z. B. *„Bleich das Leben! Bleich der Felsenhang!“,* V. 5) sehr modern an.
Knappe Feststellungen und energische Ausrufe wechseln mit bangen Fragen, die die **psychische Befindlichkeit** des Ruderers offenbaren. Durch mehrere verschiedene Wortpaare (Sterne, bleich, liebe Stimme, endlich) werden zudem Gesichtspunkte hervorgehoben, die das lyrische Ich besonders beschäftigen. Dabei zeigt sich, dass seine Bootsfahrt enorme Gegensätze (ferner Himmel – nahe Tiefe) eröffnet, die sich auch in den verschiedenen Erscheinungen der Natur (Schilf, Felsen – Sterne) widerspiegeln.
Die **Wandlung des Gemütszustandes** des Ruderers lässt sich am Schlussvers jeder Strophe ablesen. Während die ersten drei Sätze als bange Fragen formuliert sind, drückt der letzte Satz der vierten Strophe einen Wunsch aus. Das lyrische Ich hat damit zu seiner inneren Ruhe gefunden.

Maria Magdalena (1844)
von Friedrich Hebbel

In keinem seiner anderen Schauspiele hat der aus ärmlichen Verhältnissen stammende und im norddeutschen Wesselburen aufgewachsene Maurersohn FRIEDRICH HEBBEL (1813–1863) so viele eigene Erlebnisse verarbeitet wie in seiner **Tragödie** „Maria Magdalena". Während eines Studienaufenthaltes in München wohnte der Dichter bei dem Tischlermeister Anton Schwarz, der seine Kinder streng erzogen hatte und sich selbst harten Lebensregeln unterwarf. Umso mehr musste er es als große Schande empfinden, als sein Sohn Karl wegen eines Diebstahls verhaftet wurde. Der Untermieter Hebbel pflegte mit Antons Tochter Josepha ein heimliches Liebesverhältnis. Nach Hebbels Rückkehr nach Hamburg gebar ihm seine dortige Geliebte Elise Lensing einen unehelichen Sohn, der jedoch bald starb.

Während seiner Münchener Zeit (1836–1839) begann der Dramatiker bereits mit der Arbeit an seinem Trauerspiel, das zunächst den Titel „Klara" trug, aber später auf Wunsch seines Verlegers den publikumswirksameren Namen der großen Sünderin aus dem Neuen Testament, Maria Magdalena, erhielt. Nachdem Hebbel von seinem Landesherrn, dem dänischen König Christian VIII., ein zweijähriges Reisestipendium bekommen hatte, setzte er sein Schauspiel in Paris fort, das er dann, wie er in seinem Tagebuch vermerkte, am 4. Dezember 1843 vollendete. Im September 1844 wurde das Werk zusammen mit einer Widmung an Christian VIII. und dem dramentheoretischen Vorwort veröffentlicht.

Nur langsam konnte sich „Maria Magdalena" auf den deutschsprachigen Bühnen durchsetzen. Wegen seines „unsittlichen Inhalts" (Klaras uneheliche Schwangerschaft) bei der feinen Gesellschaft verpönt, wurde es auch von vielen Kritikern als „Revolutionsstück" abgelehnt. Nach der Märzrevolution 1848 begann jedoch die Erfolgsgeschichte der Tragödie, wobei Hebbels späterer Frau, der berühmten Wiener Schauspielerin Christine Enghaus, ein entscheidendes Verdienst zukam. Ein 1920 mit bekannten Akteuren besetzter Film machte Hebbels Drama populär. Auch nach dem Zweiten Weltkrieg wurde das Schauspiel immer wieder aufgeführt. Der bayerische Dramatiker FRANZ XAVER KROETZ verfasste 1973 sogar eine in unserer Zeit spielende moderne Version der „Maria Magdalena".

1. Inhalt der Tragödie

Erster Akt

An einem Sonntagmorgen zeigt sich die Frau des Tischlermeisters Anton, die soeben von einer schweren Krankheit genesen ist, in ihrem Hochzeitskleid, das sie in düsterer Vorahnung als ihr Totenkleid bezeichnet. Ihre Tochter Klara reagiert ebenso erstaunt, als auch ihr Bruder Karl erscheint und von seiner Mutter einen Gulden fordert, den sie ihm jedoch nicht gibt. Voller Sorgen um ihre Kinder geht die Mutter in die Kirche.
Nach zweiwöchiger Abwesenheit kommt Leonhard wieder vorbei, um Klara mitzuteilen, dass er um ihre Hand anhalten wolle, weil er inzwischen dank seines unredlichen Vorgehens die Stelle eines Kassierers erhalten hat. Klara, die von Leonhard ein Kind erwartet, kann sich jedoch über diese Wendung des Schicksals nicht freuen. Auch Leonhard sieht seiner Heirat nicht unbekümmert entgegen, denn er befürchtet, dass er keine Mitgift bekommt. Als ihm Meister Anton tatsächlich bestätigt, dass er die tausend Taler, die er seinem in Not geratenen ehemaligen Lehrherrn ausgeliehen hat, nicht mehr zurückfordern kann, sinkt Leonhards Interesse an einer Verbindung mit Klara. Kaum haben zwei Gerichtsdiener das Haus betreten, um eine Hausdurchsuchung zu machen, weil Karl des Juwelendiebstahls verdächtigt wird, da ergreift Leonhard die günstige Gelegenheit und sagt sich von Klara los. Karls Mutter überlebt die Beschuldigung ihres Sohnes nicht, und der verbitterte Meister Anton, der etwas von Klaras Schwangerschaft ahnt, lässt seine Tochter beim Leichnam ihrer Mutter schwören, niemals Schande über die Familie zu bringen.

Zweiter Akt

Im Gespräch mit ihrem Vater verteidigt Klara ihren Bruder Karl, von dessen Unschuld sie überzeugt ist, Anton gibt sich gegenüber seinen Kindern äußerst misstrauisch. In der Nacht hat er sogar von Klaras Schwangerschaft geträumt, und nun droht er mit Selbstmord, wenn sich diese Vermutung erfüllen sollte. Die verzweifelte Klara sieht nur noch in ihrem eigenen Tod einen Ausweg.
Kurz nach Antons Abreise ins Gebirge kommt der Kaufmann Wolfram vorbei und entschuldigt sich für seine Voreiligkeit. Die Juwelen, die Wolframs verrückte Frau versteckt hatte, sind nämlich wieder aufgetaucht, so dass Karl bald aus dem Gefängnis entlassen wird. Diese Nachricht bestätigt auch der Sekretär, der nach seinem Studium seiner Jugendfreundin Klara wieder einen Besuch abstattet und ihr seine Liebe gesteht. Klara lehnt aber seinen Heiratsantrag ab und gibt dem Sekretär zu verstehen, dass sie nicht nur die eigene Beziehung an

Leonhard binde. Nachdem der Sekretär Leonhards Abschiedsbrief gelesen hat, ist er entrüstet und will den schamlosen Opportunisten zum Duell fordern. Aber Klara sieht für sich wieder einen Hoffnungsschimmer, seitdem sich Karls Unschuld herausgestellt hat. Obwohl sie Leonhard nicht liebt, will sie ihn um die Heirat bitten, damit ihrer Familie die Schande erspart bleibt.

Dritter Akt

Mit unruhigem Gewissen führt Leonhard Schreibarbeiten durch. Doch als die überraschend eintretende Klara um seine Zusage zur Heirat bittet, weist er sie hart zurück. Selbst Klaras Drohung, sich zu töten, erschüttert Leonhard nicht, der sich rechtfertigt, indem er auf seine neue Beziehung mit der Tochter des Bürgermeisters hinweist. Nach dem Abschied Klaras, die nun ihren Tod für unausweichlich hält, besinnt er sich jedoch eines Besseren. In diesem Augenblick fordert ihn aber der Sekretär, der sich als Beschützer Klaras versteht, zum Duell.
Voller Rachegedanken kommt Karl nach Hause zurück, wo ihn sogleich die gewohnte kleinliche Ordnung stört. Seine Schwester, die in Andeutungen von Selbstmord spricht, nimmt er kaum wahr. Egoistisch spricht er nur von seinem Plan, zur See zu gehen. Erst als er Klara um ein Glas Wasser bittet, bemerkt er das verstörte Verhalten seiner Schwester.
Dem heimkehrenden Vater teilt Karl seinen neuen Berufswunsch mit. Kurz darauf erscheint der schwer verletzte Sekretär, der Leonhard im Duell getötet hat. Seine Bitte, Klara zu verzeihen, lehnt Meister Anton strikt ab. Da stürzt auch schon Karl mit der Nachricht ins Zimmer, dass Klara zerschmettert im Brunnen liege. Eine Magd hat angeblich gesehen, dass Klara freiwillig in den Tod gegangen sei. Während der Sekretär nach schweren Anklagen gegen Anton seinen Verletzungen erliegt, bleibt der Tischlermeister stehen, ohne zu begreifen, was geschehen ist.

2. Personenkonstellation

Die Handlung spielt ausschließlich im **bürgerlichen Milieu** in einer „mittleren Stadt". Dabei greift die Ordnungsmacht (Bürgermeister) mit ihrem Beziehungsgeflecht gewaltig in Antons Familie ein.
In seiner Familie stellt Meister Anton die Maßstäbe setzende Leitfigur dar, an der sich sowohl die Mutter und Klara als auch Karl (wenn auch in Opposition zu ihm) orientieren. Antons **bürgerliche Werte** wie Aufrichtigkeit, Treue, Fleiß, Ehre, Bescheidenheit und Frömmigkeit halten einerseits seine Familie zusam-

men, führen aber andererseits zu ihrem Untergang, weil diese Lebensprinzipien starr und rigoros umgesetzt werden. Nach Karls Verhaftung sieht sich die ganze Familie des Tischlermeisters der öffentlichen Schande ausgesetzt. Die Hausdurchsuchung des von Anton einst gedemütigten Gerichtsdieners Adam führt zu verhängnisvollen Folgen: Die Mutter stirbt vor Schreck. Der Sekretär sagt sich von der schwangeren Klara los. Meister Anton zwingt seine Tochter zu einem Schwur, den sie nicht halten kann, sodass ihr Selbstmord unausweichlich wird.
Nach dem Tod ihrer Mutter steht Klara allein einer rigiden Männerwelt gegenüber, die sie immer mehr in die Enge treibt. Verständnis für ihre prekäre Lage findet sie weder bei ihrem Vater oder ihrem Bruder noch bei ihren ‚Liebhabern' Leonhard und Sekretär, die sich zwar wegen ihr duellieren, sich dabei aber auch gegenseitig töten.

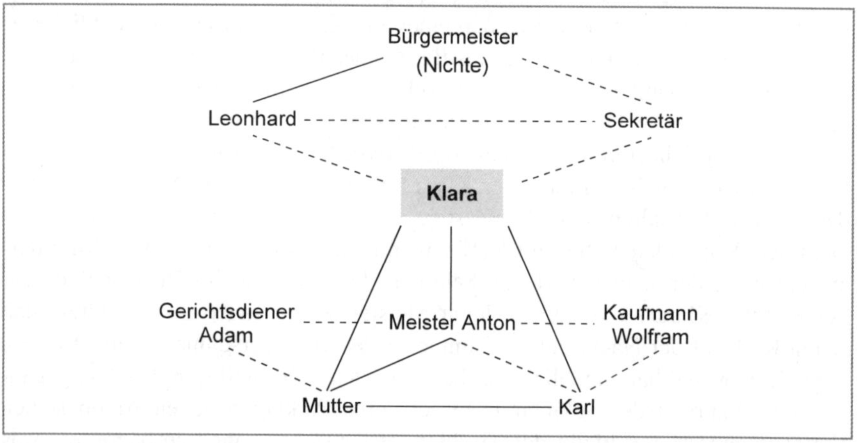

3. Zentrale Aspekte

Die Schuldfrage

Hebbels Dramenfiguren leben in einer eng begrenzten Welt, über deren Rand sie nicht hinaussehen. Infolgedessen erkennen sie auch keine Alternativen für ihre jeweilige Handlungsweise. Alle Figuren außer dem egoistisch-hinterhältigen Leonhard fühlen sich den bürgerlichen Tugenden verpflichtet. Selbst der etwas freier denkende Sekretär nimmt sein Heiratsangebot an Klara zurück, als er erfährt, dass diese von Leonhard ein Kind erwartet *(„Darüber kann kein Mann weg!“).*

Lediglich Klara hat zweimal gegen die bürgerliche Ordnung verstoßen, als sie dem sexuellen Drängen Leonhards noch vor einer Eheschließung nachgab und ihrem Vater gegenüber einen Meineid leistete. In beiden Fällen wurde sie jedoch zu ihrem Fehlverhalten von den Männern gedrängt, allerdings ist danach auch ihre Lage hoffnungslos geworden, sodass sie für ihre Schuld mit ihrem Tod sühnt. Ihr Leidensweg erinnert an die Sünderin aus dem Neuen Testament, Maria Magdalena, die aber, im Gegensatz zu Klara, vor einem Opfertod bewahrt blieb und ihre Reue in der bedingungslosen Nachfolge Jesu bekundete.
Die Rivalen Leonhard und Sekretär, die beide Klara verlassen haben, büßen ebenfalls mit dem Tod. Meister Anton, der sich am wenigsten von allen eine andere Lebensweise vorstellen kann, bleibt am Ende erschüttert und nachdenklich stehen (*„Ich verstehe die Welt nicht mehr!“*).

Hebbels Tragik-Begriff

Für Hebbel darf die tragische Wirkung von Trauerspielen nicht aus Äußerlichkeiten (z. B. aus dem Gegensatz zwischen Armut und Reichtum oder aus Standeskonflikten) hervorgehen, sondern muss durch **innere Widersprüche,** die in den handelnden Personen vorhanden sind, ausgelöst werden. Die Hauptfiguren in Hebbels Dramen scheitern, weil sie aus der „schrecklichen Gebundenheit des Lebens in der Einseitigkeit“ (Vorwort zu „Maria Magdalena“) nicht herausfinden können. Mit all ihrem beschränkten Tun verletzen sie die **Idee der sittlichen Weltordnung.** Dieser Widerspruch zwischen dem allgemeinen Sittengesetz und der Begrenztheit des Individuums führt zum tragischen Ausgang eines Hebbel-Schauspiels. Dabei müssen die Dramenfiguren notwendigerweise zugrunde gehen, weil sie durch ihre engstirnige Denkweise keine Lösungswege erkennen, „denn das Tragische muss als ein von vornherein mit Notwendigkeit Bedingtes, als ein wie der Tod, mit dem Leben selbst Gesetztes und gar nicht zu Umgehendes auftreten.“ (Vorwort)

Das Bürgerliche Trauerspiel

Das selbstbewusster gewordene Bürgertum stellt im 18. Jahrhundert die festgeschriebenen Gesetzmäßigkeiten der Barock-Tragödie in Frage, wonach nur Adlige als Hauptfiguren (Ständeklausel) in einem in rhythmischer, feierlicher Sprache (Alexandriner: sechshebiger Jambus) verfassten Trauerspiel vorkommen durften.
In einem Bürgerlichen Trauerspiel, das sich in England entwickelt hatte, kam dagegen bürgerlichen Mädchen die Hauptrolle zu. Dabei erfolgte ihr Untergang, weil sie die bestehenden **Standesgegensätze** zwischen Adel und Bürgertum

anfochten, indem sie eine Beziehung zu einem Adligen eingingen. Diese Thematik behandelte G. E. Lessing in seinen Bürgerlichen Trauerspielen „Miß Sara Sampson“ (1755) und „Emilia Galotti“ (1772). Friedrich Schiller setzte diese Tradition mit seiner Tragödie „Kabale und Liebe“ (1784) fort, wobei er die Angriffe gegen den Absolutismus und die Willkür des Adels noch steigerte. Die Bürgerlichen Trauerspiele wurden alle in Prosa verfasst.
An diese sprachliche Regelung hielt sich Friedrich Hebbel in seiner Tragödie „Maria Magdalena“, die er im Untertitel als „Bürgerliches Trauerspiel“ bezeichnete. Inhaltlich grenzte er sich jedoch deutlich gegen die literarische Tradition ab, indem er den Gattungsbegriff ganz wörtlich nahm und sein Drama ausschließlich im **bürgerlichen Milieu** spielen ließ. Standeskonflikte tat Hebbel als bloße „Äußerlichkeiten“ ab, die nur Trauriges, aber nichts Tragisches bewirken könnten.

4. Aufbau des Dramas

Hebbels Werk folgt weitgehend dem Muster einer klassischen Tragödie, ist allerdings nur in **drei Akte** (statt fünf) eingeteilt und weicht auch teilweise von den Regeln der drei Einheiten ab. Die Handlung beginnt an einem Sonntagmorgen, spielt im zweiten Akt um die Mittagszeit und endet abends gegen neun Uhr. Zwischen dem ersten und dem zweiten Akt liegen jedoch acht Tage Zeit.
Auch die Einheit des Ortes wird nicht streng eingehalten. Zwar verlaufen die meisten Szenen in Meister Antons Haus, aber am Anfang des dritten Akts sucht Klara Leonhard auf und verlässt damit zum ersten Mal ihr enges häusliches Umfeld.
Zwei wesentliche Vorgänge des Dramengeschehens sind schon vor Beginn der Handlung erfolgt: Antons Beleidigung des Gerichtsdieners und Klaras Schwangerschaft. Die Verbindung dieser beiden Tatbestände sowie das auslösende Moment von Karls Verhaftung führen dazu, dass Klara in immer größere Schuld verstrickt wird und unaufhaltsam ihrem Tod entgegengeht. Selbst in der familiären Scheinidylle am Anfang des Dramas ist ständig vom Sterben die Rede, und mehrmals wird auch auf Klaras Selbstmord in einem Brunnen vorausgedeutet.
Mit dem überraschenden Auftreten des Sekretärs im zweiten Akt keimt in Klara noch einmal die Hoffnung auf eine positive Wendung ihres Schicksals auf, bis ihr die endgültige Absage Leonhards nach ihrem demütigenden Bittgang keine andere Lösung als den Tod offen lässt.

5. Tradition und Sprache

Als getreues Abbild einer in sich geschlossenen bürgerlichen Lebenswelt kann Hebbels Drama gelten. Handlungen und Denkweise der Figuren entsprechen dem Bürgertum einer „mittleren Stadt" Deutschlands in den 40er Jahren des 19. Jahrhunderts. Auch die Sprache, die zwar stilisiert und mit biblischen Zitaten und Anspielungen (z. B. Sündenfall, Muttergottes) versehen ist, wird dem Handwerker- und Schreibermilieu gerecht.
Allerdings ist in dieser begrenzten Gesellschaft, die Hebbel als eine im Niedergang befindliche Schicht darstellt, noch keine Spur von der in den damaligen deutschen Fürstentümern einsetzenden Industrialisierung zu bemerken. Umso deutlicher wird aber die Auflösung der moralischen Werteordnung und des handwerklichen Zunftwesens sichtbar.

Wohnungselend in Berlin (Zeichnung von K. Eckwall, 1872)

Naturalismus (1880–1900)

Nach der Gründung des Kaiserreichs (1871) wurde in Deutschland die Industrialisierung mächtig vorangetrieben. Der wirtschaftliche Vorsprung der Nachbarländer Frankreich oder England war bald aufgeholt und die Besitzbürger der Gründerzeit kamen zu großem Wohlstand, der sich in ihren prächtigen Berliner Villen dokumentierte. Gleichzeitig wuchs die Zahl der Fabrikarbeiter und der sozial entwurzelten Menschen in den Großstädten. Die Hauptstadt Berlin war das unumstrittene geistige, gesellschaftliche und wirtschaftliche Zentrum der **wilhelminischen Epoche.**

Parallel zu den sozialen Umwälzungen verliefen die zahlreichen naturwissenschaftlichen Entdeckungen und technischen Neuerungen, die den Menschen bald ein modernes Lebensgefühl vermittelten. Die Möglichkeiten zu einem größeren Behagen und genussvollen Leben mussten aber mit Verunsicherungen in verschiedenen Bereichen erkauft werden. Moderne Theologen wie David Friedrich Strauß stellten mit ihrem kritischen Vorgehen die Dogmen eines konservativen Christentums in Frage. Mit seiner Evolutionstheorie hatte der Engländer Charles

Darwin das Selbstbewusstsein des sich als Mittelpunkt des Kosmos fühlenden Menschen erschüttert. In der Philosophie regierte der Materialismus, der nur noch das Erkennbare und das Reale als feste Größen menschlichen Denkens gelten ließ, und Religion und Wunderglauben als reine Spekulation verwarf. Die Sozialisten Karl Marx und Friedrich Engels analysierten in ihren Schriften die erbärmliche Lage des Proletariats und forderten zu einer Revolution der bestehenden ungerechten Verhältnisse auf.
Eine Literatur, die die Probleme der neuen sozialen Wirklichkeit aufgriff, hatte sich zunächst in Frankreich herausgebildet. Anknüpfend an die Leistungen der kritischen Gesellschaftsromane von Balzac und Flaubert beschrieb der Journalist EMILE ZOLA (1840–1902) die Schattenseiten der modernen Gesellschaft. Der Romancier, der in seinen theoretischen Schriften für die Literatur eine naturwissenschaftliche Methode forderte, besuchte die Schauplätze seiner geplanten Romane und sah sich dafür Fabrikhallen, Bergwerksgruben, Absteigen und Elendsquartiere an. Seine Werke (z. B. „Germinal“, „Nana“), die den Menschen als das Produkt seiner Umgebung detailliert schilderten, fasste Zola zu einem größeren Zyklus („Les Rougon-Macquart“) zusammen.
Schonungslos blickte der Norweger HENRIK IBSEN auf die bürgerliche Gesellschaft, deren Schwächen er in seinen Schauspielen (z. B. „Die Wildente“, „Gespenster“, „Nora oder Ein Puppenheim“) bloßlegte. Ibsen zeigte auf der Bühne, wie Alkoholismus und Geisteskrankheiten, die er als Erblasten darstellte, den Menschen zerstören. Der Schwede AUGUST STRINDBERG verarbeitete in seinen schwermütigen Dramen („Fräulein Julie“, „Der Totentanz“ u. a.) Erkenntnisse der modernen Psychologie.
Die Abgründe der menschlichen Seele und ihre zerstörerischen Leidenschaften stellte der Russe F. M. DOSTOJEWSKIJ in den Mittelpunkt seiner berühmten Romane („Schuld und Sühne“, „Die Brüder Karamasow“). Auch sein Landsmann LEO N. TOLSTOI demaskierte die unmoralische Lebensweise der noblen Gesellschaft (Romane: „Krieg und Frieden“, „Anna Karenina“, „Auferstehung“). Zur Gestaltung einer gerechteren Welt empfahl er eine Rückkehr zu den Prinzipien des Urchristentums.
In Deutschland wurden erst mit der Eröffnung der **„Freien Bühne“** in Berlin (1889) die dramatischen Werke von Ibsen, Strindberg und Tolstoi bekannt. Auch mit eigenen literarischen Arbeiten traten einige junge Schriftsteller, die sich wegen ihres Bemühens um eine naturgetreue Darstellung der Realität **Naturalisten** nannten, an die Öffentlichkeit. Zum ersten Mal rückten einfache Menschen, Arbeiter und verarmte Existenzen in das Zentrum von Schauspielen und Romanen. Die Naturalisten wollten sich von den großen Vorbildern der Klassik und Romantik lösen und zu eigenen Ausdrucksformen gelangen, die aufs Engste mit

einer fotografischen Beschreibung der gesellschaftlichen Verhältnisse ihrer Gegenwart verknüpft sein sollten. Dabei sollte der Mensch nicht nur als vernünftig denkendes und handelndes Individuum, sondern auch als ein biologisches Wesen mit mächtigen Trieben und verhängnisvollen Erbanlagen betrachtet werden.

Wer einen Menschen gerecht beurteilen wollte, musste nach Ansicht der Naturalisten seine ihn prägende Umgebung genau kennen. Diese **Milieutheorie** führte dazu, dass in den Dramen ausführliche Regieanweisungen gegeben wurden, damit jeder Schauplatz und jede Geste der handelnden Personen präzise festgelegt werden konnten. Auch in den Romanen durften ausführliche, bis ins kleinste Detail gehende Ortsbeschreibungen nicht fehlen. Sehr differenziert wurde die Sprache der literarischen Figuren wiedergegeben: Dialekte spielten eine ebenso wichtige Rolle wie derbe, umgangssprachliche Ausdrucksweisen oder unvollständige Sätze. In der Literatur sollte nichts mehr beschönigt oder stilisiert werden, das Hässliche und Böse sollten genauso ihren Platz finden wie das Schöne und das Gute. Statt einem Helden sollte die Menge die Szene beherrschen. Nur noch vereinzelt ragten Individuen aus der Masse heraus.

Neue Wege in der Lyrik ging ARNO HOLZ, der in seiner Gedichtsammlung „Buch der Zeit“ Proletarier darstellte, aber auch Szenen aus der Großstadt, aus Fabriken und Massenunterkünften in sprachlich reduzierter Form wiedergab. Dieser „Sekundenstil“ strebte eine genaue, unverhüllte Beschreibung der Wirklichkeit an. Schließlich verzichtete Holz in seinen Gedichten auch auf Reime und auf rhythmische Versmaße. Zusammen mit seinem Kollegen JOHANNES SCHLAF schrieb Arno Holz die naturalistische Prosaskizze „Papa Hamlet“ (1889), in der ein heruntergekommener, dem Alkohol ergebener Schauspieler in seinem ärmlichen Zimmer Shakespeare-Szenen probt oder ein gelangweilter Lehrer dem ersten Schultag entgegensieht. Aufsehen erregte das ebenfalls in gemeinsamer Arbeit entstandene Drama „Die Familie Selicke“ (1900), das sich durch eine exakte, naturgetreue Beobachtung auszeichnet. Es handelt von einem betrunkenen Vater, der an das Sterbebett seines Kindes tritt.

Zu den erfolgreichen naturalistischen Dramatikern gehörte der Westpreuße MAX HALBE, der in seinem Schauspiel „Jugend“ (1893) das tragische Schicksal eines unehelichen Mädchens schildert. Viel Kritik an der feinen Gesellschaft übte der aus Ostpreußen stammende HERMANN SUDERMANN. In seinem Drama „Die Ehre“ (1889) wird der unterschiedliche Ehrbegriff von Reichen und Armen einander gegenübergestellt. Weil Sudermann in seinen Stücken und Erzählungen effektvolle Szenen auf einfache Weise gestaltete, war er beim Publikum seiner Zeit sehr beliebt. Heute ist sein Werk weitgehend in Vergessenheit geraten.

Der einzige deutsche Naturalist von Weltgeltung war GERHART HAUPTMANN (1862–1946), der 1912 mit dem Nobelpreis ausgezeichnet wurde. Der in Schlesien geborene Wirtssohn sah zunächst seine Begabung in der Bildhauerei, bevor er mit seiner Familientragödie „Vor Sonnenaufgang“ (1889) in der Berliner Freien Bühne einen beachtlichen Erfolg landete. Mit seinem Drama „Die Weber“ (1892) griff Hauptmann einen Vorfall aus seiner schlesischen Heimat auf, wo 1844 aufständische Weber gegen ihre Misere protestierten und vom preußischen Militär niedergeschossen wurden. Auch in dem Bauernkriegsdrama „Florian Geyer“ 1896) spielte die Masse die Hauptrolle, während der einzelne nur als Wortführer einer ganzen Gruppe auftritt. In vielen seiner Schauspiele stellte Hauptmann gewitzte, lebenslustige oder unterdrückte, glücklose Proletarier in den Mittelpunkt („Der Biberpelz“, 1893; „Fuhrmann Henschel“; 1899; „Rose Bernd“, 1903). Dabei sprechen seine Figuren je nach Herkunft unterschiedliche Dialekte. In einer erbärmlichen Berliner Mietskaserne spielt die Tragikomödie „Die Ratten“ (1911), in der sich eine desorientierte Proletarierfrau nach dem Tod ihres Söhnchens auf widerrechtliche Weise ein Ersatzkind besorgen will, um ihrem trostlosen Leben wieder einen Sinn zu geben.
Neben diesen realitätsnahen, gesellschaftskritischen Stücken schuf Hauptmann auch romantische Märchendramen („Hanneles Himmelfahrt“, 1894; „Und Pippa tanzt“, 1906), die bereits über den Naturalismus hinauswiesen. Am Ende seines Lebens wandte sich der erfolgreiche Dramatiker der griechischen Antike zu und verfasste die psychologisch vertiefte Atriden-Tetralogie, die auch dem 20. Jahrhundert verdeutlichen soll, dass es dem Fluch der Zeit nicht entkommen konnte.
Auch in seinem Prosawerk ließ Gerhart Hauptmann eine große Bandbreite an Themen und Darstellungsformen erkennen. Außer einigen autobiographischen Aufzeichnungen fanden Romane und Erzählungen einen interessierten Leserkreis. Bereits die frühe Novelle „Bahnwärter Thiel“ (1892), die am eindringlichsten naturalistische Stilmittel verwendet, lässt die Verzweiflung eines einfachen Mannes in einer trostlosen Umgebung erkennen. Ein naiver Gottsucher setzt sich in dem Roman „Der Narr in Christo Emanuel Quint“ (1910) dem Gespött seiner Mitmenschen aus. Dagegen erlebt ein Priester, der lange asketisch gelebt hat, in der Novelle „Der Ketzer von Soana“ (1918) seine Erfüllung in der Natur. Die Liebe zu einem lebensfrohen Hirtenmädchen befreit ihn von seinen seelischen Zwängen.
Mit Gerhart Hauptmann erlebte der Naturalismus in Deutschland seinen literarischen Höhepunkt, aber bald auch seine Überwindung.

Bahnwärter Thiel (1887)
von Gerhart Hauptmann

Die **Erzählung** „Bahnwärter Thiel“, die viele typische Merkmale des Naturalismus enthält, aber auch bereits über diesen hinausweist, schrieb Gerhart Hauptmann 1887 zu Beginn seiner literarischen Laufbahn. In der Münchener naturalistischen Programmzeitschrift „Die Gesellschaft“ wurde die Novelle 1888 veröffentlicht und fand sofort starke Beachtung. Von manchen Kritikern wurde zwar beanstandet, dass Krankheit und Mystik zu sehr im Vordergrund stünden, aber teilweise wurde Hauptmann auch als der deutsche Zola begeistert gefeiert.

Umschlagbild der ersten Buchausgabe (1892) von Hans Saluschek

Hauptmann ließ in dieses Frühwerk viele **biographische Einzelheiten** einfließen. Der Schriftsteller wohnte damals in Erkner, einem Vorort von Berlin. Wegen einer Lungenkrankheit hatte sich der junge Dichter in eine abgelegene Gegend zurückgezogen, wo er auf seinen Spaziergängen in der Natur wieder zu Kräften kam. Bei seinen Gesprächen mit vielen kleinen Leuten, unter anderem auch mit einem Bahnwärter, lernte der Literat die Lebensweise und Denkgewohnheiten der unteren Gesellschaftsschichten kennen. Für Hauptmann waren seine Erkner Jahre eine künstlerisch äußerst produktive und erfolgreiche Zeit. Auch sein Privatleben verlief sehr vielversprechend, erfuhr er doch das „Mysterium der Ehe“, und drei seiner insgesamt vier Kinder kamen in diesen Jahren zur Welt.

Anregungen für seine schriftstellerische Arbeit erhielt Hauptmann nicht nur von seinen naturalistischen Zeitgenossen, obwohl er vor allem zu seinen deutschen Kollegen intensive Kontakte pflegte. Entscheidender für seinen „Bahnwärter Thiel" dürfte die Beschäftigung mit dem Dichter GEORG BÜCHNER (1813–1837) gewesen sein, denn dessen Novelle „Lenz" behandelt ebenso den geistigen Verfallsprozess eines Menschen, der schließlich im Wahnsinn endet. Und Büchners Drama „Woyzeck" stellt den Leidensweg eines einfachen, fleißigen Mannes dar, der aus seelischer Not seine Lebensgefährtin, mit der er ein Kind hat, ermordet. Außer den inhaltlichen Parallelen fallen auch die formalen und sprachlichen Gemeinsamkeiten zwischen Hauptmanns und Büchners Novelle auf. Vor allem die realistische, detaillierte Beschreibung einer psychischen Entwicklung sowie die symbolhafte Sprache und die Verknüpfung seelischer Vorgänge mit Erscheinungen in der Natur stehen dabei im Vordergrund.

1. Inhalt der Novelle

Regelmäßig besucht der Bahnwärter Thiel, der in der kleinen Spree-Siedlung Schön-Schornstein wohnt, sonntags die Kirche in Neu-Zittau. Der kräftig gebaute, rothaarige Beamte versieht ebenso pflichtbewusst seinen Dienst, den er an einem Bahnübergang mitten in einem abgelegenen Wald ausübt. Zwei Jahre ist er mit der zierlichen Minna verheiratet, als diese im Wochenbett stirbt. Um für sein Söhnchen Tobias eine ordentliche Betreuung zu haben, nimmt er sich schon ein Jahr später die resolute, grobe Kuhmagd Lene zur Frau. Doch seine Erwartungen erfüllen sich nicht. Lene behandelt den kleinen Tobias äußerst stiefmütterlich und geht mit ihm noch rücksichtsloser um, als sie selbst einen Sohn zur Welt bringt, den sie dagegen verhätschelt.

Der phlegmatische Bahnwärter leidet unter dieser Situation, ohne jedoch seine robuste Frau zu tadeln. Stattdessen hält er in seinem Wärterhäuschen andachtsvoll Zwiesprache mit seiner verstorbenen Frau Minna. An einem Junimorgen entdeckt Thiel sogar Spuren der Misshandlung an Tobias. Als Lene jedoch jammert, dass ihr die Pacht eines Ackers aufgekündigt worden sei, besorgt Thiel Ersatz, indem er ihr ein Kartoffelfeld am Bahndamm verschafft. Aber bald wird dem immer unruhiger werdenden Bahnwärter bewusst, dass damit Lene in sein mystisches Heiligtum eindringen wird.

Thiel spielt nach Dienstschluss oft mit Tobias, und auch mit den anderen Kindern aus dem Dorf gibt er sich ab. Einmal vergisst der Bahnwärter auf dem Weg zur Arbeit sein Butterbrot. Als er umkehrt, muss er zu Hause miterleben, wie

seine Frau Tobias übel beschimpft und schlägt. Lene ist zwar durch die unerwartete Rückkehr ihres Mannes überrascht, aber Thiel schreitet auch dieses Mal nicht ein und kehrt schweigend zu seinem Wärterhäuschen zurück.
Umso mehr fürchtet er den Tag, an dem Lene zum ersten Mal in ihrem neuen Garten am Bahndamm arbeiten will. In einem Traumgesicht erlebt Thiel seine verstorbene Frau, die traurig den Schienen entlang wandert, ohne ihn zu beachten. Zu Hause erschrickt Lene über Thiels sonderbares Verhalten, das er besonders beim Kirchenbesuch an den Tag legt. An diesem Sonntagabend kann der Bahnwärter nicht einschlafen, weil Lene ihn mit den Kindern am nächsten Morgen endgültig zu seiner Arbeitsstelle begleiten will. Für Tobias ist es jedoch ein erregendes Erlebnis, als er mit seinem Vater die Bahngleise entlanggehen darf. Nach diesem Rundgang bittet Thiel seine Frau sorgenvoll, auf Tobias gut aufzupassen.
Unvermittelt schreckt der schlesische Schnellzug durch sein abruptes Bremsen Thiel aus seinen Träumen auf. Die unaufhörlich schreiende Lene macht Thiel vollends klar, was passiert ist: Tobias ist von dem Zug erfasst worden. Mit einer Bahre wird der schwer verletzte Junge in das Zugabteil getragen und in Begleitung seiner Stiefmutter zum Arzt gefahren. Der zurückgebliebene Thiel fällt in Ohnmacht. Nach seinem Erwachen bittet er halb wahnsinnig die verstorbene Minna, ihm Tobias zurückzugeben. Er verspricht ihr, Lene wegen ihrer Nachlässigkeit zu erschlagen. Wütend würgt er an dem schreienden Säugling.
Bei der Ankunft des nächsten Zuges teilt der Zugführer dem Bahnwärter mit, dass Tobias tot sei. Thiel verliert wiederum das Bewusstsein und wird von zwei Männern auf einer Bahre nach Hause getragen, wo er von der nun völlig veränderten Lene liebevoll betreut wird. Als die zwei Männer einige Zeit später Tobias' Leichnam bringen, kommen sie an einen grauenvollen Tatort: Lene und ihr Kind liegen ermordet im Haus. Am nächsten Morgen wird Thiel an der Unfallstelle des Vortags gefunden. Der Wahnsinnige muss gewaltsam von den Gleisen weggezerrt werden, um zunächst in das Untersuchungsgefängnis und dann in die Irrenabteilung der Berliner Charité überstellt zu werden.

2. Personenkonstellation

Die innere Zerrissenheit des Bahnwärters zeigt sich in seinen zwei völlig unterschiedlichen Ehen. Zu den beiden Frauen Minna und Lene steht Thiel einerseits in einem geistigen, mystischen und andererseits in einem körperbetonten, unterwürfigen Verhältnis. Mit jeder seiner Ehefrauen hat der Bahnwärter ein Kind gezeugt, wobei seine emotionale Bindung an diese Söhne sehr gegensätzlich ausfällt. Seinem Erstgeborenen Tobias gehört Thiels ganze Zuneigung, die er ebenso seiner verstorbenen ersten Frau Minna entgegenbringt. Zu Lenes Kind findet er merkwürdigerweise keinen Zugang, was auch durch die Namenlosigkeit dieses Söhnchens unterstrichen wird.

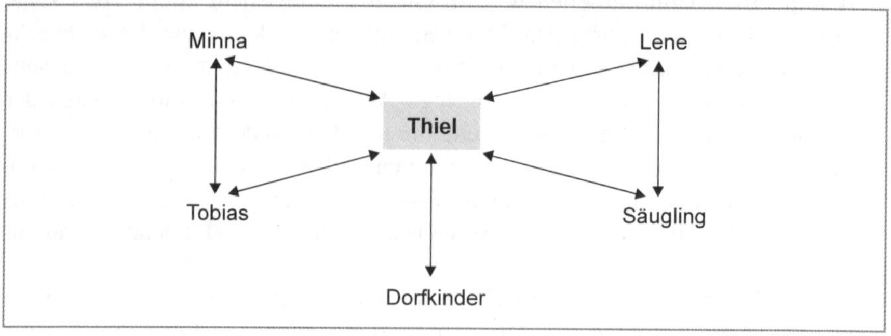

In gesellschaftlicher Hinsicht steht Thiel völlig isoliert da. Weder in seinem Privat- noch in seinem Berufsleben hat er Beziehungen. Mehr als ein paar Worte werden zwischen ihm und seinen Kollegen nicht gewechselt, auch nach seinem Dienst beschränkt er sich ganz auf seine Familie. Der sonntägliche Kirchgang erfolgt ohne Anteilnahme am Gemeindeleben, denn Thiel gibt sich wenig aufgeschlossen und auskunftfreudig. Während er mit den Erwachsenen keinen Umgang hat, ist er bei den Kindern des Dorfes beliebt und kann mit ihnen selbstvergessen und zwanglos spielen.

3. Zentrale Aspekte

Die Titelfigur

Mit seiner Hauptfigur Thiel (ohne Vornamen!) hat Hauptmann einen **Durchschnittsmenschen,** einen Vertreter der kleinen Leute, zum Helden seiner Novelle erhoben, der aber nichts Heldenhaftes an sich hat. Der gutmütige, pflichtbewusste Bahnwärter lebt in **kleinbürgerlichen Verhältnissen,** denen er in seiner ganzen Lebens- und Denkweise verhaftet ist. In seltsamem Widerspruch steht seine Willensschwäche und Passivität zu seiner „herkulischen Gestalt". Sein hilfloses Kind kann er nicht gegen die schimpfende und misshandelnde Stiefmutter verteidigen. Auch sprachlich äußert er sein Unbehagen nicht, und so wundert es nicht, dass sich am Ende der Erzählung sein stetig gewachsener Zorn in einem Gewaltakt von barbarischen Ausmaßen entlädt.

Thiels Widersprüchlichkeit offenbart sich auch in der Beziehung zu Tobias. Auf der einen Seite ersetzt er seinem Sohn die fehlende Mutter und auf der anderen Seite lässt er ihn in entscheidenden Situationen im Stich.
Dabei schaut Tobias zu seinem Vater in grenzenlosem Vertrauen auf. Aber Thiel gelingt es nicht, zu irgendeinem Menschen eine normale Beziehung aufzubauen. In dieser Unfähigkeit liegt seine **Schuld** begründet. Am Ende sitzt der Bahnwärter wie ein trotziges Kind auf den Schienen. Für seine Bluttat übernimmt er keine Verantwortung, denn der kräftige Mann bricht körperlich und seelisch zusammen und endet im Wahnsinn. In diesem Zustand werden seine Defizite offenkundig, die ihn im Alltag begleitet haben: seine Hilflosigkeit und seine Sprachlosigkeit.

Das Milieu

Das **kleinbürgerliche Milieu,** das am Anfang der Novelle erwähnt wird (die Kolonie Schön-Schornstein an der Spree), hat im naturalistischen Sinn die Wesensart des Bahnwärters geprägt. Auf äußerliche Korrektheit und ein durch Gewohnheit geregeltes Leben legt Thiel großen Wert. Er empfindet Gewissensbisse, wenn er von den Erwartungen seiner Umgebung abweicht.
Allerdings wird er Opfer seines eigenen **Trieblebens,** das ihn zur Heirat mit der sinnlich-derben Kuhmagd Lene veranlasst. Auch **mystische Neigungen** pflegt er, indem er sich in seinem Wärterhäuschen spirituellen Stunden mit seiner verstorbenen ersten Frau hingibt. Auf diese Weise trennt Thiel sauber seinen Alltag zwischen körperlichen und geistigen Existenzweisen. Erst als diese Ordnung durch Lenes Eindringen in Thiels „geheiligtes Land" an der Bahnstrecke zerstört wird, gerät auch Thiels Leben durcheinander. Mit dem Tod seines Lieblingskindes Tobias ist der Konflikt mit Lene auf dem Höhepunkt angelangt, wobei der Bahnwärter nur das Mittel der rohen Gewalt kennt, mit dem er das Problem seiner Ehe löst. Eine Gesprächskultur hat dieser einfache Mann nie entwickelt, denn weder in der „Einöde" seines Dienstes noch zu Hause hat er sich mit Menschen sprachlich auseinandergesetzt.
Als Lesestoff genügen dem Bahnwärter die Bibel und das Gesangbuch, die er sowohl bei seinen allsonntäglichen Kirchenbesuchen als auch in seinem Wärterhäuschen bei seinen Meditationen und beim Zusammensein mit den Dorfkindern in naiver Frömmigkeit verwendet.
Thiels Untergang wird von Hauptmann durch die genaue Beschreibung des Milieus und mit Hilfe psychologischer Mittel konsequent entwickelt. Das Zusammenwirken von barbarischen Umgangsformen der Menschen, ängstigende Traumvisionen, die düstere Gegend im Kiefernwald und die gespenstische Eisen-

bahn mündet in eine gewaltige Katastrophe, die von dem Erzähler etappenweise dargestellt wird. Hauptmann bezeichnete seine Erzählung als eine **„novellistische Studie"**, um den naturalistischen Experimentiercharakter herauszustellen.

Hauptmanns Weltbild

Thiels Arbeitsplatz steht symbolisch für den Zustand der Welt. Der auf sich selbst gestellte Mensch befindet sich in einer trostlosen Umgebung, die nur flüchtige Beziehungen zu anderen ermöglicht. Die Reisenden in den Zügen huschen so schnell vorbei, dass nur Umrisse zu erkennen sind, und der Kontakt zu den Mitmenschen erfolgt über Bahnsignale.

In dieser öden Welt versagen die Menschen, weil sie neben einigen Stärken wesentliche Schwächen aufweisen, die zur Katastrophe führen. Die beiden Frauen verkörpern diesen Mangel jeweils auf ihre Weise: Minna ist emotional stark, aber körperlich schwach, während Lene kräftig, aber herzlos ist. Deshalb muss Thiel bei seinem Sohn Tobias die Mutterrolle spielen, wobei er aber seiner Vaterrolle nicht mehr gerecht wird. Die Gemeinschaft der Menschen ist durch wesentliche Defizite zerstört.

Der wortlos leidende und sterbende Tobias gerät zum Repräsentanten eines **hoffnungslosen Weltzustandes.** In der Tradition des Naturalismus stehend, analysiert Hauptmann einen gesellschaftlich niedrig stehenden Menschen im Umkreis seiner ihn prägenden engen Verhältnisse, aus denen es kein Entkommen gibt. Die Leidensgeschichte Thiels spiegelt sich in seinem Sohn Tobias wider.

Natur und Technik

Sowohl die Natur als auch die Technik erscheinen in Hauptmanns Novelle als **Urgewalten,** denen der Mensch rettungslos unterlegen ist. Beide künden in gewaltiger Wirkung nahendes Unglück und sind daher eng miteinander verbunden. Die Farbe Rot dominiert in fast allen Textstellen, wo die düstere Landschaft oder ein herannahender Zug beschrieben werden:

> *„Zwei rote, runde Lichter durchdrangen wie Glotzaugen eines riesigen Ungetüms die Dunkelheit. Ein blutiger Schein ging vor ihnen her, der die Regentropfen in seinem Bereich in Blutstropfen verwandelte. Es war, als fiele ein Blutregen vom Himmel."*
>
> Gerhart Hauptmann: Bahnwärter Thiel. Stuttgart 1970, S. 23

Diese unheimlichen Phänomene rufen ein Schaudern in dem beobachtenden Menschen hervor, der sich auf diese Weise seiner Ohnmacht bewusst wird.
Die Technik ist mitten in die Natur vorgedrungen, denn die Bahnstrecke von Berlin nach Breslau zerschneidet den stillen Kiefernwald. Die schwerfällig heranrollenden Züge, die Thiel jeden Tag zu sehen bekommt, wirken bedrohlich und unheimlich. Der Zug, der den spielenden Tobias erfasst, vernichtet Thiels ganzes Lebensglück.

4. Aufbau der Novelle

Die Novelle ist in **drei Kapitel** eingeteilt, wobei das Schlusskapitel vom Umfang her deutlich herausragt. Am Anfang werden Thiels Werdegang und seine häusliche Situation dargestellt, so dass dieses Kapitel als Exposition dient. Dagegen thematisiert das zweite Kapitel die zunehmende Misshandlung des Kindes Tobias durch seine Stiefmutter und veranschaulicht damit das auslösende Moment für die Schlusskatastrophe. Das dritte Kapitel schildert Thiels Sorge um seinen Sohn bis zu seinem eigenen Zusammenbruch. Während in den ersten zwei Teilen die Passivität des Bahnwärters vorherrscht, erlebt der Leser im dritten Kapitel die grauenhafte Aktion Thiels, die in einem Doppelmord gipfelt.

Inhalt der Kapitel

1. Thiels Ehen mit Minna und Lene, seine beiden Kinder
   Thiels ruhiger Arbeitsplatz (Andachten im Wärterhäuschen)
2. Der verlorene Pachtacker – Thiels Ersatz
   Thiels Entdeckung von Tobias' Misshandlung
   Thiels Erlebnis von Tobias' Martyrium
3. Thiels Angst vor Lenes Eindringen in sein Heiligtum
   Traumgesicht von der traurigen Minna
   Thiels Familie am Bahndamm: Sorge um Tobias
   Zugunglück: Der schlesische Zug erfasst Tobias. – Abtransport des Jungen
   Thiels Ohnmacht
   Bitte an die verstorbene Minna, Tobias zurückzugeben
   Thiel würgt Lenes Kind
   Ankunft von Tobias' Leichnam – Thiels Ohnmacht
   Thiels Doppelmord
   Wahnsinn des Bahnwärters

Gleich zu Beginn der Novelle wird auf Thiels robuste Natur hingewiesen, die ihn vor Krankheiten bewahrt hat. Selbst den Tod seiner ersten Frau erträgt der Bahnwärter ohne erkennbare äußere Zeichen. Dagegen bewirkt das Zugunglück Tobias' zwei Ohnmachten Thiels, und nach seiner blutigen Tat muss Thiel in die Irrenabteilung der Berliner Charité eingewiesen werden. Der Tod seines Sohnes hat den körperlich starken Mann völlig ruiniert.

5. Sprache und Erzählperspektive

> *„Ein Keuchen und Brausen schwoll stoßweise fernher durch die Luft. Dann plötzlich zerriß die Stille. Ein rasendes Tosen und Toben erfüllte den Raum, die Geleise bogen sich, die Erde zitterte – ein starker Luftdruck – eine Wolke von Staub, Dampf und Qualm, und das schwarze, schnaubende Ungetüm war vorüber. So wie sie anwuchsen, starben nach und nach die Geräusche. Der Dunst verzog sich. Zum Punkte eingeschrumpft, schwand der Zug in der Ferne, und das alte heil'ge Schweigen schlug über dem Waldwinkel zusammen."*
>
> Gerhart Hauptmann: Bahnwärter Thiel, a. a. O., S. 19

Mit vielen Metaphern werden die Naturerscheinungen und das wiederholt geschilderte Auftauchen des Zuges beschrieben. Lautmalereien *(„Keuchen und Brausen", „Tosen und Toben")*, Personifikationen *(„die Erde zitterte")*, Aufzählungen und Ellipsen verstärken die unheimliche Wirkung der Unheil verkündenden Eisenbahn. Symbolträchtige Begriffe und bildhafte Ausdrücke, versehen mit vielen Vergleichen, sind über die ganze Novelle verteilt. Insgesamt herrscht ein parataktischer Satzbau vor.

Ebenso dominiert ein **sachlicher Erzählstil,** der nur gelegentlich von kurzen Dialogen unterbrochen ist. Diese direkt wiedergegebenen Äußerungen der handelnden Personen nehmen an zwei bedeutenden Textstellen einen breiteren Raum ein: bei Lenes Misshandlung von Tobias und bei dem Zugunglück. Damit erweisen sich diese beiden Abschnitte als Schlüsselszenen.

Das Geschehen in der Erzählung wird weitgehend vom Standpunkt des Bahnwärters aus dargeboten, wobei der Erzähler jedoch über den geistigen Horizont seiner Hauptfigur weit hinausgeht. In die meist **neutrale Erzählweise** fließen ab und zu einige Wertungen des Erzählers, die dessen Distanz zu dem Bahnwärter, aber auch seine Sympathie und sein Mitgefühl für diesen biederen, kindhaften Mann offenbaren, der aus Verzweiflung zum Mörder wird.

Rose Bernd (1903)
von Gerhart Hauptmann

In der Tradition des **sozialen Dramas** steht die Tragödie der Kindesmörderin aus Scham, „Rose Bernd“, von Gerhart Hauptmann. Von einer heuchlerischen und skrupellosen Umgebung bedrängt und in die Enge getrieben, verletzt die lebensstrotzende, hübsche Titelfigur von Hauptmanns Schauspiel mehrere moralische Grundsätze.
Der Dramatiker hatte den Stoff zu seiner „Rose Bernd“ mitten aus dem Leben gegriffen. Am 15. April 1903 nahm er als Geschworener an dem Prozess gegen die schlesische Landarbeiterin Hedwig Otte teil, die des Kindesmords und des Meineids angeklagt war. Gerhart Hauptmann, der im Verlauf dieses Gerichtsverfahrens die seelische Not der 25-jährigen Täterin erkannt hatte, plädierte für einen Freispruch, dem sich auch die anderen Geschworenen anschlossen. Allerdings bewerteten die Juristen vor Ort dieses Votum als Fehlurteil, und Hauptmann wurde anschließend von der Staatsanwaltschaft nicht mehr als Geschworener zugelassen.
Das Gehörte und Gesehene bei diesem Verfahren beschäftigte den zu dieser Zeit bereits durch seine „Weber“ weltweit bekannt gewordenen Dichter so sehr, dass er innerhalb weniger Monate von April bis September 1903 das Drama „Rose Bernd“ verfasste. Bereits am 31. Oktober desselben Jahres erfolgte die Uraufführung des Bühnenwerks am Deutschen Theater in Berlin. In Wien wurde jedoch bald das Stück vom Spielplan abgesetzt, weil höfische Kreise an den derben sinnlichen Szenen Anstoß nahmen. Hauptmanns Tragödie entwickelte sich aber rasch zu einem seiner populärsten und meistgespielten Dramen.
Das Schauspiel überzeugte vor allem durch seine lebensechten Figuren. Hauptmann lebte zur Zeit der Niederschrift wieder in seiner schlesischen Heimat, wo er in Agnetendorf ein eigenes Haus bezogen hatte. Die handelnden Personen sprechen den **schlesischen Dialekt,** dem Hauptmann „seine Würde zurückgeben“ wollte. Aus eigener Anschauung hatte der Autor schon in seiner Jugendzeit das **Milieu** der Landarbeiter kennen gelernt, denn als Landwirtschaftseleve auf dem Gut seines Onkels hatte er mit den kleinen Leuten Schlesiens intensiven Umgang, was vor allem die natürliche, deftige „Vesperszene“ im dritten Akt bezeugt.

1. Inhalt des Dramas

Erster Akt

Ebene, fruchtbare Landschaft. Ein sonniger Sonntagmorgen im Mai.
Der fast vierzigjährige Erbscholtiseibesitzer Christoph Flamm gesteht der 22-jährigen Rose Bernd seine Liebe. Da seine Frau seit neun Jahren im Rollstuhl sitzt, stellt er schon lange dem jungen hübschen Bauernmädchen nach. Doch diese will die für sie moralisch verwerfliche Beziehung beenden, weil sie ihrem frommen Vater gehorchen will, der für sie die Hochzeit mit dem redlichen Buchbinder August Keil vorgesehen hat.
Flamm verabschiedet sich rasch, als von ferne der Maschinist Arthur Streckmann sichtbar wird. Dieser ebenfalls verheiratete Mann bedrängt Rose, aber wird von ihr barsch zurückgewiesen, woraufhin er sie mit seinem Wissen um ihr Liebesverhältnis zu körperlicher Hingabe erpresst. Plötzlich kommt Roses Vater mit August Keil aus der Kirche. Der alte Bernd tadelt seine Tochter, weil sie am Sonntag auf dem Feld arbeitet. Nach einigen Hänseleien zwischen Streckmann und Keil stiftet Bernd Frieden. Alle trinken Schnaps. Nur Rose weint, weil sie Streckmann ausgeliefert ist.

Zweiter Akt

Wohnstube im Hause Flamms. Spätfrühlingstag gegen elf Uhr.
August hat inzwischen ein Haus gekauft und will nun in Begleitung des alten Bernd auf dem von Christoph Flamm geführten Standesamt seine baldige Trauung anmelden. Doch Flamm macht Bedenken geltend. Auch die eilig herbeigeholte Rose zeigt sich widerstrebend, sodass August erzürnt das Zimmer verlässt. Selbst die harten Worte ihres Vaters können Rose nicht von dem Glück ihrer Heirat überzeugen.
Die verworrene Situation nützt Flamm aus und verabredet mit Rose ein heimliches Treffen. Vor der ins Zimmer gebrachten Frau Flamm bricht Rose verzweifelt zusammen. Aus ihren konfusen Reden wird deutlich, dass das Mädchen bald ein Kind erwartet. Frau Flamm, die einst Roses verstorbener Mutter versprochen hat, sich der Halbwaise anzunehmen, bietet Rose ihre Hilfe an. Aber das bedrückte Mädchen will für sich selbst sorgen.

Dritter Akt

Eine fruchtbare Landschaft. Ein heißer Sommernachmittag im August.
Der alte Bernd und sein künftiger Schwiegersohn ruhen von der Erntearbeit aus. Beide sind froh, dass Rose bei dem erneuten Aufgebot im Standesamt diesmal vernünftiger gewesen ist. August vermutet, dass damals Streckmann Rose negativ beeinflusst hat.
Die bald hinzukommenden Feldarbeiter machen sich über Augusts bevorstehende Hochzeit lustig. Auch Roses heiterer und verliebter Umgang mit ihrem Bräutigam ruft das Gespött der Leute und allerhand anzügliche Reden hervor, bis der alte Bernd stutzig wird. Nachdem alle wieder an die Arbeit gegangen sind, erscheint Flamm, von dem Rose aber nichts mehr wissen will. Schließlich versichern sich die beiden nochmals ihrer Liebe und trennen sich in gegenseitigem Einvernehmen.
Diese Szene hat wiederum Streckmann beobachtet. Aber jetzt lässt sich Rose von dem aufdringlichen Maschinisten nicht mehr einschüchtern, sondern beschimpft ihn wegen seiner früheren Gewaltanwendung und droht ihm mit einer Anzeige. Durch den heftigen Streit aufmerksam geworden, stellen die Feldarbeiter Streckmann zur Rede. In seiner Bedrängnis beschuldigt der Maschinist Rose, er wird handgreiflich und schlägt aus Eifersucht August Keil ein Auge aus.

Vierter Akt

Wohnstube im Hause Flamms. Sonnabendnachmittag im September.
Als Flamm seinem Arbeiter Streckmann den Lohn ausbezahlt, erfährt er, dass der alte Bernd den Maschinisten wegen Beleidigung seiner Tochter angezeigt hat. Noch erstaunter ist Flamm, als ihn seine Frau über Roses Schwangerschaft informiert. August, der inzwischen einen Augenverband trägt, bittet Flamm, den alten Bernd von seiner Klage gegen Streckmann abzuhalten. Verwundert nimmt Frau Flamm zur Kenntnis, dass auch ihr Mann in dieser Angelegenheit vor dem Untersuchungsrichter ausgesagt hat. Flamm sieht sich von seiner Frau durchschaut und gesteht ihr seine Liebesbeziehung zu Rose.
Das schwangere Mädchen wendet sich wiederum an Frau Flamm, ohne aber die angebotene Hilfe anzunehmen. Noch entrüsteter als seine Frau vermutet auch Herr Flamm, der alles im Nebenzimmer gehört hat, dass Rose einen Meineid geschworen habe. Daraufhin verlässt Rose, die sich nur mit dem Argument verteidigt, dass sie sich bei Gericht geschämt habe, schnell das Haus.

Fünfter Akt

Wohnstube im Häuschen des alten Bernd. Sonnabend im September gegen 19 Uhr.
Ein Feldarbeiter bringt die völlig geschwächte Rose nach Hause. Ihrer Schwester Marthel trägt die junge Frau auf, niemand von ihrer Anwesenheit zu berichten. Voller Todesgedanken geht Rose in ihre Kammer. Verwundert fragt sich deshalb der alte Bernd, warum seine Tochter noch nicht vom Gericht zurückgekommen ist. Verständnislos reagiert er auch auf Augusts Bitte, die Klage gegen Streckmann zurückzunehmen, denn er will unbedingt Roses Ehre verteidigen. Nachdenklich wird er erst, als August eine Verfehlung Roses andeutet.
Während Rose verwirrt aus ihrem Zimmer kommt, vertieft sich ihr Vater in die Bibel. Er hört aber aufmerksam hin, wie Rose konfus von ihrem Kind und von etwas Totem, das am Teich liegt, spricht. Beim zweiten Erscheinen eines Gendarms gesteht Rose, dass sie ihr Kind erwürgt habe. Von allen Anwesenden zeigt nur August Mitgefühl für die ohnmächtig zusammenbrechende Kindesmörderin.

2. Personenkonstellation

Hauptmanns Tragödie enthält keine Orts- und Zeitangaben, dürfte aber um die Jahrhundertwende (1900) auf dem Lande in Schlesien spielen. Die dortige Gesellschaft ist von einer anachronistischen **Feudalstruktur** geprägt, denn der Leutnant und Erbscholtiseibesitzer Christoph Flamm herrscht als größter Arbeitgeber am Ort über seine Beschäftigten, die ihm untertänig begegnen. Als Dorfschulze und Verwalter des Standesamts verfügt er über eine zusätzliche Macht, die er auch zu seinem Vorteil ausnutzt. Wie ein Privilegierter früherer Zeiten geht er gern auf die Jagd. Dennoch ist ihm kein reines häusliches Glück beschieden, weil er früh seinen einzigen Sohn verloren hat und seine Frau seit Jahren im Rollstuhl sitzt.
Alle anderen Personen außer dem Ehepaar Flamm kommen aus **kleinbürgerlichen Verhältnissen,** wobei als einziger August Keil eine gewisse Bildung besitzt. Der alte Bernd, Roses und Marthels Vater, der seine Frau früh verloren hat, kennt als prinzipienfester, frommer Mann nur die Bibel.
Rose Bernd, ein attraktives, kräftiges 22-jähriges Bauernmädchen, wird von den Männern in den Ruin getrieben. Ihr Vater will sie gegen ihren Willen mit dem körperlich schwachen Buchbinder und Stubenhocker August Keil verheiraten. Mit dem um fast 20 Jahre älteren Christoph Flamm hat sie ein Verhältnis, womit der leidenschaftliche Jäger seine für ihn trostlose Ehe kompensiert. Der rücksichtslose Schürzenjäger Arthur Streckmann erpresst Rose durch seine Beobachtungen und nötigt sie zur körperlichen Hingabe.

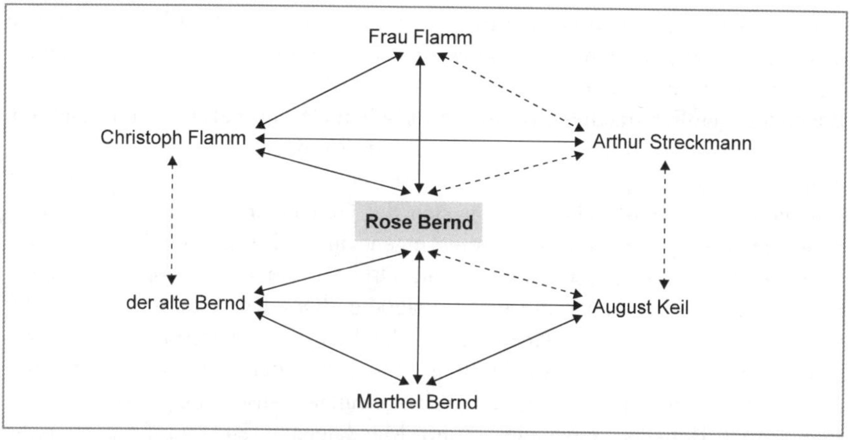

Streckmanns physische Gewalt, der psychische Druck ihres Vaters sowie die Gewissensbisse wegen ihrer Beziehung zu dem verheirateten Flamm stürzen Rose in eine tiefe existentielle Verzweiflung, die sie zum Mord an ihrem Kind und zu einem Meineid vor Gericht veranlasst.
Die vielen Feldarbeiter auf Flamms „Dominium“ verspotten den schwächlichen August Keil und verstärken so Roses Abneigung gegen den von ihrem Vater ausgewählten Bräutigam, den sie aber heiraten zu müssen glaubt, um nicht den Zorn ihres Vaters auf sich zu ziehen. Aber gerade August Keil entwickelt sich zur positivsten Figur in Hauptmanns Drama, denn der sensible Mann zeigt neben Frau Flamm das meiste Verständnis für Roses Situation und ist als einziger bereit, festgefügte moralische Grundsätze zugunsten menschlicher Verhaltensweisen aufzugeben.

3. Zentrale Aspekte

Das soziale Drama

Seit der Aufklärung standen nicht mehr nur Fürsten und Adlige im Mittelpunkt einer deutschen Tragödie, sondern auch Bürgerliche (Bürgerliches Trauerspiel!). Darüber hinaus entschieden sich die naturalistischen Dichter auch für **Proletarier** als Handlungsträger. Mit seiner Dramenfigur Rose Bernd hat Gerhart Hauptmann ein Bauernmädchen aus kleinbürgerlichen Verhältnissen gewählt.
Bei den sozialen Dramen, die ebenfalls seit der Aufklärung üblich waren, geht es um die Darstellung **gesellschaftlicher Verhältnisse,** die mehr oder weniger für

das Schicksal der Hauptfigur die Hauptverantwortung trugen. Dabei wurden von den Dramatikern oft mehr die sozialen Zustände auf die Anklagebank gesetzt als die Verfehlungen einzelner Personen.
Besonders deutlich traten die Konflikte zwischen Gesellschaft und Individuum in den sozialen Dramen hervor, die sich mit dem Werdegang einer jungen **Kindesmörderin** beschäftigten. Bereits in Goethes erster Fassung seines „Faust", des sogenannten „Urfaust" (1774), setzt sich die Gretchentragödie mit der Ermordung eines Neugeborenen durch seine eigene junge Mutter auseinander. Auch Goethes Zeitgenosse, der Stürmer und Dränger Heinrich Leopold Wagner, behandelte dieses Thema in seiner Tragödie „Die Kindermörderin" (1776), wobei er im Gegensatz zu Goethe ausschließlich die Hintergründe dieser Verzweiflungstat aufzeigte. Beide Autoren gingen bei ihren Werken von tatsächlichen Begebenheiten aus, die sie zum Teil aus eigener Anschauung kannten.
In Friedrich Hebbels Trauerspiel „Maria Magdalena" (1843) wird die seelische Notlage einer jungen Frau aufgezeigt, die ihre Schwangerschaft ohne Aussicht auf eine standesgemäße Heirat als Schande empfindet. Dieses Motiv greift auch Hauptmann in seinem Drama auf, denn Rose Bernd gibt als Grund für ihren Meineid vor Gericht ihren verletzten Stolz an: *„Ich hoa mich geschaamt!"* Und auch die Tötung ihres neugeborenen Kindes begründet sie mit ihrer Angst vor dem Gespött der Leute, dem sie ihr Kind nicht aussetzen wollte: *„Ich wullte 's ni!! 's sullde ni meine Martern derleida!"*
Neben den Einflüssen Hebbels dürfte wohl auch Georg Büchners „Woyzeck" bei der Gestaltung von Hauptmanns „Rose Bernd" mit zur Geltung gekommen sein. Büchner verdeutlichte in seinem Drama die Prägung des Menschen durch seine unmittelbare soziale Umgebung. Aufgrund der bedrückenden gesellschaftlichen Gegebenheiten werden sowohl der Soldat Franz Woyzeck als auch das Bauernmädchen Rose Bernd zu ihrer blutigen Tat veranlasst.

Das Milieu

Für die Naturalisten waren die Erbanlagen sowie das Milieu, d. h. die unmittelbare Umgebung, die entscheidenden Faktoren für das Verhalten der Menschen. Gerhart Hauptmann schildert in seinem Drama eine **rückständige Gesellschaftsordnung** seiner schlesischen Heimat. Der sich wie ein Feudalherr früherer Zeiten gebärdende Erbscholtiseibesitzer Christoph Flamm greift sich das junge lebenshungrige Landmädchen Rose Bernd und macht es zu seiner Geliebten. Die hübsche Tochter des frommen Witwers Bernd ist aufgrund ihrer Schönheit auch vor den Nachstellungen anderer Männer nicht sicher. Aber dem Maschinisten Arthur Streckmann gibt sie sich nur aus Zwang hin, um ihren guten Ruf nicht zu verlieren.

Diese beiden Verfehlungen, die Liebe zu einem verheirateten Mann sowie die Nachgiebigkeit gegenüber dem erpresserischen Streckmann, treiben Rose Bernd ins Elend. Die beiden Männer, denen sie zu Willen war, helfen ihr nicht, sondern vergrößern nur noch ihre Schmach. So schweigt Streckmann trotz Roses Opferbereitschaft nicht, vielmehr stellt er durch seine anzüglichen Reden Roses Ehre in Frage und bewirkt dadurch die Anklage des alten Bernd, die letzten Endes zum Meineid seiner Tochter führt. Für Christoph Flamm ist eine Heirat mit der sozial unter ihm stehenden Rose Bernd ausgeschlossen, er denkt lediglich einen Moment über eine Adoption des Kindes nach, das er mit seiner Geliebten gezeugt hat.
Gleich zu Beginn des Schauspiels schaut sich Rose ängstlich nach den Kirchgängern um, die sie eventuell bei ihrem Gespräch mit Flamm beobachten könnten. Der **religiös geprägte Sittenkodex** der schlesischen Agrargesellschaft regelt das Zusammenleben der meist einfachen Landbevölkerung. Dazu engen noch die rigiden Moralvorstellungen des frömmelnden Vaters Bernd und die asketische Lebensweise des von ihm ausgewählten Bräutigams Keil Roses sowieso schon begrenzten Handlungsspielraum weiter ein.
Als Halbwaise ist Rose bereits von Kindheit an auf sich allein gestellt. Verständnis findet sie lediglich bei Frau Flamm, der sie sich aber nur teilweise öffnen kann, zumal sie ein Verhältnis mit deren Ehemann hat. Rose, die von den Männern in die Verzweiflung getrieben wird, kann sich immerhin zu einer eigenen Entscheidung durchringen. Da auch sie von der Mentalität ihrer Umgebung geprägt ist, trennt sie sich von ihrem Liebhaber Flamm und willigt in die von ihrem Vater gewünschte Heirat mit dem ungeliebten August Keil ein *(„Und 's muss doch amal ooch a Ende hab'n.")*.
Ihre Schwangerschaft deutet Rose nur gegenüber Frau Flamm an, denn ihrem verständnislosen Vater und auch den anderen Männern ihres Umkreises kann sie ihren Zustand nicht eingestehen.
Sie erkennt bald, dass sie wegen ihrer **niedrigen sozialen Herkunft** keine großen Hoffnungen auf ein irdisches Glück haben kann: *„Uff Erden ist halt bloß Jammer und Not, und mir miss'n halt uff a Himmel wart'n."* So nimmt sie schließlich die Rolle an, die von ihr erwartet wird: Sie kümmert sich um ihren Vater und ihre Schwester und will in ihrer Ehe die Pflichten einer Hausfrau und Mutter erfüllen. Zu dieser Entscheidung wird Rose auch durch die neue **materielle Lage** ihrer Familie gedrängt, denn ihr Vater hat seine Stelle als Verwalter auf dem Flammschen Dominium verloren, seine Wohnung ist gekündigt worden, und August hat mit geliehenem Geld ein Haus gekauft, in dem er seine Braut und deren Vater unterbringen will. Mitleid mit dem in einem Waisenhaus aufgewachsenen Buchbinder August Keil, den sie schon zwei Jahre hingehalten hat, sowie

ein schlechtes Gewissen wegen Augusts Verletzung (August hat in einer Schlägerei um Rose ein Auge verloren!) lassen Rose Bernd keine andere Wahl, als doch in eine Heirat einzuwilligen.

Die Schuldfrage

So wie bei der Ehefrage kann sich Rose auch bei der Frage nach ihrem Kind nicht den Zwängen ihrer Umgebung entziehen. Sie erkennt bald selbst, dass ein uneheliches Kind in einer Gesellschaft mit rigiden moralischen Grundsätzen kein leichtes Leben hätte. Allerdings bemerkt sie zu spät, dass ein Kindesmord ihr Problem nicht lösen kann.

Rose Bernd erfasst ihre **aussichtslose Lage** eher gefühlsmäßig als mit dem Verstand. Da sie sich in ihrer **seelischen Not** niemand anvertrauen kann und will, versucht sie sich selbst zu helfen. Zunächst kann sie sich noch vorstellen, dass ihr Fehlverhalten bei ihrem Verhältnis mit Christoph Flamm verziehen wird. Selbst mit göttlicher Gnade rechnet sie dabei. Allerdings erkennt sie ihre Schuld an und ist bereit, dafür durch die ungeliebte Verbindung mit August Keil zu büßen: *„Ma hat a Lebenlang vor sich jetz, da kann eens recht treu sein, sich kastei'n, recht arbeit'n, Schuld bezahl'n und abverdien."*

Bevor sie die Ehe mit dem Buchbinder schließt, will Rose reinen Tisch machen. Deshalb trennt sie sich von ihrem Liebhaber Flamm. Mit der Tötung ihres Kindes hofft sie, das „Unterpfand" dieser verwerflichen Beziehung zu beseitigen, worin sie sich jedoch täuscht. Lediglich die Klage ihres Vaters gegen Streckmann steht einem neuen Leben noch entgegen.

Weil sich für Rose kein Ausweg aus ihrem Dilemma abzeichnet, verliert sie die Übersicht und handelt nur noch unüberlegt. Für ihre Tat macht sie schließlich die **Männer,** die hinter ihr her waren, verantwortlich: *„August, se han sich an mich wie de Klett'n gehang'n! – ich konnte nee ieber de Straße laufen. Alle Männer war'n hinter mir her!"* Betört von Roses Schönheit, Lebenslust und Naivität, haben Männer wie Flamm und Streckmann das Bauernmädchen zu ihrem sexuellen Vergnügen ausgenutzt. Die **Triebhaftigkeit** der Männer war stärker als Roses Widerstandswillen, sodass sich die junge Frau wie vom Schicksal überrollt fühlt: *„Hernach bin ich von Schlinge zu Schlinge getreten, so daß ich gar ni bin mehr zur Besinnung gekomm."*

Roses **Tragik** besteht darin, das sie weder den Anfängen der Verführung wehren konnte noch im Nachhinein eine Möglichkeit sieht, wie sie anders hätte handeln können. So wie sie es empfindet, tragen die allgemeinen **irdischen Verhältnisse** die Schuld an ihren Vergehen: *„aus Liig'n und Triig'n besteht de Welt"*. Aus einem lebensfrohen Mädchen ist ein schwaches ohnmächtiges Wesen geworden,

das sich weder verstanden noch genug geliebt fühlt: *„Ich bin stark gewest! Nu bin ich schwach! Itze bin ich am Ende."* Nach dieser Einsicht erfolgt der psychische und physische Zusammenbruch der Täterin.
Von allen Beteiligten begreift nur August Keil das ganze Ausmaß von Roses Bedrängnis in einer von gierigen, egoistischen Männern beherrschten Gesellschaft. Deshalb zeigt er als einziger ein angemessenes **Mitleid:** *„Das Mädel ... was muss die gelitten han!"*

4. Aufbau des Dramas

„Rose Bernd" wurde von vielen als ein Musterbeispiel naturalistischer Dramentechnik bezeichnet. Hauptmann hat die **Milieutheorie** seiner Epoche am Beispiel seiner Figuren veranschaulicht. Genaue, ausführliche **Regieanweisungen** zu Beginn eines jeden Aktes führen in die Lebenswelt der handelnden Personen ein, wobei auch die **sozialen Gegensätze** zwischen dem Gutsherrn Flamm und dem Verwalter Bernd in ihrer unterschiedlichen Wohnungseinrichtung sichtbar werden. Dies wird durch die Gegenüberstellung des 2. und 4. Aktes mit dem 5. Aufzug deutlich, wobei die unterschiedlichen Lebensbereiche eines wohlhabenden Gutsherrn und eines einfachen Landarbeiters aufgezeigt werden. Der 1. und der 3. Akt veranschaulichen darüber hinaus die Verwurzelung der Menschen in der Natur, denn die „fruchtbare Landschaft" verweist sowohl auf eine ertragreiche Ernte als Lebensgrundlage als auch auf die Bedeutung der Sexualität, die der hübschen Rose Bernd zum Verhängnis wird.
Obwohl Hauptmanns Drama wie eine traditionelle Tragödie in **fünf Akte** eingeteilt ist, sind die Abweichungen von den herkömmlichen Theaterregeln unverkennbar. Die Einheit von Ort und Zeit wird nicht gewahrt, da die Handlung an **verschiedenen Schauplätzen** (im Freien sowie in den Stuben Flamms und des alten Bernd) spielt und sich über mehrere Monate **(von Mai bis September)** hin erstreckt.
Dagegen lässt sich ein überliefertes **Aufbauschema einer Tragödie** erkennen, das manche Literaturwissenschaftler wegen der thematisierten Ständeproblematik auch als Schlusspunkt des Bürgerlichen Trauerspiels einstufen:

1. Akt (Exposition):	Roses Konflikt: Liebhaber Christoph Flamm – vorgesehener Ehemann August Keil; Erpressung durch Arthur Streckmann
2. Akt (Steigerung):	Scheitern des Heiratsaufgebots – Roses Geständnis (Schwangerschaft)
3. Akt (Höhepunkt/Peripetie):	Hochzeitsvorbereitungen – Streckmanns Gewaltausbruch – Augusts Verletzung
4. Akt (Retardierung):	Bernds Klage gegen Streckmann – Roses Meineid
5. Akt (Katastrophe):	Roses Kindesmord – körperlicher Zusammenbruch

Konsequent entwickelt Hauptmann Rose Bernds zunehmende Verzweiflung in einer Männerwelt, die sie vorwiegend als Sexualobjekt ansieht. Eine einmalige Verfehlung weitet sich durch eine Erpressung zu einer ausweglosen Situation aus, in der sich die junge Arbeiterin nur noch mit der Tötung ihres neugeborenen Kindes zu helfen weiß.
Die **engstirnige Denkweise** der Landarbeiter hängt aufs Engste mit ihrer eingeschränkten Lebenssituation und mit ihrer Bodenständigkeit zusammen. Jeder beobachtet den anderen, und wer von den üblichen Gepflogenheiten abweicht, wird mit Spott und gesellschaftlicher Ausgrenzung bestraft. Dagegen nutzt der wohlhabende Christoph Flamm seine größere Freiheit aus, indem er seine Angelegenheiten selbstherrlich regelt, zu allen Zeiten auf die Jagd geht und sich Rose Bernd ohne große Gewissensbisse gefügig macht. Doch auch er kann diese Liebesbeziehung nicht offen ausleben, sondern muss sich den **sittlichen Vorstellungen** seiner Umgebung beugen. Dabei wird das Handeln aller Dramenfiguren von ihren Gefühlen bzw. ihren Trieben eher als von ihrer Vernunft bestimmt.

5. Sprache

Hauptmanns Dramenfiguren sprechen den **Dialekt** ihrer schlesischen Heimat, den aber der Dichter je nach sozialer Schicht und teilweise auch je nach Gesprächssituation variabel einsetzt. So spricht z. B. das Ehepaar Flamm gepflegter und der Hochsprache angepasster als die Arbeiter, die auch derbe Wörter und deftige Vergleiche verwenden. Roses frommer Vater argumentiert dagegen mit Bibelstellen und orientiert sich in seinem Verhalten an den Werten, die ihm in seinen regelmäßig gelesenen Erbauungsschriften vermittelt werden. Als Einziger vertritt er liberalere Auffassungen, weil die Vielfalt seiner Lektüre seinen geistigen Horizont erweitert hat.

Die naturalistische **Milieutheorie** zeigt sich also besonders in der Sprache und in der damit zusammenhängenden Denkweise des Dramenpersonals. Dennoch hat Hauptmann in seiner „Rose Bernd" den Naturalismus schon zum Teil überwunden. Seine Dramenfiguren sind lebensecht und realistisch gestaltet, und ihre Verhaltensweisen werden sowohl psychologisch als auch sozialkritisch vertieft. Darüber hinaus gestaltet der Dichter ein sehr modernes Menschenbild, das über seine Epoche hinausweist, aber auch auf Büchner und Hebbel zurückführt: Hauptmanns Titelfigur ist ein völlig vereinsamtes Geschöpf in einer **inhumanen Welt.** Der Autor zeigt mit seinem Drama, dass selbst ein einfacher Mensch auf einem niedrigen sozialen Rang eine **tragische Größe** besitzen kann.

Literaturverzeichnis

BERGLAR, PETER: Annette v. Droste-Hülshoff in Selbstzeugnissen und Bilddokumenten. Reinbek 1967

BOERNER, PETER: J. W. v. Goethe in Selbstzeugnissen und Bilddokumenten. Reinbek 1964

BURSCHELL, FRIEDRICH: Friedrich Schiller in Selbstzeugnissen und Bilddokumenten. Hamburg 1958

CONRADY, KARL OTTO (Hrsg.): Das Buch der Gedichte. Deutsche Lyrik von den Anfängen bis zur Gegenwart. Frankfurt/M. 1987

DERS: Goethe. Leben und Werk. Frankfurt /M. 1987

FISCHER-LICHTE, ERIKA: Grundlagen und Gedanken zum Verständnis des Dramas. Friedrich Schiller: Don Carlos. Frankfurt/M. 1987

FONTANE, THEODOR: Romane und Erzählungen. 8 Bände. Berlin und Weimar [3]1984

FRICKE, GERHARD/SCHREIBER, MATHIAS: Geschichte der deutschen Literatur. Paderborn [20]1988

GLASER, HERMANN/LEHMANN, JAKOB/LUBOS, ARNO: Wege der deutschen Literatur. Eine geschichtliche Darstellung. Frankfurt/M., Berlin, Wien [16]1974

HÄNTZSCHEL, GÜNTER (Hrsg.): Gedichte und Interpretationen. 6 Bände. Stuttgart 1984

HAUSCHILD, JAN-CHRISTOPH: Georg Büchner mit Selbstzeugnissen und Bilddokumenten. Reinbek 1992

HEINE, HEINRICH: Werke. 4 Bände. Frankfurt /M. 1968

HEINISCH, KLAUS J.: Deutsche Romantik. Interpretationen. Paderborn 1966

HENSEL, GEORG: Spielplan. Schauspielführer von der Antike bis zur Gegenwart. 2 Bände. Frankfurt/M. und Berlin 1986

HILSCHER, EBERHARD: Gerhart Hauptmann. Leben und Werk. Berlin 1987

HOFFMANN, E.T.A.: Gesammelte Werke in Einzelausgaben. 8 Bände. Berlin und Weimar 1994

HOFFMANN, FRIEDRICH/RÖSCH, HERBERT: Grundlagen, Stile, Gestalten der deutschen Literatur. Eine geschichtliche Darstellung. Berlin 1996

HOHOFF, CURT: Heinrich von Kleist in Selbstzeugnissen und Bilddokumenten. Hamburg 1958

HOLTHUSEN, HANS EGON: Eduard Mörike in Selbstzeugnissen und Bilddokumenten. Reinbek 1971

JACKSON, DAVID. A.: Conrad Ferdinand Meyer mit Selbstzeugnissen und Bilddokumenten. Reinbek 1975

KLEIST, HEINRICH VON: Werke in einem Band. München 1966

KLUGE, MANFRED/RADLER, RUDOLF (Hrsg.): Hauptwerke der deutschen Literatur. Darstellungen und Interpretationen. München 1974

KOBLIGK, HELMUT: Grundlagen und Gedanken zum Verständnis des Dramas, Johann Wolfgang Goethe: Faust I. Frankfurt/M. [9]1981

LAHNSTEIN, PETER: Schillers Leben. Biographie. München 1990

MARCUSE, LUDWIG: Heinrich Heine mit Selbstzeugnissen und Bilddokumenten. Reinbek 1960

MATTHIESEN, HAYO: Friedrich Hebbel in Selbstzeugnissen und Bilddokumenten. Reinbek 1970

MAYER, HANS: Georg Büchner und seine Zeit. Frankfurt /M. (Suhrkamp), 1972

MÜLLER, FRIEDRICH/VALENTIN, GEROLD: Deutsche Dichtung. Kleine Geschichte unserer Literatur, Paderborn 1981

NÜRNBERGER, HELMUT: Theodor Fontane mit Selbstzeugnissen und Bilddokumenten. Reinbek 1987

SCHILLEMEIT, JOST (Hrsg.): Interpretationen. 4 Bände. Frankfurt /M. 1965

SCHILLER, FRIEDRICH: Werke in drei Bänden. München 1966

STÖCKLEIN, PAUL: Joseph von Eichendorff in Selbstzeugnissen und Bilddokumenten, Reinbek 1963

TRUNZ, ERICH (Hrsg.): Goethes Werke. Hamburger Ausgabe in 14 Bänden. München [15]1993

VINÇON, HARTMUT: Theodor Storm in Selbstzeugnissen und Bilddokumenten. Reinbek [9]1972

WIESE, BENNO VON (Hrsg.): Das deutsche Drama. Interpretationen. 2 Bände. Düsseldorf 1980

DERS.: Die deutsche Lyrik. Interpretationen. 2 Bände. Düsseldorf 1981

DERS.: Die deutsche Novelle von Goethe bis Kafka. Interpretationen. 2 Bände. Düsseldorf 1987

WITTKOP-MÉNARDEAU, Gabrielle: E.T.A. Hoffmann in Selbstzeugnissen und Bilddokumenten. Reinbek 1966

ŽMEGAČ, VIKTOR/ŠKREB, ZDENKO/SEKULIĆ, LJERKA: Kleine Geschichte der deutschen Literatur. Von den Anfängen bis zur Gegenwart. Berlin [5]1993

Stichwortverzeichnis

Sachregister

Personenregister